21世纪应用心理学系列教材

名誉主编　张厚粲　杨玉芳

主　　编　孙健敏

PERSONNEL ASSESSMENT

人才素质测评

徐世勇　刘亚军◎主编

中国人民大学出版社

·北京·

序言（一）

德国心理学家艾宾浩斯说："心理学有一个漫长的过去，却只有一个短期的历史。"尽管在大约2 500年以前古希腊时代的柏拉图、亚里士多德等和我国的孔子、孟子等大思想家们都有大量关于人性和心身关系之类的重要论述，但是那些都属于哲学思想的范畴，只有从1879年冯特在莱比锡大学创建了世界上第一个心理实验室开始，心理学才被认为是一门独立的学科，从哲学中分离出来。心理学成为独立的学科至今不过130多年。冯特对心理学贡献巨大，他不只在德国成立心理学实验室，使心理学成为一门独立的科学，同时他还广收学生，为世界各国培养了第一代心理学家，其中也包括了我国学者蔡元培。

20世纪初，心理学从西方传入我国，首先是1917年在北京大学建立实验室，1921年成立中国心理学会，在众多老一代心理学家的共同努力下，一度蓬勃发展，30年代在人员、机构、出版物等诸多方面都迅速增长，出现了中国心理学的第一个繁荣时期。抗日战争爆发后，心理学与我国的其他学科一样都发展变慢，年轻的心理学更因本来就人数不多的学者大多南迁，受到更大的影响。新中国成立以后，心理学的教学被停止，研究受到批判，开始进入它特有的曲折坎坷的长期发展历程。"文革"期间心理学被打成伪科学，陷入了一个更深的低谷。直到70年代末，心理学才又恢复发展。经过30多年的奋斗，心理学从过去的冷门成为现在的热门学科。我在心理学领域工作了60多年，亲眼见证了心理学在我国发展的起伏变化，从对心理学的热爱到与学科一起受打击挨批判，几经波折，现在终于看到心理学在中国得到了认可和欢迎，受国家重视，被大力提倡研究并推广应用，并且我国的心理学研究在国际上也赢得了应有的地位。自20世纪80年代中国心理学加入国际心理科学联合会以来，我国学者已经担任过三届国际心理科学联合会副主席，至今仍有一位在执委会工作。目前中国心理学在学习国际先进科学技术，大力开展认知神经科学等实验研究的同时，有意识地发扬东方文化传统，体现我国特色，发展前景无限光明。

教学是培养新生力量的基本途径。20世纪80年代初，历经苦难坚持下来的中国心理学工作者为数很少，恢复初期以显示心理学的科学性质、赢得社会认可为主要目标，集中力量加强心理学基础，在实证研究与理论探讨方面取得了一系列成绩，培养的人才大多数正是当代中国心理学的领军人物。改革开放以后，社会与经济发展转型，心理学也开始走向社会，加强联系实际，首先是在教育、医学、军事等几个新中国成立前已有一定基础的领域，从事研究、应用和推广。取得的初步成绩不仅提高了心理学为社会服务的能力，还更加明确了意义、增强了信心。心理学应用范围日益扩大：教育改革中推行素质教育、加强幼儿教育、培养创新型人才，教育考试改革，实行公务员考试，企业和部队等各行各业的人员选拔，我国体育健儿为国争光、在各种运动项目上的出色表现等等，都包含着心理学应用做出的贡献。近年来心理健康问题引起了社会的广泛关注，心理咨询与心理治疗迅速发展，已成为心理学应用的一个重要分支。此外，在以人为本的政策指引下，工程、管理、司法、消费等领域的心理学应用也在不断地迅速发展壮大。心理学的作用和取得的成绩受到国家的重视和人民的欢迎，为了向更高水平前进，培养新生力量的教学工作自然就被提上了日程。

近年来教育部每年都在十几所高等院校新增心理学专业。现在国内共有300余所院校开设心理学系或专业，其中200多所开设的是应用心理学专业，这一点也反映出社会对应用心理学人才的需求，因而应该更多更快地培养出学以致用的应用型人才。为实现此目的，除进行适合应用心理学专业的科学的课程设置外，还应开发适合不同实践领域的应用型教材。鉴于国内应用心理学学科发展的需要，中国人民大学出版社组织了这套“21世纪应用心理学系列教材”。本套教材以国内应用心理学学科发展比较成熟的分支为线索，力求反映应用心理学各个分支最前沿的理论和成果；其作者都是在特定的学科领域内具有多年教学经验和丰硕科研成果的学者，有非常坚实的学科知识积淀和丰富的教学经验；本套教材还根据国内应用心理学发展的现状及人才培养的需要，在人力资源与管理和心理健康与咨询这两个相对更成熟的分支学科上进行挖掘和拓展，做到进一步细分。总之，本套教材在借鉴国外应用心理学发展成果的基础上，充分反映了国内应用心理学发展的需求与现状，以加强学科知识基础为出发点，以有效应用于实践为落脚点，做到了理论与实践的紧密结合。衷心希望本套教材的出版，能够为促进我国应用心理学的迅速发展做出贡献。

张厚粲

2014年4月13日

序言（二）

心理学研究人的心理与行为。心理行为既有生物学基础，又受到社会文化环境的影响。因而，心理学兼具自然科学和社会科学的双重属性，在人类社会发展中具有重要而又独特的地位。

由于研究对象的复杂性，心理学研究的多层次和多角度并存。心理学对心理行为的研究可以分为三个层次：一是神经生理学层次，探索神经系统产生心智的机制；二是个体层次，探索个体的行为和心理活动，以及发展过程中的心智结构及功能特点；三是社会层次，研究人与社会情境交互影响，以及不同社会文化环境下心智活动的差异。心理学对基本主题的研究采用了不同的视角，包括结构、发生和发展、内容、比较、进化等。结构视角注重研究对象的结构和形式。发生和发展的视角关注心理结构和功能随时间推移所发生的变化过程，解释心理行为的发生和发展，以及认知老化的过程和规律。内容视角研究已有心理结构内部的特殊成分对心理行为的影响。比较的视角研究个体之间以及群体之间的差异。进化的视角关注心理结构的来源，以及随着功能的变化而发生的适应和选择。这些研究视角在不同的研究层次上都有所体现。

按照心理学研究的不同层次、研究者采用的不同视角，心理学学科体系可以划分为不同的分支和领域。认知心理学注重人的意识和认知过程的研究，如注意、知觉、表象、记忆、思维和语言等。认知心理学不仅是一个学科分支，而且是心理学整体研究的理论和方法论基础。生理心理学主要探讨心理活动的生理基础，研究脑与行为的演化、脑的结构功能与行为的关系等。发展心理学主要研究人类在毕生发展过程中心理的变化过程及其规律。社会心理学研究个体和群体的社会心理现象。文化心理学强调不同文化条件下的心理特点和行为，主要研究心理与文化的关系，不同文化下的心理行为的比较等。

对心理学理论和方法的应用深入到社会生活的各个领域，形成了庞大的应用心理学的分支学科群。临床心理学通过心理咨询与治疗帮助病人克服自己的精神和行为障碍，更有效地适应环境。教育心理学研究教学过程和学习的一般规律，侧重于研究正常学生群体的心理规律，是教师进行教学活动的重要依据。组织心理学以组织中的人作为特定的研究对象，致力于最大限度地调动人的积极性和创造性，共同实现管理目标。工程心理学研究人—机—环境系统，探求工程技术设计与人的身心特点的匹配，提高系统效率、保障人机安全和实现有效而舒适的工作环境。法律心理学是建立在法学和心理学基础之上的应用学科，研究与法律有关的心理活动和规律。心理学应用中比较成熟的分支学科还有军事心理学、运动

心理学、健康心理学等等。在传统的应用领域不断发展并取得丰硕成果的同时，心理学的应用正在延伸到越来越广泛的社会领域，为社会性问题的解决发挥着独特的作用。

20世纪初，科学心理学就已经开始在我国传播。但是，直到改革开放之后心理学才获得稳定和高速的发展。至今我国已经拥有300多个心理学研究和教学机构，遍布全国各省市。研究内容涵盖了心理学几乎所有传统和新兴分支领域。在某些基础研究领域，已经达到或者接近国际领先的研究水平。进入21世纪以来，中国心理学工作者在国际优秀刊物上发表的论文数量不断增加。心理学应用研究主要集中于临床心理学、心理咨询与治疗、组织管理心理学、军事心理学和运动心理学等，其成果为社会建设与经济发展做出了贡献。

尽管如此，我国心理学研究的整体水平和规模，与发达国家相比，还有很大差距。尽快提高心理学的科学研究水平、加强原创性研究，提高心理学专业人才的培养数量与质量，发挥心理学科在国民经济和社会发展中的作用，是我国心理学科未来发展的重要任务。我国正处于社会与经济发展的转型期，各类矛盾凸显。中国社会和历史的独特性，为心理学的创新与发展提供了广阔的空间和舞台。心理学家应该具有社会责任感，对重大社会现实问题从心理学角度提出科学系统的解决办法，提高应用研究的针对性和时效性。人才是科学研究的关键，是一个学科的研究水平和未来走向的决定因素。目前我国心理学人才的培养，在数量和质量上都有待提高。培养目标、培养模式以及课程设置和教学方法等，与国外相比存在很大差距。因此尽快提高我国心理学专业人才的培养质量和数量，也是未来心理学科发展的必要条件。

与基础心理学相比，应用心理学的发展或许有自己独特的规律和条件，因而在学科体系中具有特殊地位。它的形成与发展通常以社会需求为牵引，以心理学与相关学科的交叉与融合为基础。在不同社会生活领域的应用，为心理学研究提出了许多新鲜课题。应用性成果所产生的效益和影响，又为心理学赢得了更好的社会文化与政策环境。

本套“21世纪应用心理学系列教材”立足于应用心理学的国际发展趋势，服务于我国应用心理学的学科建设，它的编撰和出版，必将有助于我国应用心理学教学和应用性人才的培养，也有助于应用心理学自身的发展与繁荣。

杨玉芳

2014年3月15日

序言（三）

应用心理学在我国的普及和流行，近年来出现了突飞猛进的趋势。国内已经有 300 多所院校设置了心理学本科专业，其中绝大部分是应用心理学专业。根据教育部的学科设置，应用心理学属于心理学的二级学科，与基础心理学和发展与教育心理学并列。作为一个二级学科，应用心理学在人才培养和科学研究方面，都面临着难得的机遇和相当大的挑战。首先，对于什么是应用心理学，还缺乏一个统一的定义。其次，应用心理学所涉及的领域十分广泛，例如教育、法律、咨询、运动等，是把不同领域的知识和技能整合到一个专业里，还是在一个统一的"大帽子"下侧重不同的专业领域，这是应用心理学人才培养和课程设置中亟待解决的问题。最后，社会上对应用心理学的需求十分旺盛，需要各种人才去解释和解决现实中的问题，而我们的研究和人才培养，无论从质量上还是从数量上，尚不能完全满足这种不断增长的社会需求。

《韦伯斯特大辞典》对应用心理学的定义是：心理学的分支之一，试图把心理学原理应用到教育、工业或市场领域的实际问题中。

百度百科提供的定义是：应用心理学是心理学中迅速发展的一个重要学科分支。由于人们在工作及生活方面的需要，多种主题的相关研究领域形成心理学学科。应用心理学研究心理学基本原理在各种实际领域中的应用，包括工业、工程、组织管理、市场消费、社会生活、医疗保健、体育运动，以及军事、司法、环境等各个领域。随着经济、科技、社会和文化的迅速发展，应用心理学有着日益广阔的前景。

维基百科对应用心理学没有提出标准的定义，而且声明，现在提供的信息（截至 2013 年 12 月底）不属于百科全书式的说明，只是个人观点的表达，希望有人能进行补充和完善。其定义是：应用心理学是心理学原理和理论在克服真实生活情境中的问题中的应用。心理健康、组织心理学、企业管理、教育、健康、产品设计、法律等是几个应用心理学原理和科学发现的典型领域。还有一些应用心理学领域，包括临床心理学、咨询心理学、进化心理学、工业与组织心理学、法律心理学、神经心理学、职业健康心理学、人的因素（人一因工程，也叫工效学）、法医心理学、工程心理学、学校心理学、运动心理学、交通心理学、社区心理学、医学心理学。另外，普通心理学中的一些专门的领域也有应用的分支，例如应用社会心理学、应用认知心理学等。但是，专门的分支领域和主要的应用心理学分类的界限常常是模糊不清的。例如，人的因素心理学家必须使用认知心理学理论，这可以称为人一机因素心理学，也可以称为应用认知心理学。

成立于 1892 年的美国心理学学会（APA），属于全球最大的心理学专业学

会，拥有54个分会，13万多名会员（包括国际会员）。其研究问题和分会的设立，大多属于应用心理学或与应用有关的学科，例如：社会问题的心理学研究（第9分会）、临床心理学（第12分会）、工业与组织心理学（第14分会）、学校心理学（第16分会）、军事心理学（第19分会）、消费者心理学（第23分会）、健康心理学（第38分会）、传媒心理与技术（第46分会）、创伤心理学（第56分会）。

1920年，国际应用心理学会正式成立，标志着这个学科的学术地位得到普遍认同。目前有来自80多个国家和地区的会员1 500多人，共有18个分会（包括一个学生分会，即第15分会）。实际上，应用心理学的出现，远比国际应用心理学会的成立要早。闵斯特伯格（Hugo Munsterberg）被认为是应用心理学的创始人。19世纪末，他从德国到了美国，开始研究哲学。但他对心理学领域的广泛兴趣，使他的研究大多集中在社会现实的心理问题上，例如目的心理学、社会心理学、法庭心理学等。他发表了多篇关于证词、法庭程序与认罪等方面的文章，1908年出版了《证人的立场》（*On the Witness Stand*）一书。次年，应用心理学部合并到哈佛大学心理学实验室。

100多年来，应用心理学的研究和人才培养在世界各地都有了长足进展，心理学家在社会生活的各个领域发挥的作用越来越大。但在我国，由于各种原因，心理学的学科建设和发展经历了很多挫折和磨难，应用心理学的发展更是步履蹒跚。随着我国经济和社会各方面的发展，对应用心理学的需求逐渐凸显出来，人们对心理问题的关注，政府对心理科学的重视，为应用心理学的发展提供了难得的机遇。

遗憾的是，目前我们还没有一套能够既反映国际前沿的发展趋势和研究成果，又能结合中国实际的适当的应用心理学教材。尽管国内已经出版了几种版本的应用心理学丛书，但还不能完全满足各类高校在课程设置、专业选择、师资开发和提升等方面的广泛需求，广大师生还期望有更多的高质量的教材。

在这种背景下，中国人民大学心理学系两年前与中国人民大学出版社协商，邀请国内应用心理学各领域学有专长的老师，编写一套相对体现前沿研究成果和中国实际、针对心理学专业本科生的应用心理学教材。本套教材的编写原则是兼顾综合性和专业性、科学性和实用性、先进性和现实性、学术性与实践性，尽量使师生们在课程设置和内容取舍方面可以根据自己的特点进行必要的选择和组合。

中国人民大学心理学系是相对年轻的系，但心理学在中国人民大学却有着长久的历史，从20世纪50年代的心理学研究生班开始，到80年代在社会学系发展起来的社会心理学专业和后来的国内第一个社会心理学博士点的设立，以及在经济、管理和法律等相关领域的心理学应用研究和人才培养，在某种程度上形成了一些特色。2013年第一届21名本科生已经顺利毕业，其中11人考取了海外大学的博士或硕士研究生，9人考取了国内的研究生，1人顺利就业。这一成绩的取得，是我们在本科生教学和人才培养上贯彻中国人民大学培养“厚重人才”的指导思想的结果，也是我们以科研促教学、打好基础、培养顶尖人才的教学思想的体现。我们愿意与国内兄弟院系的同行一起，团结合作，探索和完善应用心理学人才培养的成功之道。

本套丛书的策划和出版，得到了我国著名心理学家张厚粲教授、杨玉芳教授的大力支持和悉心指导。两位前辈不仅同意做名誉主编，而且身体力行，在百忙之中指导丛书的选题，为丛书推荐作者，多次参与讨论和审定编写大纲，并为本套丛书撰写序言。前辈严谨的学术态度和敬业精神，使我们深受教育。

本套丛书从策划、编写到出版，得到了来自全国各地的各位作者的大力支持。我作为主编，在此向各位作者表示衷心的感激和敬意！

本套丛书的策划编辑张宏学，更是不遗余力，对丛书的编写、出版做出了重要贡献。

恳请丛书的读者和使用者提出意见和建议，使我们不断改进和完善。

孙健敏

2014年4月16日

作者简介

徐世勇，中国人民大学劳动人事学院副教授，美国管理学会（AOM）会员，美国工业与组织心理学会（SIOP）会员，中国工业心理学会会员。中国人民大学人力资源评价与开发中心副主任，北京市行为科学学会副秘书长。从事人力资源管理专业的教学和科研工作。教授的课程包括人才素质测评、管理研究方法、招聘与人员配置、组织行为学和管理技能开发等。主编和参与编写的著作及教材10部，发表学术论文30多篇，主持国家自然科学基金1项。研究的课题包括：变革型领导与员工的绩效行为、薪酬满意度与公平感、员工的招募与选拔、管理沟通、工作压力、职业心理健康、管理研究方法。

曾为中国商务部、中国人民银行、神华集团、中国港中旅集团、中化集团、北京市委组织部、中船集团、中粮集团、中国兵装集团、孔子学院等数十家企事业单位和国家机关提供过管理咨询和培训服务。

刘亚军，北京智鼎管理咨询有限公司测评业务事业部总监，高级咨询师。长期为中国银行、中国工商银行、国家电网、中国农业银行、中国建设银行、大连商品交易所、青岛啤酒、亿利资源集团等多家国有、私营大型企业提供人才选聘与开发、人力资源体系建设、领导力发展等咨询服务。

前　言

人类心理特征是很多学科的研究范畴，人才素质测评作为这些学科中的一员，旨在研究人类心理特征是如何影响员工的表现的。随着企业间的竞争日益激烈，作为一项重要的资源配置要素，人力资源成为企业获得竞争优势的关键，人力资源管理由此受到了前所未有的重视。人才素质测评是心理测量学在人力资源管理中的一项应用，它作为一门探讨员工的知识、技能、能力和个性特征的学问，是诸多人力资源管理模块的技术基础。工作分析、素质模型、人员甄选与安置、职位晋升、培训与开发、绩效管理等等，都离不开人才素质测评所提供的技术支撑。

测评的思想与实践在我国历史久远，历史上“伯乐”慧眼识才、知人善任的事例数不胜数。然而，作为一门独立的学问，人才素质测评却是西方大工业化生产和社会分工日益细化的产物；我国古代那些明君、贤相们选人用人的故事也渐渐成了传奇——当今组织管理者最急切需要了解的是如何在最短的时间内、用最低的测试成本获得对人心理特征的相对准确的把握，这正是现代人才素质测评技术所要回答的问题。

在中国人民大学任教以来，我一直从事人才素质测评的教学工作——这是一个令人享受的过程。在教学之余，我也为一些企事业单位做了测评方面的咨询工作。不论是教学还是社会服务，都加深了我对人才素质测评的认识，我认为这是一个有价值的东西。好东西是一定要与大家分享的，因此当我院（中国人民大学劳动人事学院）的孙健敏教授和中国人民大学出版社的张宏学女士跟我讨论是否可以为本科学生写一本人才素质测评的教材时，我就欣然答应了。

在写作的过程中，我更加深刻地体会到人才素质测评是一门技术性和实用性很强的课程。为了让学生对人才素质测评的实用性和技术性都有所认识与了解，我还盛邀北京智鼎管理咨询有限公司的刘亚军总监一起加入本书的编写工作，他的加盟大大加强了本书的实用性和可读性。

本书是团队合作的结晶。具体分工如下：刘丹、白玲、魏悦宁、杨敏和郭靖圆分别承担了本书的资料收集和整理工作，我和刘亚军一起负责全书的撰写、修改和统稿工作。

本书的完成与许多师长和朋友的帮助密不可分。拜读本学院孙健敏教授、周文霞教授、付亚和教授、许玉林教授和王丽娟教授的相关著作让我受益匪浅，感

谢他们多年来对我工作的帮助和支持。本书参考和引用了许多文献和宝贵资料，其中有很多来自笔者所熟识和尊敬的同行。在此对他们表示诚挚的谢意！北京智鼎公司的田效勋董事长也为本书的完成提供了很大的支持，书中的很多案例就源于他们公司的管理实践，在此一并致谢。同时，还要感谢中国人民大学出版社的张宏学女士，没有她的辛勤工作，本书也不能如此顺利地与读者见面。

由于水平所限，书中难免有许多不足与疏漏之处，恳请广大读者批评指正！

徐世勇

2014年2月于求是楼

目　录

第一章 人才素质测评概论

【学习目标】

通过本章的学习，希望达到以下 4 个目标：

1. 使学生深入理解人才素质测评的含义；
2. 使学生掌握人才素质测评的大致操作流程；
3. 使学生熟悉人才素质测评在组织人才素质测评中的具体应用；
4. 使学生了解人才素质测评的发展历史。

| 章节导引 |

在国内，越来越多的政府机构及企事业单位开始借助专业的人才素质测评工具来识别、选拔、任用和培养人才。人才素质测评市场出现了前所未有的井喷式增长，越来越多的测评公司加入了竞争，甚至许多企事业单位在内部也建立起了自己的人才素质测评体系。

李乐尚是某国有企业的董事长，分管 3 个子公司，员工 300 余人。李乐尚之前在政府机构工作，2013 年刚调入该企业。刚入公司，因为对下属人员不够了解，他试探性地接触一些外部管理咨询公司，通过这些“外脑”对旗下 3 个子公司的中高层管理者进行了综合素质的测评，摸底盘点以帮助自己更好地了解下属。

外部咨询公司利用科学的人才素质测评方法，为该企业近 60 名中高层管理者实施了素质测评并提供了个人分析报告。在随后的工作中，李乐尚发现这些报告有力地帮助了自己进行人员调整、子公司班子搭配等工作。随后，他又发现有些干部在自我认知、管理能力、沟通能力等方面存在短板，在自我突破上也存在很多障碍。于是，李乐尚决定继续与外部咨询公司合作，以人才素质测评为基础开展了一系列管理者领导力发展方面的反馈、辅导与培训，并取得了很好的效果。

在外部咨询公司随后的跟踪中，李乐尚笑言：“刚开始，我对人才素质测评认识得不够，对于通过考试识别人才和提升管理者的能力有质疑，但是，在随后的尝试中才发现人才素质测评真的可以有那么多用处。这项人力资源管理工作确确实实帮助了我们的企业……”

第一节 人才素质测评的发展历史

人才素质测评作为一种实践由来已久，无论是在中国还是在西方，历史上都有大量的人才素质测评的思想和方法，这些方法为现代人才素质测评的发展奠定了基础。

一、中国古代的人才素质测评思想与实践

我国对人才的素质测评古已有之，《尚书》中就记载了唐尧对虞舜多年的测试和观察，《礼记》中记载了在周代使用“试射”的方式来选拔文武百官，《论语》中记载了孔子对知人、识人的精辟见解，《庄子》中提出九种知人之法，《吕氏春秋》提出“八观六验”，诸葛亮在《心书》中提出知人七法，这些都是我国古代人才测评的成功

典范，从隋朝到清末，数千年的科举制度是中国应用时间最长、影响最为深远的人才素质测评方法。

我国最古老的一部历史文献《尚书》中记载："知人则哲，能官人。"这句话的意思是：只有能正确认识别人的人是聪明睿智的人，只有正确认识了别人，才能用人得当。孟子曾说过"权，然后知轻重；度，然后知长短。物皆然，心为甚。"这句话包含了素质测评最质朴的思想，这里的"权"、"度"都指的是测评，在孟子看来，人的心是可以测量的，素质是可知的。孔子曾云"听其言而观其行"，通过一个人的言语和行为，我们就可以了解一个人的内心，言语、行为是个人内在素质的表征现象。

远在商周时代，中国就采用"庠序"的方法培养人才，通过层层选拔的方式来选拔人才，到了汉代常常采用察举的方式，不仅有举贤良方正、孝廉，还有察举，汉魏六朝时期，流行品评人物的风气，由于没有现代测量手段和工具的支持，因此没有上升到系统的理论，但经验十分丰富。隋炀帝大业年间，为了加强中央集权而补充官吏的需要，开科取士，揭开了我国古代选举和考试历史的新篇章。唐代完善了这一制度，把智力测验引入了考试，当时考试大致分为贴经、口义、墨义、策问和诗赋，以儒家经典为主要内容，为现代考试测评题型开创了先河。

总之，我国古代的人才素质测评思想与实践为现代的人才素质测评实施提供了很多可以借鉴的理念和方法。

二、西方人才素质测评理论与技术的发展历程

（一）西方人才素质测评的起源——心理测验

数千年来，人们都认为人的心理是捉摸不透的，人们很难看清心理的真正面目，所以就有人把心理内容和鬼魂联系在一起，迷惑了人们看清事实的视线，心理学家在过去的100年内一直在努力，想要解开心理的真正面目。

19世纪末，法国颁布了义务教育法，声明所有的孩子都有接受教育的权利，但是富人家的孩子和穷人家的孩子的教育基础并不一样，如果只依靠年龄阶段来划分教学班会出现很多问题，为了解决这个问题，教育部召集教育学家、医学家等组成一个委员会，致力于研究如何对智力落后儿童进行特殊教育，对智力落后儿童进行特殊教育的前提是要先选出哪些孩子是智力落后的儿童。当时，法国心理学家比奈（Binet）是该委员会的委员之一，他经过长期研究，制定了世界上第一个具有使用价值的心理测验——智力测验，他不仅提出了检验智力的方法，还将智力测验应用到教育领域，比奈推动了心理学的迅速发展。

当时比奈的智力测验还有不足的地方，但是已经能够满足当时的要求，比奈的智力测验在心理界掀起了狂潮，智力测验传遍了全世界，并被不断地修正和发展，此后又产生了比奈—西蒙量表、库尔门—比奈量表、斯坦福—比奈量表，现在的智力测验已经不再局限于教育领域，在企业、军事和医学界都得到了广泛的应用。

（二）西方人才素质测评的发展

1917年，美国参加第一次世界大战，当时美国心理学家认为由于每个人的智力水平不一样，应该把心理测验应用在选拔官兵和分派任务中，他们认为在部队中应用心理测验可以提高军队的整体素质和整个部队的战斗力。由于过去的心理测验都是针对个体的，这种心理测验无法在大规模的部队中推广普及，为此，心理学家开发了多种适合军队使用的团体测验，这些团体测验中最为著名的就是欧提斯（Otis）编制的纸笔智力测验，这项测验最后编制修订成了著名的军队测验，即陆军甲种测验和陆军乙种测验，陆军甲种测验是文字测验，陆军乙种测验是非文字测验，后者是专门针对文盲和不懂英文的新兵的。在一战中也出现了世界上第一个标准化人格问卷——"个人资料调查表"，这份调查表是由伍德沃斯（Woodworth）编制的，主要是为了鉴别不能从事军队工作的神经症患者，一战结束前该调查表还没来得及完成，后来，伍德沃斯又编制了适用于一般人员和儿童的调查表。第一次世界大战结束后，由于陆军甲种测验和陆军乙种测验在部队里的广泛应用取得了很显著的成效，这种团体测验被广泛地应用在职业咨询、工业部门和军事领域中的人才选拔和配置工作中，心理测验在社会上的应用越来越广泛了。

（三）人才素质测评在工业上的应用

1921年，卡特尔（J. M. Cattell）、桑代克（E. L. Thorndike）和伍德沃斯等著名心理学家建立了第一个较大的心理测验公司，将心理测验开始向社会推广。1922年，美国文官服务委员会成立了以欧鲁克（L. J. O'Rouke）为领导的评估研究小组，将心理评价技术引入到文官考试制度中。1927年，第一个职业兴趣测验——斯特朗男性职业兴趣量表出版，并被广泛应用于职业选择、人才选拔等领域。1971年，美国联邦法院要求在与工作相关的领域中使用人才素质测评技术，许多大企业开始建立自己的人才素质测评技术、方法、流程，素质测评在整个工业中得到了广泛的应用。

第二节 人才素质测评的概念界定

现代人才素质测评工作的开展是基于几个基本的理论假设，这些基本假设是指导人才素质测评的核心思想。

一、人才素质测评的基本假设

现代人才素质测评的开展主要基于四个基本假设。

（一）假设一：人与人是有差异的

西方哲人说过“世界上没有两片相同的叶子”，中国有古语“龙生九子，各不相同”。这些话很好地说明了人与人之间的差异性。从现实生活中我们也看到，无论是身体状况还是性格，人与人之间都存在较大的差异。比如：有的人活泼好动，有的人安静沉稳；有的人喜欢安稳，有的人喜欢冒险；有的人体质差，有的人体质好。心理学和其他一些行为科学的研究认为，我们看到的这些人与人之间行为上的差别就是由于人的内在素质决定的。

（二）假设二：人与人的差异是稳定而有规律的

个人素质的形成和大脑的生成过程有关，大脑内在结构上经历了先天的遗传和后天的培养，到了一定年龄会稳定成形，很难改变。俗话说“三岁看大，七岁看老”、“江山易改，本性难移”，这两句俗语就是指人的素质的稳定性，比如，成就动机强的人，无论是在学习阶段还是工作阶段都比较喜欢有挑战性的目标，并且会为了实现目标而不懈努力。由于人内在的素质结构是稳定的，而人外在的行为表现是内在素质结构的反映，素质结构是稳定的，则行为反应也是稳定的，如果我们了解与掌握了一个人内在的素质结构，我们就可以通过他的素质结构来预测他的行为反应。因此，一个人的行为不是毫无规律的，而是可以预测和掌握的。

（三）假设三：人与人的差异是可知、可测的

由于人的素质结构是其先天生理结构以及后天环境（特别是早期经历）共同作用的结果，因此，如果我们掌握了人与人在以上两个方面的差别，我们就会对他们的素质特征有深入的理解，进而可以预测他们的行为。

（四）假设四：人与人的差异会影响其工作表现

个人的内在素质主要包括个性、价值观和自我形象、社会角色、态度、知识、能力和技能等要素，一个人的工作行为和工作结果是这些素质要素的综合外在表现。比如，坚韧、外向、善于沟通、具有冒险精神的人适合做销售，而善于钻研、态度严谨、具有创造性的人可能适合做科研人员。只有让素质结构和工作特点相匹配，才会有最大的工作业绩，如果让适合做销售的人去做科研，则不会有很好的业绩产出。

二、人才素质测评的定义

了解了现代人才素质测评的基本假设，接下来将介绍现代人才素质测评的定义，以帮助读者更好地理解人才素质测评的概念。

（一）人才素质测评的定义

人才素质测评是建立在管理学、测量学、心理学等多学科基础之上的一门交叉学科，人才素质测评即通过现代科学的人才素质测评技术例如心理测验、面试、无领导小组讨论或评价中心等方法对人的知识水平、能力、个性特征、职业取向和发展潜力等方面的素质进行客观、科学的测量和评价，以此构建公开、公平、公正的选人理念和用人机制，为企业的人员招聘、录用、晋升、培训提供支持。

人才素质测评由两部分组成，第一部分是素质测试，第二部分是素质评价。

素质测试必须以认识与评价被测者的素质为目的，以科学的测量工具为手段。知识、技能等素质要素是直接可测的，我们将这些素质要素称为显性素质要素，通过笔试或面试，我们对知识和技能等显性的素质进行测试是相对简单的，且其效度和信度较高。素质要素中的个性、自我形象和价值观、态度等是看不见摸不着的，我们无法直接对这些素质要素进行测量，这些素质要素被我们称之为隐性素质要素。前面我们曾说过，一个人的行为是个人内在素质的反映，通过了解个人的素质结构，我们可以预测一个人的行为表现，反过来，通过研究观察一个人的行为表现，我们可以推出此人的素质结构，所以对隐性素质要素的测评要从人的行为出发，必须通过被测者表现出来的行动来归纳、概括、判断出被测者的隐性素质要素。

素质评价是以素质测试为基础的，通过对素质测试环节得到的行为信息的分析、概括、归纳、总结，得到关于个人素质特征的结论。但是这种评价不仅仅是对素质测试阶段得到的信息的简单归纳总结，素质评价是主观性和客观性的统一，基于分析信息又超越分析信息。比如，某种测试显示，张三性格坚韧，比较适合做销售人员。在这个例子中，张三性格坚韧是测量的结果，而比较适合做销售人员则是评价的结果。

（二）人才素质测评与心理测量、心理测验和人事测评的关系

心理测量是关于人的个体心理差异的测量或诊断，是用客观、标准、科学的手段对人的特定素质进行测量、分析与评价的技术与方法。人与人之间素质的不同构成了人与人之间的个别差异，这些素质差异会在人的行为上有所反映，心理测量就是通过分析人的行为表现，从而对他的心理特征进行某种解释，心理测量可以从智力、能力、价值观、人格等各方面对个体进行全面描述，通过测量的心理特征可以预测个体在行为上的表现。测量的方法包括日常观察、心理测验、面试和情境测试等。

心理测验是结合心理学和统计学的方法，依据一定法则，用数量化手段对心理现象或行为加以确定和测定，以评价个体在特定素质特征上的相对水平的方法。心理测验是心理测量的一种工具，它是心理测量的具体方法。

人才素质测评又叫人事测评，如前文所述，人才素质测评的主要目的是为了保证人与组织和岗位的匹配，把合适的人放在合适的位置，使招聘进来的人和得到职位晋升的员工都能胜任自己的工作，避免因用人不当给组织带来管理危机和业绩低下。因此，心理测量是人才素质测评的基础，是在企业人员招聘选拔等管理实践方面的应用，人才素质测评是为了挖掘被测者的某些对工作业绩有重要作用的素质特征，是针对人的测评，而对人的测评的基础正是心理测量。

第三节 人才素质测评对于现代人事管理的作用

人才素质测评作为现代人事管理工作的重要组成部分，在人力资源管理的几大模块中均发挥着重要作用。在中国，人才素质测评也受到了企业的关注，并逐渐发挥其在人力资源管理中的作用。

一、人才素质测评在中国人力资源管理中的应用现状

在第二次世界大战中，人才素质测评首次作为人员选拔的方法应用在军队上，并取得了良好的效果。随后这种方法逐渐扩展到企业界，受到很多企业和大公司的重视，很多企业开始将人才素质测评作为企业招聘选拔的基础。国外的人才素质测评体系现已成为一个完整的科学体系，成为现代企业人力资源管理的基础。无论是招聘还是职位晋升、岗位培训，这些人力资源管理模块都离不开素质测评。

现阶段我国已经出现了一大批人才素质测评的专业人员和人才素质测评的专业机构，但由于我国人才素质测评技术起步较晚，而且很多原理和技术都是直接从国外引进的，在本土化方面仍存在一定问题，无论是在观念还是技术上都和国外有一定的差距，我国人才素质测评现阶段主要存在的问题有以下几个方面。

（一）人才素质测评观念落后，缺乏相应的理论支撑

很多企业现在虽然引进了人才素质测评，但是对人才素质测评的概念、流程、作

用根本不清楚，建立在模糊的观念基础上的测评技术，对人力资源管理应该是百害而无一利的，素质测评是建立在心理学的基础之上的，我国的心理学发展滞后，这也使人才素质测评失去了相应的理论支撑。

（二）人才素质测评技术落后

现有企业中很多人才素质测评技术方法和测评软件都是直接从国外引进的，由于中西方文化和心理的差异，国外的测评技术方法和软件并不一定适用于中国，对于测评技术中的标准，不同的文化下可能会有不同的解释和意义，如果不考虑我国的文化特点，只是简单地遵循“拿来主义”，势必会使人才素质测评过程出现偏差。

（三）缺少专业的人才素质测评人员

人才素质测评是建立在管理学、测量学、心理学等多学科基础之上的一门交叉学科，要求素质测评人员具备管理学、测量学和心理学方面的知识结构，尤其要熟练掌握心理学的测量方法。而且测评过程对测评人员的要求也是非常高的，测评方案的设计，测评过程信息的收集、处理、综合的顺利完成需要测评人员具备良好的专业知识基础和实践能力，我国目前虽然涌现出一大批的专业测评结构和测评人员，但真正的专业性素质测评人员还是很少的。

二、人才素质测评对于人力资源管理几个核心模块的支撑作用

随着全球化竞争和知识经济时代的到来，企业之间人才的竞争也越演越烈，最大限度地获取组织需要的人才成为企业在激烈的商业竞争中获胜的关键。素质是企业对其所需要的人的核心能力的描述，是企业未来成功的保障，而作为人力资源管理的基础，素质测评贯穿于整个人力资源管理系统之中，为企业的选人、育人、留人工作提供保障。素质测评在人力资源系统各板块中的作用有以下几个方面。

（一）人才素质测评在企业人力资源规划中的作用

素质测评能让企业知道自己的人力资源存量如何，并将人力资源素质存量状况与企业持续发展所需员工具备的素质状况进行比较，分析员工素质哪些方面存在不足，有待提高，并针对测评结果开展人才吸纳、培训、激励等一系列提高员工素质的人力资源管理工作。

案例

背景：

某集团公司希望选拔一批人才以建立管理者后备库，并尝试通过建设管理后备梯队为人才的有序培养打下坚实的基础，同时也为人才的保留提供有力手段。过去该集团公司选拔后备管理人才的方式主要依靠推荐、组织考察等传统方式。为更准确地选拔出一批具有成长潜力、适应新的竞争形势的管理者，集团决定委托外部咨询公司利用人才素质测评技术，将优秀的人才推荐到后备库中。此次后备选拔针对集团本部部门总经理、分公司总经理和对应的副职，进行三级建库。

解决方案：

（1）首先确定三个层级管理者通用的胜任特征测评重点以及鉴别性的胜任特征测评重点。通用胜任特征如沟通协调能力，鉴别胜任力如正职（部门总经理、分公司总经理）强调驾驭能力、副职（分公司副总经理）强调执行力。

（2）选择合适的评价中心工具。其中，对正职的测评增加了文件筐测验，对副职增加了专业能力测验。

（3）实施测评。本次测评人数合计 182 人，其中，正职后备候选人 58 人，副职后备候选人 124 人。

成果：

（1）提供了测评成绩和个人测评报告。

（2）提供了针对不同类别后备干部的整体分析报告，为组织诊断提供了数据支持。

（3）进行跟踪，为后备干部培训、培养，以及干部配备等提供了重要参考。

（二）人才素质测评在人员招聘甄选中的作用

很多企业在招聘时仅仅着眼于候选人的知识、技能特征，这些特征只能短期满足职位空缺，不能确保企业获得持续竞争力，企业必须把素质测评纳入招聘甄选过程中，认真分析目标职位对任职者的素质要求，并对候选人的素质进行测评，确保候选人的素质与目标职位的素质要求相符合，确保人岗的真正匹配，实现人尽其才，才尽其用。

案例

背景：

某大型国有银行需要为三个一级分行选拔合适的人才担任分行行长。人力资源部对三个一级分行行长的职位比较了解，但对后备人员的情况掌握得不是非常全面与准确。他们委托外部管理咨询机构对候选人进行综合素质的测评。

解决方案：

（1）通过访谈法，分别建立三个高管职位的胜任特征模型，确定关键测评素质。

（2）选择和设计测评工具：结构化面试、无领导小组讨论、文件筐测验、管理游戏等。

（3）实施测评，客观、系统地收集候选人和岗位的相关信息，进行评价。

成果：

（1）提供了测评成绩和测评报告。

（2）提供推荐建议，为人事决策提供了重要参考。

（3）合适人员已到岗，该行对其业绩表现满意。

（三）人才素质测评在人力资源培训开发中的作用

素质测评让每个人知道了自己的素质不足，与企业实施战略所需的素质要求进行比较，找出差距，综合素质测评结果、绩效考核结果和员工职业生涯发展计划制订相应的培训计划，考虑到素质测评结果的培训会更有针对性，真正实现员工与企业的共同发展。

（四）人才素质测评在员工个人的职业生涯发展中的作用

通过素质测评可以让员工更好地了解自身的长处和短处，并且素质测评的过程以及随后的反馈可以让员工知道岗位的素质要求，从而更加清晰合理地确定自己在企业中的定位和发展方向，减少了个人职业生涯规划的盲目性，素质测评结果也为员工规划了个人职业发展的有效路径，可以确保员工尽快地实现自我价值。

案例

背景：

某集团公司是中国最具影响力的网络产品、服务提供商之一。新任事业部总经理多数是从营销职位或技术职位上转过来的，能否尽快适应新角色的要求，成为影响业务发展的关键因素。外部咨询机构以人才素质测评为基础帮助该集团公司事业部新任总经理进行了领导力发展辅导。

解决方案：

（1）运用无领导小组讨论、心理测验等技术对 12 名事业部总经理进行胜任特征和个人风格（行为风格和领导风格）测评。

（2）在素质测评的基础上，分析学员胜任力差距。

（3）听取直接上级对每个学员需要发展何种能力、达到何种水平的要求。

（4）向学员进行一对一的反馈，协助他们制订个人能力提升计划。

（5）针对共性差距，设计并实施以体验练习为模式的领导力课程，如团队建设、问题解决等。

（6）每月一对一地跟踪学员能力提升计划执行情况，收集变化数据，并提供面对面的辅导。

（7）在一对一辅导过程中，帮助学员缓解工作压力，寻求积极应对压力的方式。

成果：

（1）学员对个人风格、优势、不足和新角色适应有了客观、清晰、全面的认识。

（2）学员快速适应新角色要求，从单一职能管理走向全面管理。

第四节
人才素质测评的操作流程概述

现代人才素质测评工作在操作实施过程中，需要遵循一定的流程和步骤。通常，人才素质测评工作分为三个阶段：测评准备阶段、测评实施阶段、测评应用阶段。本节将详细介绍每个阶段的具体工作内容和需要注意的要点。

一、测评准备阶段

测评准备阶段需要做好以下四项工作。

（一）确定测评目的和内容

这是进行人才素质测评的第一步，首先思考，我们为什么要进行素质测评，如果目的都不明确就进行素质测评，整个测评的方法选择、标准确定、测评效果就没有依据，盲目的测评对组织和个人都是有害的，要明确素质测评是以人员选拔为目的还是以诊断、评价为目的的。

不同的测评目的决定了素质测评的内容。以人员选拔为目的的素质测评的内容主要是岗位任职资格和组织文化与战略实施对候选人的要求，测评的目的是为了剖析候选人是否具备目标岗位所要求的素质特征，能否支持组织长远发展和战略目标的实现；以诊断、评价为目的的素质测评内容主要是根据诊断、评价的内容来确定测评内容，例如，如果想确定是否需要对管理人员的沟通技能进行培训，这时素质测评就是对管理人员的沟通技能进行测试，测试的结果就是培训的依据。

（二）建立测评指标体系

在以人员选拔为目的的测评中，建立测评指标体系就是确定出一些具体的标准，这些标准可以告诉我们，什么样的被测者是合格的，是满足组织和职位需求的，测评指标体系一般是来自目标职位的任职资格，是那些与产出高绩效密切相关的素质特征，建立指标体系可以让整个测评过程有明确的目的和关注点。

（三）确定测评方法

素质测评的内容和目的决定了测评的方法，测评方法选取不当会导致我们无法准

确地收集信息，甚至产生错误的结果和判断。如果我们想知道候选人是否具备团队合作能力，这时候笔试或面试就无法准确地测出候选人真正的团队合作能力，最好采用无领导小组讨论或情景模拟的方法。如果我们想了解候选人是否具备较高的成就动机，那么仅仅采用自我评价是不行的，很多自我评价表的导向性过高，很多候选人会按照测评人员的期望或社会的一般价值倾向来回答，隐藏了自己内心真正的动机和想法，很容易在测试中出现偏差，达不到测试的目的，这种情况下就应该采取隐蔽性较高的测量方法，例如主题统觉测验或无领导小组测验的方法。

（四）建立测评小组

素质测评是专业性极强的工作，一般素质测评人员有两种：第一种是企业内部人员，主要包括人力资源部门专业人员和目标岗位所在部门直线经理；第二种是企业外部的素质测评专家。企业内部人员最熟悉目标岗位的要求，他们知道什么样的人是最适合的，但是企业内部人员在素质测评方面的专业性不高；企业外部的素质测评专家的专业性高，对测评的流程、方法、技术都很熟悉，但是外部专家对目标岗位的熟悉度不高，所以一般在组建测评小组的时候都是由外部测评专家和企业内部人员组成，素质测评专家必须先对企业内部人员进行素质测评的相关培训，让内部人员熟悉测评的目的、流程、技术、信息处理等事项。

二、测评实施阶段

测评实施阶段主要包括以下两部分内容。

（一）实施素质测评

在素质测评的过程中要做到客观化和标准化，确保测量结果能够公平、公正地反映被测者的素质特征，尤其要注意在素质测评过程中不能夹杂个人主观情感，很多测评人员很容易出现“第一印象”、“类我效应”、“比较错误”的现象，这些主观印象很容易影响测评的公正性。

在测评过程中要详细观察、记录被测者的回答和行为，实施测评的相关信息和对结果有影响的一些细节都应该记录下来。

实施素质测评时要保证一个舒适的测评环境，尽量避免外界干扰对被测者的影响，确保被测者的正常水平得到发挥。

（二）测评数据分析处理

对测评数据进行分析处理就是测评小组对测评过程记录的信息进行讨论，对被测者的表现进行深度分析，由行为表现得到被测者的素质特征。如果测评方法是心理测验，分析方法就比较简单，因为心理测验都是在事先确定好的模型和流程下展开的，

测评人员只需按照心理测验的方法和流程步骤进行测评即可，对于情景模拟，首先要明确每一个情景对应的是目标岗位的哪些素质特征，然后再对被测者的行为表现进行分析，看被测者是否具备这些素质特征。很多情况下，组织可能对被测者进行多种不同方法的素质测评，测评人员需要将不同方法下的素质测评结论进行整合，这就需要测评人员有足够的经验并对各项测评方法有充分的了解。

三、测评应用阶段

素质测评是为人员选拔、问题诊断或绩效预测服务的。以人员选拔为目的的素质测评的最终结果是人员素质分析报告，用来判断被测者和目标岗位是否相匹配；以问题诊断为目的的素质测评的最终结果是被测者特长和不足的分析报告；以绩效预测为目的的素质测评的最终结果是关于员工未来绩效和行为表现的预测。

在应用测评结果的过程中需要注意，素质测评是为了给最终的决策提供信息和参考，素质测评的结果不能直接作为决策的结果，实际的决策应该是相关部门综合考虑各方面因素后作出的。我们既要尊重素质测评的科学性和客观性，促进素质测评在企业内部的适用，又要考虑到素质测评的有效性和可靠度，不能过分夸大素质测评的精度和适用范围。

案例

测评目的和内容：

某集团公司出于长远发展需要，打算储备和培养有成长潜力、可塑性强、忠诚度高的人才。为此，公司准备从大学毕业生中招聘符合企业价值观的合适人才。为把好人才的入口关，选出合乎企业需求的应届毕业生，以降低用人风险，该公司决定对候选人的综合素质进行科学测评，为用人决策提供更加准确、全面的信息基础。

测评指标体系：

某管理咨询公司的人才素质测评专家经过十年的研究和实践经验总结发现：使用科学的人才素质测评技术，来考察候选人的3Q［智商（IQ）、情商（EQ）和逆商（AQ），见图1—1］，能够准确且高效地招聘到符合组织需要的大学生。因此，该企业也尝试用如下测评指标来考察候选人的综合素质。

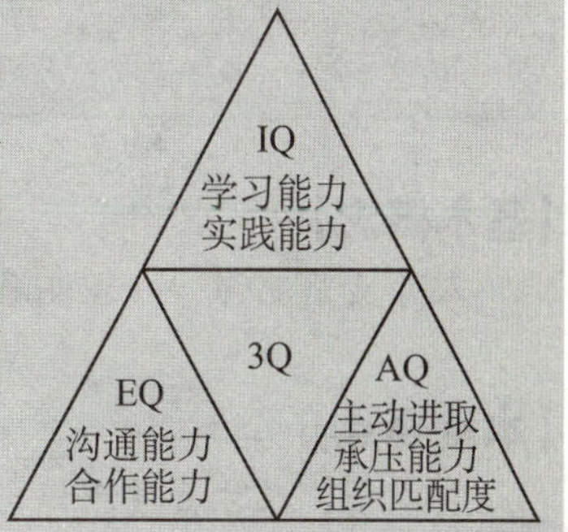

IQ
学习能力
实践能力
3Q
EQ
沟通能力
合作能力
AQ
主动进取
承压能力
组织匹配度

图1—1　3Q模型

测评方法：

该企业外部合作方的管理咨询公司经过多年的积累，融合中外心理学和管理学研究成果，结合十几年中国企业管理实践，与中国企业人事改革现状相结合，研发了基于胜任特征的评价中心技术。结合该公司的具体需求，在本次校园招聘中尝试了以下人才素质测评方法。

- 标准化测验：认知能力测验、个性测验、专业知识测验。

● 情景模拟技术：无领导小组讨论、搜寻事实。

● 结构化面试。

测评小组：

该集团公司成立了管理咨询公司评委和企业内部评委相结合的测评专家小组，针对测评过程中可能遇到的问题，双方进行了充分的沟通。

● 企业内部评委针对企业情况，为外部管理咨询公司评委做了详尽的介绍。

● 外部管理咨询公司针对测评方法、测评题目、测评实施等方面，为企业内部评委就测评技术、测评流程等做了详尽的培训。

实施素质测评：

素质测评实施具体过程见表1—1。

表1—1　　素质测评实施具体过程

<table>
<tr><th>测评实施</th><th colspan="2">外部管理咨询公司主要负责内容</th><th>该集团公司主要负责内容</th></tr>
<tr><td>前期准备</td><td colspan="2">测评实施安排
测评工具设计
人员分组安排
现场测评安排</td><td>提供参测名单
场地租赁布置</td></tr>
<tr><td rowspan="3">现场测评</td><td>笔试</td><td>MAP职业性格测验（60分钟）
大学生实践能力测验（40分钟）
投射测验（20分钟）</td><td rowspan="3">现场协调
（候选人候场、入场、离场）</td></tr>
<tr><td colspan="2">无领导小组讨论（60分钟/组）
搜寻事实（20分钟/人）</td></tr>
<tr><td colspan="2">结构化面试（20分钟/人）</td></tr>
</table>

数据分析和处理：

依据心理测量学原理，对候选人表现进行了数据方面的分析与处理，并生成最后成绩。

【基本概念】

人才素质测评　心理测验　心理测量

【本章要点】

要点一：人才素质测评与心理测量和心理测验的关系。

心理测量是人才素质测评的基础，人才素质测评是心理测量在企业人员招聘选拔等管理实践方面的应用，心理测验是心理测量的一种具体技术。

要点二：人才素质测评对于现代人事管理的作用。

人才素质测评对于人力资源的几个模块具有支撑作用，人力资源规划、人员的甄选、员工的培训以及员工的职业生涯规划都离不开人才素质测评的支持。

要点三：人才素质测评的实施步骤。

人才素质测评大致分为测评准备阶段、测评实施阶段和测评应用阶段。

【复习思考题】

1. 人才素质测评所依据的几个假设是什么?

2. 如何区分人才素质测评中的"测"与"评"?

3. 如何将人才素质测评技术与现代人力资源管理相结合?

【推荐阅读书目】

郑日昌．心理测量与测验．北京：中国人民大学出版社，2008.

王垒，施俊琦，童佳瑾．实用心理与人事测量．北京：北京大学出版社，2008.

第二章 人才素质测评原理

【学习目标】

通过本章的学习，希望达到以下 3 个目标：

1. 使学生了解人才素质测评的理论基础；
2. 使学生掌握人才素质测评中统计学的基础知识；
3. 使学生理解并能够熟练应用信度、效度与项目区分度的知识。

| 章节导引 |

最近，A公司的销售代表的离职率突然上升，并带走了大量客户，投奔竞争对手，这使得人力资源专员王先生非常烦恼。他几天来一直在思考：公司的招聘流程到底存在什么问题呢？

从销售部门调任人力资源部半年以来，王先生主要参考报刊、畅销书籍上人才素质测评的一些相关介绍，来设计人员测评和甄选环节。一般来说，销售代表的招聘包括简历筛选和面试两个阶段，主要了解和考察候选人的工作经验、沟通技能等。然而，简单的筛选和面试步骤能否真正达到效果，责任心、忠诚度等其他一系列指标又该如何测评，正是需要考虑、改进的地方。因此，王先生逐步认识到，更进一步了解测评理论知识、搭建完善测评体系对于公司人才的选用是非常重要的。

第一节 人才素质测评的理论基础

现代人才素质测评建立在三大理论基础之上：真分数理论、概化理论和项目反应理论。其形成和发展经过了两个阶段：20世纪50年代之前，占主导地位的是真分数理论，这一阶段被称为经典测验理论阶段；20世纪50年代至今，出现了项目反应理论、概化理论，从而与真分数理论一起形成了三足鼎立的格局，可称为多种理论并存阶段。

真分数理论作为历史上第一个测验理论，揭示了测验最一般、最基本的规律和原则，也被称为经典测验理论。此后的测验理论大多是在真分数理论的研究基础上发展而来的，主要目标在于弥补真分数理论在各方面存在的缺陷。例如：为了克服真分数理论中题目参数等指标的变异性问题，出现了项目反应理论；面对真分数理论信度的质疑，发展出了概化理论。因此从一定程度上看，三种理论存在一个继承和发展的关系，共同帮助人才素质测评理论走向完善和成熟。

一、真分数理论

真分数理论（classical test theory，CTT）是最早实现数学形式化的测量理论。它兴起于19世纪末，到20世纪30年代形成比较完整的体系，并逐渐走向成熟。1968年，洛德（Lord）和诺维克（Novick）发表著作《心理测验分数的统计理论》，标志着真分数理论发展到了巅峰。

(一) 简介

在真分数理论中，人的心理特质的测量结果由数值来表示。但由于误差的存在，实际测得的结果和真实水平之间往往存在一定差异，总是表现为低于或高于真实数值。为了区分误差值和真实值，心理学家在研究中引入了真分数（true score）这一概念。根据定义，真分数是指测量中不存在任何误差，且能完全反映出所测量特质的客观水平的真实数值。但是在实际测量中，使用任何测量工具都不可避免地会产生误差。因此在实际操作中，常常将无数次测量结果的平均值作为真分数值。相应地，每次施测得到的数值则称为观察分数（observed score）。将观察分数与真分数进行比较，二者之间的差异越小，则认为测验的准确度越高。

(二) 理论模型及假设

真分数理论的基本思想是把测验的得分（即观察分数）看作是真分数和误差值的线性组合。若用 X 表示观察分数，T 表示真分数，E 表示测量误差，则得到真分数理论的基本数学模型，用公式表示如下：

$$X=T+E$$

需要特别指出，E 代表随机误差，即“测量结果与在重复性条件下对同一被测量对象进行无限多次测量对象所得结果的平均值之差”。还有一个概念叫做系统误差，是指“在重复性条件下对同一被测量对象进行无限多次测量所得结果的平均值与被测量对象的真值之差”，它包含在真分数（T）之内。

根据以上公式，可以推导出三个相互关联的假设：

（1）n 次误差的平均数为零。由此可推导出 $T=E(X)$，即真分数等于观察分数的平均数。

（2）真分数和测量误差之间相互独立，即 $\rho(T, E)=0$。

（3）各平行测验的误差之间相互独立，即 $\rho(E_1, E_2)=0$。

可以从以下三个方面进一步理解真分数理论的数学模型和假设。第一，真分数作为反映个体心理特质的客观水平，是固定不变的。虽然误差的难以消除导致真分数不能被完全估计，但现代测量的任务就是通过不断改进测量工具、完善操作方法来尽可能地接近真分数，并估计出真分数的大小。第二，该理论假定观察分数和真分数之间是线性关系，而不是其他关系，从而得出观察分数等于真分数和误差值之和。第三，测量误差完全随机，并服从均值为零的正态分布。它独立于所测特质之外的其他任何变量（包括该特质的真分数），这就保证了误差中不含有系统误差成分。

(三) 评价

真分数理论建立了观察分数（X）与真分数（T）和测验误差（E）的线性模型，第一次将数学公式引入了测评理论。且该模型计算简单，易于被理解和接受，容易推广。真分数理论的另一大贡献在于给出了测验信度（reliability）的概念。测验信度系数等于真分数方差在观察分数方差中所占的比例，从而使得测验信度系数的大小成为了度量测验误差的另一种形式。

但是，真分数理论也存在很多缺陷。首先，真分数理论给出的线性模型是粗糙的，没有对测量误差的形成原因进行深入探讨，从而难以区分不同的测量误差。其次，线性模型的假设可能存在问题。大量的研究表明，真分数与观察分数间的非线性关系更符合事实。最后，真分数理论中对平行测验的假设受到很大质疑。根据该理论，“如果两个题目不同的测验测的是同一特质，并且题目形式、数量、难度、区分度以及测查等值团体后所得分数的分布都是一致的，则这两个测验被称作是彼此平行的测验”，各平行测验具有相同的信度和测量标准误差。但严格平行的测验是不存在的。即使使用同一测验项目对同一组对象在不同时间施测，因为遗忘、动机、新知识与新技能获得等因素的影响，测验分数也会产生较大变异。

二、概化理论

概化理论又被称为概括力理论或拓广理论，它是经典真分数理论与方差分析相结合的产物。1972 年，克伦巴赫（Cronbach）等人出版著作《行为测量的可靠性》，标志着概化理论的诞生。其后的学者，如布瑞南（R. Brennan）、沙沃森（Shavelson）和韦伯（Webb）等，在 20 世纪 80 年代对有关概化理论的研究框架进行了分析和介绍，加速了概化理论的发展。

（一）简介

概化理论（generalizability theory，GT）建立在对误差的分解之上。它“结合测量的情境关系对真分数理论中的笼统误差进行探查和分解，辨明误差的不同来源，并且在一定范围内变动测量的情境，考察这种变动引起的误差的相对变化，从而达到对误差方差进行控制，提高测验信度的目的”。从操作上来看，概化理论将因素设计、方差分析模型等统计工具应用到心理测评中，从而完成对“信度”进行推广的工作。

概化理论认为，任何测量都是在特定的测量情境下进行的。测量的根本目的是根据某一特定情境下的测量结果来推断更广泛条件下可能得到的测量结果。该理论提出了三个基本概念。

（1）测量目标，即测量所要描述和研究的心理特质。通俗来讲，就是“测什么”。

（2）测量侧面（facet），是指各种内在、外在因素，这些因素可能影响测量过程和测量结果。一个测量侧面就是某一方面的测量条件。通俗来讲，就是“怎么测”。测量侧面对测量误差有很大影响。

（3）测量情境，这是一个合成概念，由测量目标和测量侧面构成。

(二) 理论假设及操作

与真分数理论中“严格平行测验的假设”不同，概化理论建立在随机平行测验的假设之上。该假设大大放宽了满足平行的条件，认为凡是从同一题库中随机抽取的几份试卷都是随机平行的。在此基础之上，概化理论用可靠性（dependability）的概念代替了传统信度的概念。所谓可靠性，是指“从测量对象在样例测量上的得分到全域分的概化精确性，或者是从样例到可接受的观察全域的概化程度”。概化越精确，则越能从特定情境下的测量结果来推断广泛条件下的情况。

根据该理论，测量目标在具体关系条件下的分数叫全域分数（universe-score）。当测量工作的具体关系变化时，全域分数也会变。测量的总方差可以分解为代表目标测量的方差成分，即全域分数方差（σ_p^2）和构成误差的种种方差成分，即误差分数方差（σ_δ^2）。全域分数方差占总方差的比，则被称为概括力系数。

如果测验是常模参照测验（将被测者与团体相比较，以评价被测者在团体中的地位），则概括力系数 ρ^2 是评价测验稳定性程度的最佳指标，即：

$$\rho^2=\sigma_p^2/(\sigma_p^2+\sigma_\delta^2)$$

若该测验是标准参照测验（将被测者与绝对标准相比较，以评价被测者有无达到该标准），则其可靠性系数（Φ）是测验稳定一致性的最好指标，即：

$$\Phi=\sigma_p^2/(\sigma_p^2+\delta_\Delta^2)$$

当全域分数方差不变，而误差分数方差增大时，概括力系数值降低，可靠性降低。反之，当全域分数方差增大，而误差分数方差不变，则概括力系数增大，可靠性提高。所以，随着测量情境关系的变化、测量目标与侧面的变动，概括力系数（即可靠性）也就会不同。

用概化理论来研究测量问题时，通常分为“G”研究和“D”研究两种类型。前者又被称为拓广研究，即从理论上估计与每个随机侧面相联系的误差的大小；后者又被称为决策研究，即在具体情况下，在 G 研究的基础上作出某种决策。在具体操作上，可以从侧面的个数、侧面间的关系、侧面和观察全域的关系三个维度上对测量进行设计，具有比较强的弹性和灵活性。

(三) 评价

与真分数理论相比，概化理论具有其独特的优势。首先，概化理论以随机平行测验为基础，使满足平行的条件更容易达到。其次，通过方差分析等统计工具，能够对总体测量误差进行分解，使每个部分对应于特定的误差来源，从而更便于控制测量误差。最后，概化理论中所涉及的可靠性概念，既能估计出主效应，也能估计出交互作用，并能对各估计值的大小进行直接比较。

但是，概化理论也存在很多不足之处。首先，概化理论将所测量的心理特质看作是单维度的、稳定的。因此，在实际应用中同样要强调保持试题样组的同质性。其次，在计量方法上，概化理论以方差分析为基本的分析工具，但在数据结构的复杂性方差分量估计中，有时会出现负值，这是一个很难解释的结果。最后，在测量应用上，由于随机抽样的易变性，概化理论适用于实测数据的事后分析，而难以作为事前预测的工具。一次抽样数据的分析结果仅是测量统计规律的描写，其可靠性依赖于实测数据的完备性，因而难以作为普遍的规律加以推广和应用。

三、项目反应理论

1952年，美国学者洛德在他的博士论文中首次提出“项目反应模型”，即“双参数正态卵形模型”，并提出了与此相关的参数估计方法，项目反应理论正式诞生。随着电脑科技的飞速发展，不断有新的项目反应模式和项目参数估计方法产生。

（一）简介

项目反应理论（item response theory，IRT），又称潜在特质理论（latent trait theory）或项目特征曲线理论（item characteristic curve theory），是一系列心理统计模型的总称。根据相关定义，“IRT是用来分析考试成绩或者问卷调查数据的数学模型，这些模型的目标是来确定潜在特质（latent trait）是否可以通过测试题被反映出来，以及测试题和被测试者之间的互动关系”。这种潜在特质是在观察、分析测验反映基础上提出的一种统计构想，一般是指潜在的能力，并经常用测验总分作为这种潜力的估算。

（二）假设及模型

项目反应理论提出了四条基本假设。

（1）能力单维性假设，即组成某个测验的所有项目都是测量同一潜在特质的。

（2）局部独立性假设，即指对某个被测者而言，项目间无相关性存在。

（3）项目特征曲线假设，又称为“知道—正确假设”。其含义是若被测者知道某一项目的正确答案，在回答问题时，他必然答对；如果被测者答错了某一题目，这代表他必然不知道正确答案。

（4）非速度限制假设，即测验的完成没有时间限制。因此，如果被测者在项目反应上不理想，那么这并不能归因于时间不足等外部因素，只能说明其能力不足。

需要特别解释的是项目特征曲线（item characteristic curve，ICC），它描绘了受测者的某一能力（或特质）水平与他可能正确回答项目的概率之间的关系。IRT中，常用“θ”表示这种能力或特质水平，$P_i(\theta)$ 表示答对项目 i 的正确率。ICC描绘的是“θ”与 $P_i(\theta)$ 之间的关系。图2—1是项目反应理论所采用的卵形项目特征曲线。

在项目反应曲线的基础之上，写出函数解析式，即项目特征函数（item characteristic function，ICF），就是项目反应理论的模型。

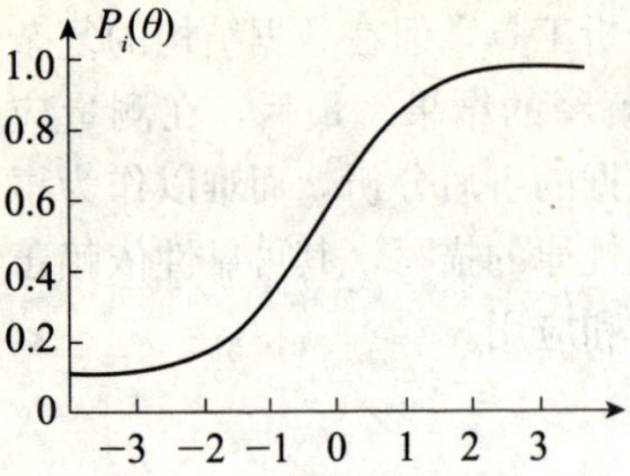

图 2—1　卵形项目特征曲线

项目反应模型的题目有三个参数，分别是难度（difficulty index）、区分度（discriminative powder index）和猜测系数（guessing index）。根据参数的不同，项目特征函数可分为单参数模型（难度）、双参数模型（难度、区分度）和三参数模型（难度、区分度、猜测系数）等。单参数模型比较简单，易于掌握和使用，但对项目参数性质的要求较为苛刻；双参数模型要求项目的猜测系数较小；三参数模型虽然具有涵盖较多项目信息的优点，但使得参数估计更为复杂。到目前为止，IRT 的模型有 Logistic 模型、Rasch 模型、Lord 的正态卵形曲线模型等二十余种。

根据 IRT 可以编制各种测验（包括常模和标准参照测验）和进行题库建设，应用非常广泛。而选择何种模型，则是一个比较灵活的过程，并无定论。但可以从命题方式、计分方式、参数性质、样本人数、假设的满足与否等方面得到一些选题的依据。

(三) 评价

IRT 最大的优点是项目参数的不变性，即项目参数的估计独立于被测者组（局部独立性假设）。由于被测者在某一项目上的成绩不受他在测验中其他项目成绩的影响，各个被测者的作答也是彼此独立的，因此能够通过答题结果对被测者的潜在特质做出准确的估计。而为了满足对不同能力测验的要求，项目反应理论采用适应性测验的方式。适应性测验是“根据被测者的不同水平，实施不同的测验项目，并使这些项目的难度和被测者的水平相适应”。具体的操作方法是先给被测者呈现一道中等难度的项目，根据被测者的反应情况，再从题库中选择下一个项目呈现给被试。而随着计算机技术的进步，IRT 所具有的测试适应性功能，可借助计算机来完成。此外，项目反应理论也可以用于对答题正确率的预测。由于项目特征曲线明确表示出了被测者能力与项目的关系，如果已知被测者的能力值，就可预测出他们可能答对某个项目的概率。最后，与经典测验理论相比，项目反应理论也规避了“严格平行测验”的假设。

目前一些大型考试，如 TOEEL 和 GRE 等，都相继采用了以 IRT 为基础的计算机化适应性测验（CAT）。与此同时，一些传统的智力测验，如比奈测验、韦氏智力测验等也开始引进 IRT 作为分析的理论依据，可见 IRT 的应用前景不可忽视。虽然 IRT 相比前两个理论有了很多进步，但从严格意义上说，它仍然是有缺陷的。首先，项目参数估计的不变性难以达到。因为在实际操作过程中，为了估计参数，需要通过被测者样组获取数据，但不同的样组测量数据并不一致，这也就导致了参数估计的差异。其次，IRT 的假设条件比较苛刻，必须有大样本进行配合，且要对假设条件进行验证。而其中广受争议的一条假设就是单维性假设。最后，在应用上，由于 IRT 建立在比较深奥的数学基础之上，其接受度和推广度均受到一定限制。

第二节
统计学的基础知识

前一节介绍了人才素质测评的理论基础，在人才素质测评中，还涉及几个统计指标，这些统计指标是呈现人才测评结果时常用的指标，本节将简要介绍这几个指标，以及在 Excel 和 SPSS 这两个软件中如何计算这些统计指标。

一、几个基本的统计指标

人才素质测评常用的统计指标有平均数、标准差和方差等。

（一）平均数

数值平均数是反映总体一般水平，或分布的集中趋势的一项指标。统计学中常用样本平均数（$\bar{x}$）作为总体平均数（μ）的估计量，并已证明样本平均数是总体平均数 μ 的无偏估计量。其中，有限总体的平均数用 μ 表示，计算公式为：

$$\mu = \sum_{i=1}^{n} x_i / n$$

式中，x_i 代表各样本观测值，n 代表样本数量。

（二）标准差

标准差是总体各单位标准值与其平均数离差平方的算术平均数的平方根，反映组内个体间的离散程度，用 σ 表示，计算公式为：

$$\sigma = \sqrt{\frac{1}{n}\sum_{i=1}^{n}(x_i - \bar{x})^2}$$

式中，n 代表样本数量，x_i 代表各样本观测值，$\bar{x}$ 代表样本均值。

（三）方差

方差是各个数据与平均数之差的平方和的平均数，反映随机变量与其数学期望（即均值）之间的偏离程度。与标准差相同，方差度量个体间的离散程度。其中，方差用 σ^2 表示，计算公式为：

$$\sigma^2 = \frac{\sum_{i=1}^{n}(x_i - \overline{x})^2}{n}$$

式中，n 代表样本数量，x_i 代表各样本观测值，$\overline{x}$ 代表样本均值。

二、利用 Excel 计算基本的统计指标

在 Excel 中，可以利用其自带的函数功能，求得数据集的平均数、标准差和方差。以 Excel 2007 为例，具体操作步骤如图 2—2 所示。

步骤 1：打开 Excel表格。

↓

步骤 2：单击需要显示结果的单元格，如 C42。

↓

步骤 3：在菜单栏选择“公式” →“插入函数”（如右边第一张图所示）。

↓

步骤 3：选择函数，点击“确定”（如右边第二张图所示）。
(1) 平均数：AVERAGE。
(2) 标准差：STDEV。
(3) 方差：VAR。

↓

步骤4：在对话框中输入计算的数值范围，点击“确定”（如右边第三张图所示）。

↓

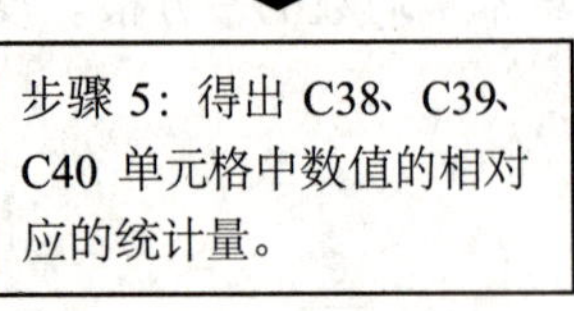

步骤 5：得出 C38、C39、C40 单元格中数值的相对应的统计量。

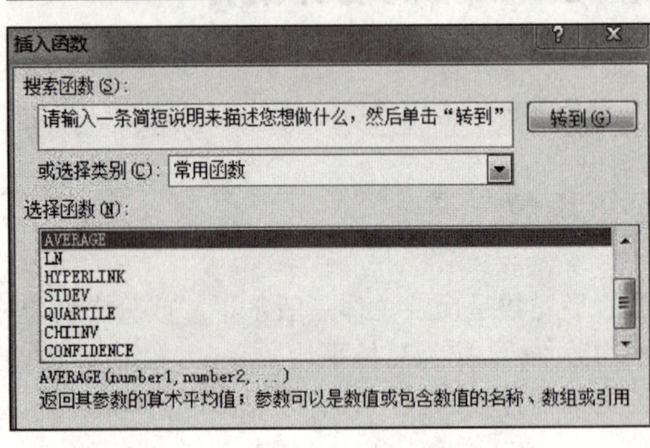

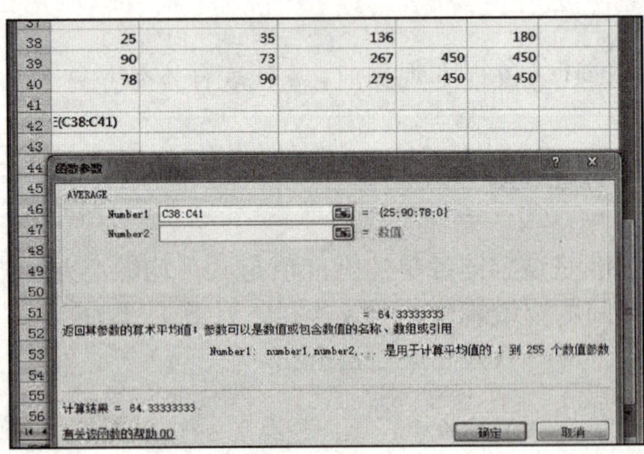

图 2—2 利用 Excel 计算平均值、标准差和方差

三、利用 SPSS 计算基本的统计指标

在 SPSS 中，可以利用其数据分析功能，求得数据集的平均数、标准差和方差。

以 SPSS 19.0 为例，具体操作步骤如图 2—3 所示。

步骤1：在SPSS中打开数据列表。

↓

步骤2：在菜单栏中选择“分析”→“描述统计”→“描述”。

↓

步骤3：在左侧列表框中选取需要的变量，点击箭头，加入右侧计算变量中。

↓

步骤4：点选右上角“选项”，勾选“均值”、“标准差”、“方差”，点击继续，再点击“确定”，得到输出结果。

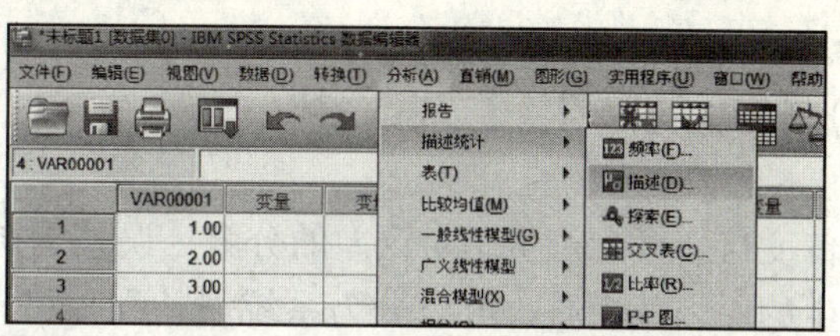

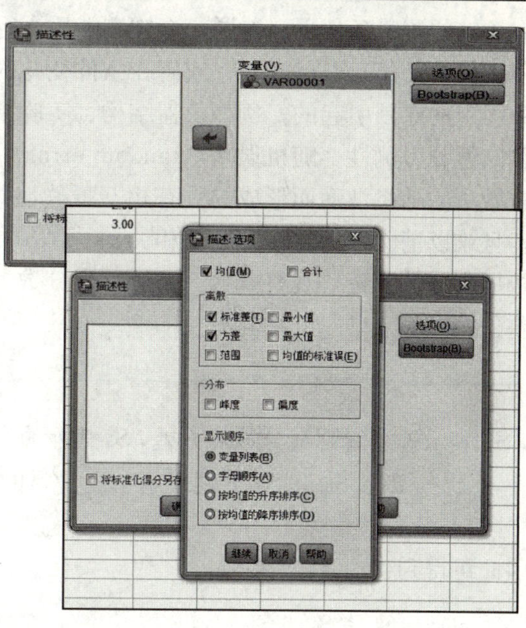

图 2—3　利用 SPSS 计算平均值、标准差和方差

第三节 人才素质测评的信度

面对测评结果，常常会有这样的疑惑产生：其结果是否可靠？是否具有说服力？这是测评中的关键问题之一，也是选择和评价测评工具的重要标准之一。这就涉及本节所要探讨的概念——信度（reliability）。

一、信度概述

任何测评工具会不可避免地出现误差，信度则是通过对误差的分解从而来衡量测评的可靠性。

(一) 信度的产生

信度这一概念产生于对误差的分解。误差是指测量值与真实值之间的差异。根据其产生的原因及性质，可以分为系统误差和随机误差。系统误差（systematic error）是“在一定的测量条件下，对同一个被测特质进行多次重复测量时，误差值的大小和符号（正值或负值）保持不变，或者在条件变化时，按一定规律变化的误差”。它是由某些固定的原因引起的，例如仪器结构、实验条件、依据的公理等，因此具有重复性、单向性和可测性。随机误差（random error）是指“由于在测定过程中一系列有关因素微小的随机波动而形成的具有相互抵偿性的误差”。随机误差产生的原因非常复杂，且难以消除。它与信度密切相关。

根据真分数理论［观察分数（X）＝真分数（T）＋随机误差（E）］，可以推导出方差公式：

$$S_X^2 = S_T^2 + S_E^2$$

式中，S_X^2 表示被测者观察分数的方差，S_T^2 表示真分数方差，S_E^2 表示误差分数方差。其中，$S_T^2 = S_V^2 + S_I^2$（S_V^2 和 S_I^2 分别表示与测量目的有关的变异和与测量目的无关的变异）。

因此可得到：

$$S_X^2 = S_V^2 + S_I^2 + S_E^2$$

(二) 信度的定义

根据有关定义，信度是指测量结果的可靠性、一致性和稳定性，即测量结果是否反映了被测者的稳定的、一贯性的真实特征。随机误差的大小直接影响信度的大小。随机误差越大，信度越低。从这一角度出发，信度也可定义为“测试结果受随机误差影响的程度”。一个信度较高的测验应该具有这样的特点：在同样的条件下，所测量的结果具有重复性，即多次施测，可以得到一致的结果。

对信度大小的量化指标称为信度系数。信度系数是指“测验的总变异中真分数造成的变异所占的比例”。用公式表示如下：

$$r_{xx} = S_T^2/S_X^2 = 1-(S_E^2/S_X^2)$$

式中，r_{xx} 代表信度系数。当信度系数为 0.80 时，其含义是实得分数中有 80%的变异是真分数造成的，仅 20%是来自测验的误差。可见，信度系数越大，测量结果越准确。

在理想的状态下，$r_{xx}=1$，即测量所得的分数就是真分数。但在实际操作中，信度系数不可能完全等于 1，只能向 1 靠近。在人才测评的实践中，一般要求能力与成就测评的信度系数应达到 0.90 以上，性格、人格类的测评应该达到 0.70 以上。这是选择人才测评工具的标准之一。

二、信度的估计方法

信度建立在对误差的分解之上。测评分数的误差来源不同，从而产生了不同的估计信度的方法。下面分别予以介绍。

（一）重测信度

重测信度（test-retest reliability），又称为再测信度。其含义是："以同样的测评与选拔工具，按照同样的方法，对于相同的对象再次进行测评和选拔，所得先后结果间的一致性程度。"两次测量的相关系数即为重测系数，或稳定性系数。稳定性系数越大，说明测量的一致性越高。其数学计算公式如下：

$$\gamma=\frac{N\sum xy-\sum x\cdot\sum y}{\sqrt{[N\sum x^2-(\sum x)^2][N\sum y^2-(\sum y)^2]}}$$

式中，γ 为稳定性系数，N 为测评结果的个数（被测人数），x 为被分析的测评结果数据，y 为重复测评结果数据。其值越接近 1，说明测评结果可靠程度越高；反之，测评结果可靠程度越低。

重测信度所考察的误差来源是时间的变化所带来的随机影响。它建立在三个基础假设之上：第一，想要测评的特性不是变化的，而是稳定的；第二，就遗忘与练习而言，二者的效果相同；第三，被测者的学习效果在两次测试期间没有差别。但现实的情况是，如果施测的时间间隔把握不当，会使得练习和记忆对测评产生影响，且前后两次测试不是完全独立，施测的环境也难以保证完全相同。因此在评估重测信度时，必须特别注意重测所间隔的时间。

如果间隔时间过短，被测者就可以在记忆和练习的帮助下，显著提高答题水平，所测得的结果并不能反映被测者的真实水平，出现假性高相关；如果间隔时间过长，被测者的身心特质和环境就可能发生改变，从而导致相关系数降低。通常情况下，两次测评的间隔最好不超过 6 个月，以 1～3 个月为宜，可以随测评的目的、性质及被测者特点的改变而有所不同。此外，当要求对测评结果进行报告时，应该明确表明两次测评的间隔时间，以及在此期间内被测者的相关活动和经历，以作为对测评结果的参考。

采用重测信度具有两大优势：首先，由于首测和再测使用同一套测评题目，这就保证了所测评的属性完全相同，且省去了再编制一套试题的时间和精力；其次，重测信度可以提供有关测评结果是否随时间发生变化的资料，因此可作为预测被测者将来行为表现的依据。

（二）复本信度

复本信度（alternative-form reliability），又称等值性系数。它是以"两个等值但

题目不同的测验（复本）来测量同一群体，然后求得被测者在两个测验上得分的相关系数”。相关系数越大，说明两个复本构成带来的变异越小。这种估计方法的核心在于复本的构建。对于同一个测量工具要构建两个复本，它们在题目的数量、类型、内容和难度等各个方面都要“等值”。

在具体的应用中，通常需要计算等值性系数。当测评结果用分数表示时，用积差相关法计算等值性系数；当测评结果表现为等级或名次时，则用等级相关法计算等值性系数。积差相关计算公式与稳定性系数公式相同（参见重测信度的计算方法）。等级相关法的计算公式如下：

$$\gamma = 1 - \frac{6\sum D^2}{N \cdot (N^2 - 1)}$$

式中，γ 为等值系数，N 为测评结果的个数（被测人数），D 为同一被测者两次评定等级之差。

需要特别指出的是，复本信度也要考虑时间间隔因素。其测验方式分为两种：一种是在同一时间里连续进行测验，可以判断两次测验内容之间是否等值，得到的信度系数称为等值系数；另一种是间隔一段时间后再进行测试，这种方法不仅可以判断两次测验内容是否等值，而且可以反映出时间因素对被测者潜在属性的影响程度，得到的信度系数被称为等值稳定系数，具有较高的准确性，应用也更为广泛。

与重测信度相比，复本信度可以有效减少学习和记忆等因素对测评效果的影响。但是并不能完全排除这种影响，尤其是当所研究的行为受练习和记忆的影响很大时。并且由于复本之间的相似性，举一反三能力强的被测者可以很容易在题目间进行迁移，从而也使得测量结果偏离被测者的真实水平。最后，在实际操作中，编制两个完全相等的复本是十分困难的，很难完全达到复本信度对于“等值”的要求。

（三）分半信度

前面所介绍的重测信度和复本信度，分别考察了测量在时间上的稳定性和形式上的等值性，需要实施两次测验。而内部一致性信度（包括分半信度，以及之后将要介绍的同质性信度）主要关注的是测验内部题目之间的关系，即考察测验的题目是否测量出了相同的内容，因此只需要实施一次测验。

分半信度（split-half reliability）系数是“通过将测验分成两半，计算这两半测验之间的相关性而获得的信度系数”。在具体的操作上，一般的做法是在测验后将测验题目分成相等的两组（通常采用奇偶分半的方法，即将测验题目按照序号的奇数和偶数分成两半），然后计算两组题目之间的相关性。相关越高表示信度高，或内部一致性程度高。

在具体的数学计算上，可以采用三种方法求得分半信度系数。

1. 斯皮尔曼—布朗公式校正法

在重测信度和复本信度中，分数是从所有题目中得到的。而使用分半法求得的两个部分的分数，只是从总题目数量的一半得到的。但是，信度的大小会受到题目数量

的影响。在其他条件不变的情况下，信度随测评题目数量的增加而提高。因此分半法可能出现低估信度的问题，必须进行修正。当两部分方差相等时（方差齐性检验呈齐性时），可以用斯皮尔曼—布朗公式加以校正。公式如下：

$$\gamma_t = \frac{2\gamma}{1+\gamma}$$

式中，γ 为两半分数的相关系数，γ_t 为测验在原长度时的信度系数。

当两部分方差不相等时，可以采用卢龙公式估计法或弗朗那根公式估计法直接计算分半信度系数。

2. 卢龙公式估计法

计算公式如下：

$$\gamma_t = 1 - \frac{\sigma_d^2}{\sigma_t^2}$$

式中，γ_t 表示分半信度系数，σ_d^2 表示每个被测者两半测验分数之差的方差，σ_t^2 表示测验总分的方差。

3. 弗朗那根公式估计法

计算公式如下：

$$\gamma_t = 2\left(1 - \frac{\sigma_a^2 + \sigma_b^2}{\sigma_t^2}\right)$$

式中，γ_t 表示分半的信度系数，σ_t^2 表示测验总分的方差，σ_a^2 和 σ_b^2 分别表示两个分半测验分数的方差。

（四）同质性信度

同质性信度（homogeneity reliability）是内部一致性信度的一种，其含义是指测验内部的各个题目在多大程度上考察的是同一内容，表现为所有测验题目得分的一致性。需要特别指出的是，某些测验题目看似是测量同一特质，但实际上是异质的，因此不能仅从表面进行直观推断。例如，"2＋4＝?"和"3＋9＝?"都是个位数的加法，但它们并不是完全同质的，因为后者的计算还涉及进位加法。

为了保证测验只测量一种特质或内容，必须满足同质性条件。如果某一测验的同质性程度低，则说明在同一个测验中包含了不同的测量内容，应该将测验加以分解，使得每一个分量表只测量一种特质。常见的卡特尔 16 种人格因素问卷（16PF），包含了 16 个分量表，每个量表分别测量一种人格特质。

在数学计算上，可以采用三种方法求得同质性信度系数。

1. 库德—理查逊公式估计法

库德—理查逊公式（KR 20公式）如下：

$$r_{KR20}=\left(\frac{K}{K-1}\right)\left(1-\frac{\sum p_i q_i}{S^2}\right)$$

式中，K 表示构成测验的题目数，p_i 为通过第 i 题的人数比例，q_i 为未通过第 i 题的人数比例，S^2 为测验总分的方差。

该公式适用于二分法计分的项目。如果对测验的结果已经进行了项目分析，已经知道了各个项目的难度，那么采用上述公式计算信度较为方便。

当测验项目难度接近时，可以采用库德和理查逊提出的简便公式，即 KR 21公式。这一公式以各个被测者总分的平均数和方差为基础进行计算，无需提供各题的难度信息，计算起来较为方便。但必须保证各项目的难度接近，如果难度相差较大，就可能有低估的倾向。该公式如下：

$$r_{KR21}=\frac{KS^2-\overline{X}(K-\overline{X})}{(K-1)S^2}$$

式中，K 表示构成测验的题目数，$\overline{X}$ 为测验总分的平均数，S^2 为测验总分的方差。

如果测验采用多重计分的方法，则需要采用克伦巴赫 α 系数来计算同质性信度。

2. 克伦巴赫 α 系数估计法

计算公式如下：

$$\alpha=\left(\frac{K}{K-1}\right)\left(1-\frac{\sum S_i^2}{S_t^2}\right)$$

式中，K 表示构成测验的题目数，S_i^2 表示每个测题分数的方差，S_t^2 表示测验总分的方差。

(五) 评分者信度

在某些测量情形中，例如投射测验、无领导小组讨论等，被测者的得分依赖于评分者的判断。这种判断往往带有主观成分（受到评分者的知识水平、对测评标准的把握等各种因素的影响），从而产生误差，使得不同评分者之间的评分不一致。基于这种情况，需要考察评分者信度。

所谓评分者信度（raters reliability），是指“数名不同评定者采用同一套量表对相同受评者进行评定，对所得结果进行一致性检验，以估计评定量表评分客观性”。就其操作而言，最简单的方法就是由两个独立的评分者对随机抽取的同一份试卷进行打分，然后计算分数间的相关系数。在计算相关系数时，可以采用积差相关法和斯皮尔曼等级相关法。此外，也可以使用肯德尔和谐系数来计算评分者信度，前提是评分者在 3 人以上，且采用等级计分。公式如下：

$$W=\frac{\sum R_i^2-\frac{\left(\sum R_i\right)^2}{N}}{\frac{1}{12}K^2(N^3-N)}$$

式中，K 是评分者人数，N 是被评的对象数，R_i 是每一个对象被评等级的总和。如果在同一评价者的评价中有相同等级出现，则可应用下式：

$$W=\frac{\sum R_i^2-\frac{(\sum R_i)^2}{N}}{\frac{1}{12}K^2(N^3-N)-K\sum\frac{\sum(n^3-n)}{12}}$$

式中，n 为相同等级的个数，其他指标与上一公式中指标的含义相同。

对采用客观性题目的测验而言，它具有一套相当标准化的评分程序，因此由评分引起的误差变异是可以忽略的。但是如果评定量表包含相当多的主观题目，且评定者在评分时难以避免地掺杂进主观判断成分，评分者之间所评定分数的误差变异就会出现。一般认为，在成对的受过训练的评定者之间平均相关系数达到 0.9 以上，评分就是客观的。

在 SPSS 中，可以利用其数据分析功能进行信度分析。以 SPSS 19.0 为例，操作步骤如图 2—4 所示。

步骤 1：在SPSS中打开数据列表。

步骤2：在菜单栏中选择“分析”→“度量”→“可靠性分析”。

步骤 3：在左侧列表框中选取需要的变量，点击箭头，加入右侧计算变量中。

步骤 3：在“模型”下拉菜单中选择所需的信度系数，点击“确定”，得到所需信度系数。

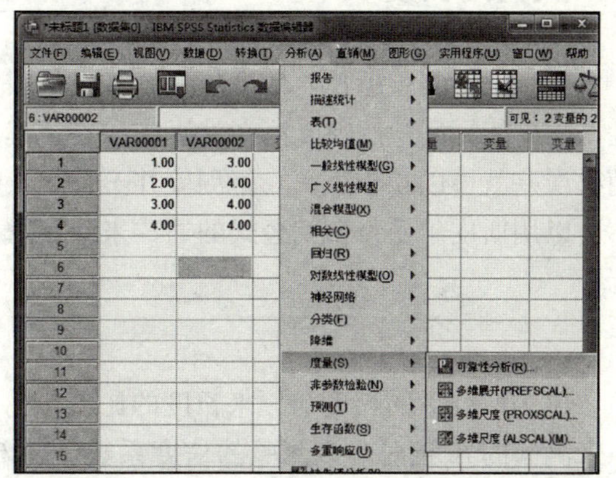

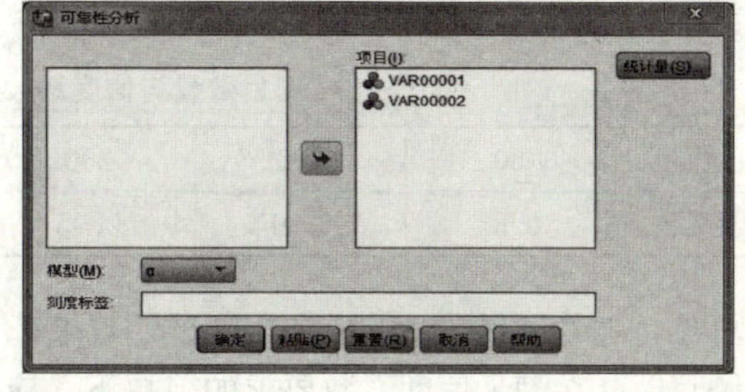

图 2—4　利用 SPSS 进行信度分析

三、影响信度的因素

影响信度的因素很多，被测者、施测者、测验内容、施测环境等各方面均能引起随机误差，导致分数不一致，从而降低测验的信度。下面介绍的几个重要因素，在测

量中应该特别予以关注。

（一）样本特征

首先是样本团体的异质程度。如果样本团体非常同质，则分数分布范围较小，所得的信度系数就很低；反之，如果团体非常异质，则会得出很高的信度系数，造成假性高相关。基于以上原因，不能认为当某个测验在一个团体中有较高的信度时，在另一个团体中也具有较高的信度。在这种情况下，往往需要重新确定测验的信度。

除了受到团体异质程度的影响，信度系数也受样本团体平均水平的影响。过高或过低的平均水平都会影响测验的信度。因为对于不同水平的团体，题目具有不同的难度，每个题目在难度上的变化累积起来便会影响信度。由于这种影响不稳定且无规律可循，因此难以用统计公式来推断。

（二）测验的长度

一般来说，测验越长，信度越高。首先是因为测验的加长可以改进题目取样的代表性，从而能更好地反映受测者的真实水平；其次，测验的题目越多，在每个题目上的随机误差就可以互相抵消。但测验并不是越长越好。

可以用斯皮尔曼—布朗公式的通式来计算增加测验加长的效果，具体如下：

$$\gamma_{KK}=\frac{K\gamma_{XX}}{1+(K-1)\gamma_{XX}}$$

式中，K 为改变后的长度与原来长度的比值，γ_{XX} 为原测验的信度，γ_{KK} 为测验长度变为原来测验的 K 倍时，该测验的信度系数。随着题目数量的增加，信度系数的变化情况见表 2—1。

表 2—1　　题目数量与信度系数的关系

题目数量	50	100	200	300	400	500
信度系数	0.83	0.91	0.95	0.968	0.976	0.98

可见，随着题目数量的增加，测试的效果符合边际效益递减规律。因此，在编制测验题目时，在满足信度系数要求的前提下，应该将题目数量控制在适度的范围内。这不仅可以节约编题者的时间和精力，同时也避免了引起被测者的疲劳和反感，以防对测验信度产生不良影响。

（三）测验的难度

测验的难度与信度没有直接对应关系。但是当测验太难或太易时，分数的范围就会缩小，从而使信度降低。同时如果题目过难，被测者可能凭猜测作答，从而无法反映出被测者的真实水平。因此，只有当测验难度水平可以使测验分数的分布范围最大时，测验的信度才会最高，而通常这个难度水平为0.50。

但这一难度水平更适合于简答题。对于选择题，由于存在一个相对较大的猜对概率，其难度值应当相应地有所提高。根据洛德的观点，各类选择题的理想平均难度为：五个选项的选择题为0.70，四个选项的选择题为0.74，三个选项的选择题为0.77。判断题的理想平均难度为0.85。

第四节 人才素质测评的效度

一个测验是否真的测出了我们想要测量的特质或内容，这就涉及"效度"的概念。通俗地说，测量的效度就是指测量的有效性，即测量能够达到测量目标的程度。例如，一个人格测验的测量结果确实是被测者的人格，而非能力、态度、价值观等其他特质，这就说明这个测验是有效的。和信度一样，效度也是选择和评价测量工具的重要标准。

一、效度概述

与信度不同，效度这一指标来源于对测评工作有效性的衡量，效度是选择和评价测评工具的另一个重要标准。

（一）效度的定义

效度（validity）是测量的有效性程度，即测量工具能够准确测出其所要测量特质的程度。测量结果与要考察的内容越吻合，效度越高；反之，效度越低。从统计的角度出发，效度也可以定义为"与测量目标有关的真实分数方差与总方差的比率"。用公式表示如下：

$$r_{XY}=\frac{S_V^2}{S_X^2}$$

式中，r_{XY}为测验的效度，S_V^2 为真实分数方差，S_X^2 为总方差。

关于效度，可以从以下三个方面进行更深入的理解。

（1）效度具有相对性。任何测验的效度是针对一定的目标而言的，通常在专指的情况下才具有意义，即测验只有用于与测验目标一致的目的和场合才会有效。所以，在评价测验的效度时，必须考虑测验的目的与功能。

(2) 效度具有连续性。效度是一个程度概念，不存在“全有”或“全无”的区别，通常用相关系数来表示。因此，不应该使用“有效”或“无效”这样绝对的语言来评价测评结果，而应该采用“高效度”、“中等效度”、“低效度”的说法。

(3) 效度受到随机误差与系统误差的综合影响。与信度不同，测评过程中只要存在误差，无论是系统误差还是随机误差，都会影响测评效度。而信度只受到随机误差的影响。

(二) 信度与效度的关系

信度与效度共同构成选择和评价测量工具的标准，二者在人才素质测评中都具有重要作用。简单来说，信度考察的是测量的准确性和可信程度，而效度考察的是测量的有效性。二者相互区别的同时，也相互联系。

概括来说，高信度是高效度的必要条件而非充分条件，这与信度和效度的产生有关。前面提到，信度来源于随机误差，而效度受到随机误差和系统误差的共同影响。根据公式 $S_X^2=S_V^2+S_I^2+S_E^2$ ，当随机误差方差减小时，信度高。有效方差的比例可能增加，但是其余系统误差的方差可能增加，也可能减小，因此效度不一定高。但如果效度高（随机误差和系统误差的方差都小），信度必然高。因此，高信度是高效度的必要条件而非充分条件。举例来说，用磅秤这一测量工具来测量身高，每次的测量值都很稳定、很一致（信度高），但测量的结果是体重，而不是测量的目标——身高，因此效度很低。二者的关系可以总结如下：

(1) 信度低，效度不可能高。因为如果测量的数据不准确，并不能有效说明测量的对象，也就无法达到测量的目标。

(2) 信度高，效度未必高。因为信度只能说明测量的数据是准确的，但这个数据可能并不是我们所想要的，也并不能有效反映测量的目标。

(3) 效度高，信度必然高。一个有效的满足目标的测量，其测量的数据必定是准确的、稳定的。

二、效度的分类及评估方法

一般而言，我们可以将效度分为内容效度、效标关联效度和构念效度三类。下面分别予以介绍。

(一) 内容效度

内容效度（content validity）指的是测验题目取样的适用性，它是确定测验内容是不是想要测量的行为领域的代表性取样指标。如果实际测量到的内容与想要测量的内容保持一致，则表明测评结果的内容效度高。

分析内容效度需要注意三个方面的问题：第一，应该明确内容的范围。该范围可以包括一些较广泛的材料与技能，也可以是一个有限的题目总体。第二，测验题目应是所确定的内容范围的代表性取样。这就意味着取样方式不能以随机或者方便为原则，而是根据材料或技能的代表性来选题目。第三，要注意区分测验分数中无关因素的影响，即明确地辨别客观和主观的因素。

内容效度只是专门针对测评编制者所确定的内容范围的有效性进行描述，具有特定性。如果测评使用所确定的范围与测评编制者的定义相吻合，那么测量工具就会有效地发挥作用；如果范围难以界定，使用内容效度则是无效的。因此，从实际应用来说，内容效度主要用于成就测验和以选拔及分类为目的的人事测验。成就测验主要是测量被测者掌握某种技能或学习某门课程所达到的程度，这比较容易形成内容范围。而能力倾向和人格测评则不适合使用内容效度。

内容效度的评估方法有以下几种。

1. 专家判断法

专家判断法是指由一定数量的专家组成评定小组，根据测验题目和假设的内容范围做出系统的比较判断。专家需要评定测评量表内容取样的充分性、代表性、必要性、适合性以及实际测评到的内容与所测素质特征的符合程度。如果专家们认为测验题目是测量内容的有效代表，则称该测验具有较高的内容效度。

这种评估方法的优点是简便易行，但主要依赖专家的知识和经验，主观性较强，且缺乏一个客观的、可量化的评定标准。当专家的意见不一致时，就难以确定出内容效度。为了进一步提高内容效度的准确性，可以采用以下公式综合专家的意见，计算内容效度。

$$C=\frac{n_e-\frac{N}{2}}{\frac{N}{2}}$$

式中，n_e 为持肯定评判意见的人数，N 为评判总人数。C 的取值范围从 -1 到 1，当 C 为 -1 时，表示所有的专家都认为测验题目内容不当，此时内容效度最低。C 的取值越高，说明内容效度越高。

2. 经验推断法

通过经验和常识，判断实际测量内容是否符合需要测量的内容。在这个过程中，往往需要使用一些基本的逻辑推理手段，如比较、联想等。例如，对于成就测验内容效度的考察，可以检查不同年级被测者的总分和每题分数的变化情况。根据经验与常识我们知道，高年级学生的知识水平、解决问题的能力都要优于低年级学生。如果随着年级增高，被测者的分数和每题的通过率也会随之升高，就可以推测该测验基本测量了学校的教学内容和目标。

3. 统计分析法

这是内容效度的定量评定方法，具体包括估计评分者信度和复本信度（可参见本章第三节）。虽然它们所代表的是信度，但也可以作为内容效度的参考。

（二）效标关联效度

效标，指的是衡量测验有效性的参照标准。它通常可以直接、独立地测量出目标

行为。效标关联效度，又简称为效标效度（criterion validity），是指测验分数与外在标准（效标）之间的相关程度，这个相关系数也就是效标效度系数。因此，可以采用统计中的相关公式直接计算出效标效度系数。

计算公式如下：

$$r=\frac{\sum_{i=1}^{n}(x_i-\bar{x})(y_i-\bar{y})}{\sqrt{\sum_{i=1}^{n}(x_i-\bar{x})^2\cdot\sum_{i=1}^{n}(y_i-\bar{y})^2}}$$

$$=\frac{n\sum_{i=1}^{n}x_iy_i-\sum_{i=1}^{n}x_i\cdot\sum_{i=1}^{n}y_i}{\sqrt{n\sum_{i=1}^{n}x_i^2-\left(\sum_{i=1}^{n}x_i\right)^2}\cdot\sqrt{n\sum_{i=1}^{n}y_i^2-\left(\sum_{i=1}^{n}y_i\right)^2}}$$

式中，n 代表样本数量，x_i 和 y_i 代表各样本观测值，$\bar{x}$ 和 $\bar{y}$ 代表样本均值。

按照效标测量材料获得的时间，可以将效标效度细分为同时效度（concurrent validity）和预测效度（predictive validity）。前者的效标材料的获得与测量分数同时搜集，主要用于对现状的诊断；后者往往在测量结束后隔一段时间再搜集效标材料，它反映的是测验分数对被测者相关行为的预测程度。由于不需要长期追踪，同时效度的应用比较普遍。相应地，在人员选拔、分类和安置等领域，常常需要使用预测效度。

效标效度的难点在于必须把效标转化为可操作的指标，才能进行比较。因此，效标具有双重含义：一是代表其概念内容的“观念效标”，二是对其进行具体度量的“效标测量”。例如，高校毕业生的选拔测试，其观念效标是“学业能力”，而效标测量则可以用“沟通能力”、“敬业度”等具体指标来表示。下面列举部分常用效标，以作为参考。

（1）学业成就：如在校成绩、学历、有关的奖励和荣誉、教师对学生智力的评定等，常作为智力测验的效标，也可作为某些多重能力倾向测验和人格测验的效标。

（2）实际工作表现：是最满意的效标测量，为一般智力测验、人格测验和一些能力倾向测验的效标。

（3）特殊训练成绩。

（4）等级评定：是观察者根据测验欲测量的心理特质在被测者身上的表现而作出的一种个人判断。

（5）效标团体的比较：即找出两个在效标表现上有差别的团体，比较其在测验分数上的差别。

（6）先前有效的测验：一个新测验与先前有效的测验的相关也经常作为效度检验的证据。

（三）构念效度

构念效度（construct validity）是指测验能够测量到的理论的特质或者概念的程度。所谓构念，是指一些抽象的、假设性的概念或特质，是对某一学科研究领域内的模糊要素进行概括化的途径。构念通常不能直接观察和测评，例如思维能力、智力、创造力等。但通过可以观察的各种材料（如具体的行为特征），可以确定被测者是否具有该项特征或素质。

对于构念效度的检验步骤通常包括：

（1）根据已有的文献、研究结果、实际经验等建立假设性理论构念。

（2）根据构想的假设性理论，进行测量工具的编制。

（3）选取适当的样本施测。

（4）以科学的统计方法来检验测量工具是否可以有效解释构想的理论。

三、效度的影响因素

信度会影响效度，除此之外，效度还受到测验本身、实施过程中的干扰、样本团队和效标等因素的影响。下面分别予以介绍。

（一）测验本身

效度的高低与随机误差和系统误差有关，因此，凡是能造成测验结果误差的因素，都会影响效度。这类因素包括：测评项目的质量、测验的长度等。

1. 测评项目的质量

测评项目是否能较好地代表所测素质的内容与结构，其语言表述是否清楚准确，难度控制是否合理，都直接影响测验的内容效度与构念效度。

2. 测验的长度

一般来说，增加测验的长度可以提高测验的信度，从而有很大可能也会带来效度的提高。如果已知一个测验的信度和效度，将测验的长度增加，根据斯皮尔曼—布朗公式可以计算长度增加后的新测验的效度：

$$r_{Y(nX)} = \frac{r_{YX}}{\sqrt{\frac{1-r_{XX}}{n}+r_{XX}}}$$

式中，n 表示新测验长度与原测验长度的比率，$r_{Y(nX)}$ 表示测验长度增至 n 倍的新测验的效度系数，r_{YX} 表示原测验长度的效度系数，r_{XX} 表示原测验长度的信度系数。计算表明，新的效度高于原来的效度。

（二）测验实施中的干扰因素

这些干扰因素来自多个方面。

（1）客观环境。例如噪声、高温等容易引起不适的因素，导致被测者的反应出现偏差。

（2）施测者。例如，潜意识的引导可能会导致被测者作出有违其真实意图的反应。

（3）被测者。被测者的特质，如生理状况、动机、情绪、态度等因素都会影响其心理特质水平的稳定性，进而影响信度和效度。

（三）样本团体

（1）团体的外部性质，主要是指团体的类型，包括其从事的工作、背景等各方面的特点。不同背景的被测者会采取不同方法来解决同一测验问题。因此，样本团体性质的影响不容忽视，在编制测验时最好将样本团体分为若干亚团体，使得效度数据与样本团体性质相匹配。

（2）团体内部的异质性。前面提到，样本团体的异质性对于测量的信度非常重要。由于效度受到信度的影响，相应地，效度系数也会受到取样团体分数分布的影响。如果其他条件相同，样本越同质，团体分数分布的范围越小，其效度越低；反之，样本异质性越大，团体分数分布的范围越大，效度越高。

（3）样本容量。样本容量越大，测评误差就会越小，效度就越高。

（四）效标

效标是测评的外在因素，不会引起测评误差。但作为衡量测评结果有效性的标准，效标本身应具备构念效度（即能够有效测评出人们所想检验的特征），这样才能真正反映出预测指标的有效程度。一个好的效标应该满足以下标准：

（1）效标必须能最有效地反映测验的目标，即效标测量本身必须有效。

（2）效标必须具有较高的信度，稳定可靠，不随时间等因素而变化。

（3）效标可以客观地加以测量，可用数据或等级来表示。

（4）效标测量的方法要简单，省时省力，经济实用。

第五节 人才素质测评的项目分析

常用的人才素质测评工具（例如各种量表）都是由一整套完整的题目组成的，其中的每一道题目都可以称为一个条目或项目（item）。因此，项目被看作是人才素质测评工具的基本单位。本节主要介绍与项目分析相关的内容。

一、项目分析简介

作为人才素质测评工具的基本单位，项目分析工作有着非常重要的作用，通过项目分析可以提高测评工具的信度和效度。

（一）定义

项目分析（item analysis）就是以测验结果为依据，对组成测验的各个题目（项目）进行分析，评价题目的难易和好坏程度，进而对题目进行筛选和优化。

（二）作用

通过项目分析，可以检验测量工具的质量，并有针对性地对各个项目进行筛选，必要时也可以进行补充，从而优化题目，最终达到提高测验信度和效度的目的。

二、项目分析方法

在进行项目分析时，主要从难度分析和区分度分析两个方面着手。

（一）项目难度分析

难度是指答对某个题目的人数占总人数的百分比。项目的难度分析是对所有题目难易程度的分析。

根据前面的介绍，为了使项目具有最大的区分度，难度为 0.50 时最理想。但在实际操作中，难度系数可以根据测量的目标进行浮动。一般认为，难度系数保持在 0.35 到 0.65 之间即可。但就整个测验而言，难度为 0.50 的项目应占多数，同时也需要一些难度较大或者较小的题目。难度的估计可以通过以下两种方法来完成。

1. 通过率估计法

（1）二值计分类型题目。

对于这一类题目，答案只有答对或者答错两种情况。可以采用以下公式计算其难度系数：

$$P=R/N$$

式中，P 代表难度系数，R 代表回答正确的人数，N 代表参加答题者的总数。显然，$0\leqslant P\leqslant 1$。且随着 P 值的减小，题目难度增大。

这种计算方法比较简单，适用于小规模的测试。但是其难度指标是根据样本水平来确定的，具有相对性。因此，P 所反映的是相对难度而非绝对难度。且 P 值很容易受到项目编制技术和被测者经验的影响，从而降低了可靠性，因此不适用于大规模测验。

（2）非二值计分类型题目。

对于这一类题目，测量的结果表现为不同的得分。其难度计算公式如下：

$$P=\overline{X}/X_{max}$$

式中，P 代表难度系数，$\overline{X}$ 代表所有答题者在该题上的平均分数，X_{max} 代表该题的满分分数。

按此公式计算难度时，可以采用随机抽样的方法，选择有代表性的样本，这样既减少了工作量，也有利于统计分析。

（3）分组法。

先将被测者依照其答题总分由高到低排列。然后将分数最高的27%被测者单独分离出来，作为高分组；相应地，将分数最低的27%被测者分离出来，作为低分组。在此基础之上，计算高分组回答正确该题的百分比 P_H，以及低分组回答正确该题的百分比 P_L，并由以下公式计算出该题目的难度：

$$P=(P_H+P_L)/2$$

式中，P_H 和 P_L 的计算参见“$P=\overline{X}/X_{max}$”。

2. 多项选择题的难度校正

如果试题以多项选择的形式出现，则存在一个相对较大的猜对概率，被测者的得分很可能会偏高。而且，选项的数目越少，被测者猜对的概率就越大，测试结果显示的能力水平就要高于被测者实际水平。因此，为了准确反映试题的难度和被测者的能力，需要对多项选择题的难度进行校正。可以采用以下的公式：

$$CP=(KP-1)/(K-1)$$

式中，CP 代表校正后的难度，P 代表未校正的难度，K 代表选项的数目。

（二）项目区分度分析

项目的区分度，又称项目的鉴别力（item discrimination）。其含义主要是指项目能否准确区分和鉴别不同水平的被测者。高区分度的项目能够有效地将能力高与能力低的被测者区分开来，前者在测试中会得到较高的分数，后者的分数相对来说则低很多。区分度的计算主要借助效度分析和内部一致性分析来完成。

1. 项目的效度分析

这里用到的效度主要是效标效度，即计算每个项目与效标的相关。它包括相关系数分析和鉴别指数分析。

（1）相关系数。

相关系数主要依靠项目的通过率和效标成绩来进行计算。

(2) 鉴别指数。

当效标分数是连续变量时，以分数最高的 27%被测者作为高分组，分数最低的 27%被测者作为低分组，然后分别计算每组答对某题的人数比率，以此作为该组的通过率。鉴别指数就是高分组通过率减去低分组通过率的差值：

$$D=P_H-P_L$$

式中，D 代表鉴别指数，$-1\leqslant D\leqslant 1$，P_H代表高分组答对该题的人数比率，P_L代表低分组答对该题的人数比率。

一般来说，某项目的 D 值在 0.4 以上，表示该项目优良；D 值在 0.30～0.40 之间，表示项目良好，但如能修改会更好；D 值在 0.20～0.29 之间，表示项目尚可，仍需修改；D 值在 0.19 及以下的项目则是必须淘汰的项目。

2. 计算每个项目和总分的相关

(1) 点二列相关法。

当试题采用二值计分法时，适用于以下公式：

$$r_{pb}=\frac{\overline{x}_p-\overline{x}_q}{S_t}\sqrt{pq} \text{ 或 } r_{pb}=\frac{\overline{x}_p-\overline{x}_t}{S_t}\sqrt{\frac{p}{q}}$$

式中，r_{pb} 为点二列相关系数，$\overline{x}_p$ 、$\overline{x}_q$ 为通过、未通过该项目被测者的平均效标分数，p、q 为通过、未通过该项目被测者人数的百分比，S_t 为全体被测者的效标分数的标准差，$\overline{x}_t$ 为全体被测者的平均效标分数。

(2) 二列相关法。

这种计算适用于连续的测量变量，但其中有一个变量被分成两类的数据资料。例如，一个测验的项目分数是连续变量，而总分被分成高低（及格、不及格）两个类别，或一个测验的效标（总分）是连续变量，而项目分数被分为对、错两个类别。公式如下：

$$r_b=\frac{\overline{x}_p-\overline{x}_q}{S_t}\frac{pq}{y} \text{ 或 } r_b=\frac{\overline{x}_p-\overline{x}_t}{S_t}\frac{p}{y}$$

式中，r_b 为二列相关系数，y 为正态分布下 p 与 q 分割点正态曲线的高度，$\overline{x}_p$ 、$\overline{x}_q$ 为通过、未通过该项目被测者的平均效标分数，p、q 为通过、未通过该项目被测者人数的百分比，S_t 为全体被测者的效标分数的标准差，$\overline{x}_t$ 为全体被测者的平均效标分数。

(3) 积差相关法。

当试题采用非二值计分法时，需要使用积差相关法来计算区分度。但是当某一题目分数在总分中占的比重较大时，该题目的区分度可能会被高估。因此，有时会从总分中扣除该题目分数，再来计算相关。其公式如下：

$$r=\frac{\sum(x-\overline{x})(y-\overline{y})}{N\cdot S_x\cdot S_y}$$

式中，r 为积差相关系数，x 代表被测者在该项目上的得分，y 代表被测者的总得分，$\overline{x}$ 代表所有被测者在该项目上的平均得分，$\overline{y}$ 代表所有被测者总分的平均值，N 代表试题

的数量，S_x 代表被测者在该项目上得分的标准差，S_y 代表所有被测者总分的标准差。

（4）因素分析法。

该方法主要是就测题在一个因素上的负荷大小进行分析，负荷越大说明越有区分度。通常来说，可以接受的因子负荷水平应该保持在 0.30，低于 0.30 的项目一般都需要删去。可以借助 SPSS 软件实现计算过程。

三、项目分析的步骤

项目分析可以参照一定的流程来实施。一个完整、有效的项目分析一般包含以下 6 个步骤。

（1）选取有代表性的被测者实施测验。

（2）计算每个被测者的总分，然后按总分分组。

（3）计算高分组和低分组通过每一题的比率。

（4）分别求出每一测试题目的难度和鉴别指数。

（5）进行选项分析。

（6）修改或删减测试题目或选项。

【基本概念】

真分数　概化理论　项目反应理论　信度　效度　项目分析

【本章要点】

要点一：信度的分类和测量方法。

常用的信度指标主要有重测信度、复本信度、分半信度、同质性信度、评分者信度。

要点二：信度与效度的关系。

高信度是高效度的必要条件而非充分条件，具体来说：信度低，效度不可能高；信度高，效度未必高；效度高，信度必然高。

要点三：效度的分类测量方法。

常用的效度指标有内容效度、效标关联效度、构念效度。

【复习思考题】

1. 如何理解真分数理论的数学模型和假设？
2. 如何评价真分数理论？
3. 影响信度的因素有哪些？
4. 影响效度的因素有哪些？
5. 项目分析的步骤有哪些？

【推荐阅读书目】

郑日昌．心理测量与测验．北京：中国人民大学出版社，2008.

第三章 人才素质测评的工作基础

【学习目标】

通过本章的学习，希望达到以下2个目标：

1. 使学生了解工作分析与人才素质测评之间的关系；
2. 使学生掌握胜任特征模型在人才素质测评中的应用。

| 章节导引 |

某食品公司选拔总经理的失败

某食品公司刚成立不久，董事会决定通过社会招聘选择一名总经理负责公司的运营工作，尤其是市场拓展工作。人力资源部根据董事会要求启动了选拔程序，并通过笔试、面试等一系列的测评方法选出了一人。但是两个月后，公司解除了和该人的劳动合同。

招聘专员回顾了整个选拔过程：首先访谈了领导，并根据上级的要求确定了测评形式及具体题目，而且测评过程也是严格按照严谨的操作流程来实施的。但招来的“和尚”为什么在这座“庙”里念不了经呢？

经过分析，发现问题出在了以下几个方面：

招聘专员询问各位评价者，他们一致反映选拔的“标准”不够明确。对他们的打分经过统计后发现确实差别比较大。

据董事长反馈，公司要求找来的总经理应从组织“大局”方面考虑去解决管理问题，而此人较多强调“个人”营销能力，协作意识不够。

董事会也给人力资源部反馈，长期的经理人身份使此人养成了追求短期经济利益的做事风格，而董事会的意见是从“长远发展”角度经营企业，导致经营思路上的分歧。

同级及下属的反馈是，此人在适应地域性人际交往方式上有些“水土不服”，任职期间还发生了一些不愉快的沟通局面。

在和外部咨询顾问共同探讨后，招聘专员意识到问题的核心是招聘工作的流程虽然没有出现问题，但是识人的“根”却没有抓住。这个“根”就是评价者反映的用人“标准”是什么当时没有作出明文规定，导致评价者各自用自己的标准在评价人，最后计算他们打分的平均数而作出了决策。在进一步和外部咨询顾问探讨后，招聘专员意识到公司刚成立，人力资源的一些基础性工作还是没有做到位。试想，如果评价者手中都有一份“工作说明书”和“总经理岗位胜任特征模型”，这位新任总经理的离职结果或许也不会出现。

可见，工作分析的有效进行与胜任特征模型的建立是人才素质测评的基础性工作，为后者提供了判断、甄选的重要标准。

素质测评中关注的维度和测评要素，是由工作分析所得到的行为和职责描述转化而成的；提高工作分析的有效性，能够节约测评成本、提高测评效率。而胜任特征模型所关注的则是绩效优秀者与绩效水平一般者的区分标准。同时，基于胜任特征所建立的标准，强调了内在动机、价值观等深层次特征，这有利于建立与支持组织人力资源与组织发展战略相匹配的测评体系。本章将详细介绍人才素质测评的两项基础工作——工作分析与建立胜任特征模型。

第一节
工作分析

工作分析是现代人力资源管理的基础性模块之一，也是人才素质测评的重要基础，工作分析的结果为人才素质测评提供了依据。本节将介绍工作分析的概念、工作分析与人力资源管理其他模块之间的关系、工作分析的方法，继而阐述工作分析对于人才素质测评工作的应用。

一、工作分析的定义

工作分析又叫职务分析，它是人力资源管理的一项核心基础职能，在一个多世纪中，国内外学者根据工作分析的发展给出了工作分析的多种定义。

E. J. 麦克考密克（McCormick）对其定义是：工作分析是研究人的工作，涉及与职务有关的信息的收集、评估与记录。

小亚瑟·W·舍曼（Arthur W. Sherman，Jr.）将工作分析定义为：工作分析是遵循一系列事先确定好的分析步骤，通过相应的一系列工作研究、调查来收集工作岗位的信息，从而确定工作的职责、任务或工作的活动过程。

罗伯特·L·马西斯（Robert L. Mathis）对工作分析的定义是：工作分析是一种系统地收集、分析与职位有关的各种信息的方法。

加里·德斯勒（Gary Dessler）认为：工作分析就是确定组织中工作的定位、职责、性质，以及什么样的人才能胜任这份工作的过程。

国内学者萧鸣政认为所谓的工作分析就是分析者采用科学合理的技术方法，对每个工作岗位的结构因素和相互关系进行分析、比较与综合，确定该岗位的工作要素特点、性质和要求的过程。

综上，我们认为工作分析就是采用科学的手段和方法，全面分析目标职位，搜集、分析与工作相关的信息，确认组织中职位的定位、职责、权限、业绩标准和工作关系等基本要素的过程，并对这一职位的工作内容和相关因素作详细、系统的描述和记载。工作分析的最终成果是工作说明书，工作说明书包括两部分：一是职位描述，主要是对职位的工作内容进行概括，主要包括工作标识、职责、任务、权限、业绩标准等等；二是职位的任职资格要求，主要对任职者的标准和规范进行概括，主要包括胜任该职位的人应具备的知识、能力、技术、个人特征的内容。

从组织角度讲，工作分析所收集、分析、形成的信息是联系人力资源管理各职能模块的纽带，为一系列组织和管理职能提供了理性基础。并且，借助于工作分析，组织能够充分了解每一个工作岗位所承担的工作任务，可以发现职位之间的职责重叠和职责空缺现

象，并通过及时调整职位，提高组织的协同效应，保证组织的每项工作都能落到实处。

二、工作分析及其作用

工作分析作为现代人力资源管理的基础性模块之一，与战略与组织管理和人力资源的其他模块之间有着密切的联系，并且有着不可替代的作用，本节将介绍工作分析在战略与组织管理，以及人力资源规划、人员招聘配置、绩效管理、薪酬管理、培训开发中的作用。

（一）工作分析在战略与组织管理中的作用

工作分析与战略、组织设计和人力资源管理体系的关系如图 3—1 所示。

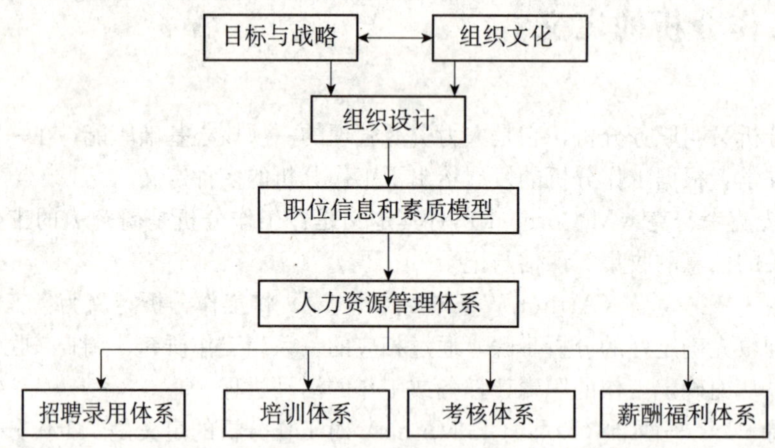

图 3—1 工作分析在战略、组织设计和人力资源管理体系中的地位

从整个企业的战略角度讲，工作分析是从企业战略、组织结构向人力资源管理职能过渡的桥梁，通过工作分析可以将战略分解到每个具体职位，确保组织的战略都能落到实处；从企业的人力资源管理系统角度讲，工作分析是人力资源管理系统各功能模块进行整合的基础和前提，工作分析为人力资源管理各功能模块的开展提供了理性基础。工作分析在战略与组织管理中的基本作用有以下几点。

（1）通过工作分析，我们可明确每个职位设置的目的是什么，职位的主要工作内容是什么，从而也就明确该职位是如何来为组织创造价值的，如何支撑部门目标和企业总体战略目标的。

（2）通过工作分析，我们可以理顺该职位对流程中的上级负什么责任，对下级负什么责任，明确该职位在流程中的角色、权限，减少由于职位设置不恰当而造成的流程不通畅和效率低下的问题。

（3）通过工作分析，我们可以明确界定每个岗位的工作职责和工作权限，消除岗位之间的职责重叠，提高组织的运作效率，并且可以消除岗位之间的职责空白点，保证组织中的每项工作都能落到实处。

(二）工作分析在人力资源管理中的作用

工作分析在人力资源管理中的作用有以下几个方面。

1. 为改善岗位设计和工作环境奠定基础

通过工作分析，可以建立岗位工作规范，发现工作中不利于发挥人们积极性的因素以及工作环境中是否有损于工作安全、加重工作负荷的各种不合理因素，从而改善岗位设计和整个工作环境，最大限度地调动工作积极性，使人们在更适合于身心健康的安全舒适的环境中工作。

2. 工作分析在人力资源规划中的作用

人力资源规划是指根据组织的发展战略、目标及组织内外环境的变化，预测未来的组织任务和环境对组织的要求，以及为完成这些任务，满足这些要求而提供人力资源的过程。而工作分析就是对组织现存岗位的工作内容和任职者的资格条件进行详尽、系统的分析。因此，通过工作分析所得到的信息将是人力资源规划的基础和依据。

3. 工作分析在人员招聘配置中的作用

工作分析主要解决两个问题：第一，该岗位的主要内容是什么？第二，该岗位的任职者应该具备什么知识、技能和能力？而这两个问题的答案恰好是人员招聘的依据。通过工作分析，我们可以最大限度地保证招聘中的人岗匹配。

4. 工作分析在绩效管理中的作用

工作分析中涉及的岗位职责是绩效考核指标设计的基础和依据，由于关键业绩考核指标是根据公司发展战略来制定的，岗位职责是为实现公司发展战略服务的，因而关键业绩考核指标是由岗位的职责决定的。基于工作分析的绩效考核指标可以让员工明确自己工作中的那部分内容是有价值的，从而提高绩效考核指标的导向作用。

5. 工作分析在薪酬管理中的作用

薪酬是员工所得的劳动报酬，它是员工对组织贡献的货币度量。一般而言，薪酬可以分为基本薪酬和绩效薪酬。如前文所述，工作分析可以明确每项工作的工作职责、工作内容和工作行为，这些内容都是员工绩效指标制定的依据，因此也是绩效薪酬的基本依据。而基本薪酬的制定是根据每一岗位对组织的相对价值和重要性来决定的。通过工作分析可以判断该岗位的相对价值和重要性，从而决定员工的基本薪酬。

6. 工作分析在培训开发中的作用

企业培训开发的目的是弥补员工知识、技能的不足，使员工能够更好地胜任工作，培训开发的内容应该来源于员工对于岗位工作内容的不适应。工作分析可以明确岗位的主要工作内容和工作职责，从而为企业的培训开发提供依据，增强培训开发的有效性和针对性。

三、工作分析的操作过程

工作分析的操作流程如图 3—2 所示。

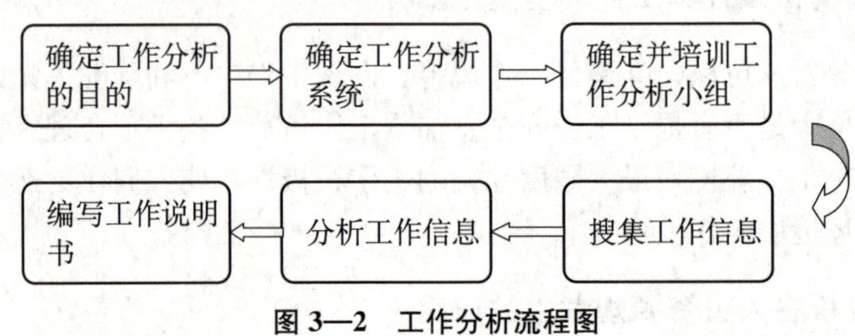

图 3—2 工作分析流程图

(一) 确定工作分析的目的

根据企业组织与人力资源管理实践的客观要求，思考为什么要进行工作分析：是为了组织优化、招聘甄选，培训开发，还是绩效考核？不同的工作分析目的直接决定了需要搜集何种类型的信息，以及使用何种方法来搜集信息，也就是说要建立目标导向的工作分析系统。所谓的目标导向，并不是说一个工作分析项目就只能有一个目标，不同工作分析目的之间往往是相互交叉的，目标导向的工作分析系统是为了改变没有具体目标的工作分析，提高工作分析中搜集信息的效率和针对性。不同工作分析所应搜集信息的侧重点见表 3—1。

表 3—1 不同工作分析应搜集信息的侧重点

工作分析的目的	强调的重点	工作分析所要搜集的信息	信息搜集的结果
组织优化	强调对工作职责、权限的明确界定。 强调职位边界的明晰化。 强调将工作置于流程和战略分解体系中来思考该职位的定位。	工作目的与工作职责、职责细分、职责分配的合理性、工作流程、职位在流程中的角色、工作权限。	组织结构的调整、职位设置的调整、职位目的的调整、职位职责的调整、职责履行程序的调整。
招聘甄选	强调对工作所需教育程度、工作经验、知识、技能与能力的界定，并确定各项任职资格要求的具体等级或水平。	工作目的与工作职责、职责的重要程度、任职资格。	招聘要求、甄选标准。
绩效考核	强调对工作职责以及职责细分的准确界定，并收集有关各项职责和任务的重要程度、过失损害的信息，为考核指标的提取以及权重的确定提供前提。	工作目的与工作职责、职责重要程度与执行难度、工作重点、绩效标准。	绩效评价指标和标准。
薪酬管理	强调对与薪酬决策有关的工作特征的评价性分析，包括：职位在组织中的地位及对组织战略的贡献，工作所需知识、技能与能力水平，工作职责与任务的复杂性与难度等。	工作目的与工作职责、工作范围、职责复杂程度与执行难度、职位在组织中的位置。	与职位评价要素相关的信息、职位序列。

续前表

工作分析的目的	强调的重点	工作分析所要搜集的信息	信息搜集的结果
培训开发	强调工作典型样本、工作难点的识别。 强调对工作中常见错误的分析。 强调任职资格中可培训部分的界定。	工作职责、职责学习难度、工作难点、关键工作行为、任职资格。	培训需求、培训的难点与重点。

（二）确定工作分析系统

工作分析系统一般分为两大类：工作导向性工作分析系统和人员导向性工作分析系统。工作导向性工作分析系统以工作本身作为工作分析的出发点和落脚点，将工作分析的目的直接对准工作目标、任务和其他有关工作的事项；人员导向性工作分析系统则以任职者为工作分析的出发点，通过了解任职者的潜质、能力和在工作中表现出的人格特征来了解工作。工作导向和人员导向性的工作分析系统有着各自不同的适用范围，工作导向性的分析方法适合于高结构性的工作或传统产业或组织的输入向输出的转化是标准化的情况。传统化的产业分工一般非常细化，标准化和结构化程度较高，对外界环境的变化不是非常敏感，因此采用工作导向性的分析方法就具有优势。相反，当工作结构性低或在知识产业或者组织的输入向输出的转化是多样化的时候，采用人员导向性工作分析系统优势较大。见图 3—3。

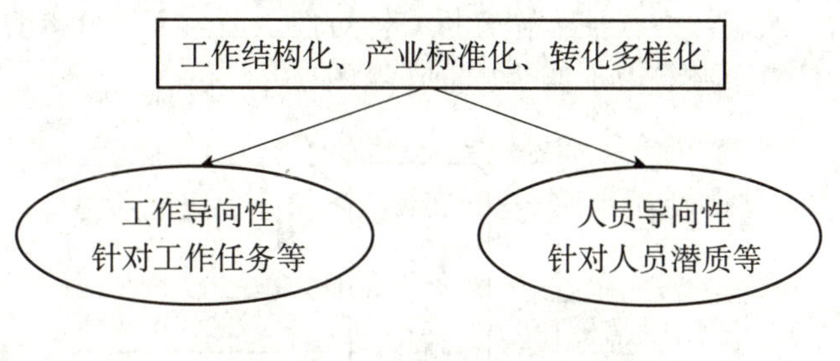

图 3—3　两类工作分析系统

（三）确定并培训工作分析小组

工作分析是一个复杂的工程，它不是某个人或者人力资源部门就能完成的，工作分析必须获得企业高层以及各级管理人员的支持和认可，成立由高层领导带头、人力资源部门人员和各部门核心人员参加的工作分析小组，工作分析人员通常有三种类型：任职者、主管和工作分析专家。三种人员各有优缺点，他们可以互相借鉴对方的优势。具体见表 3—2。

表 3—2　　工作分析三种人员的优缺点

	任职者	主管	工作分析专家
优势	对工作最为熟悉，搜集信息速度快。	对工作有全面深入了解，搜集信息速度快。	最为客观公正，在分析方法选择上有专长专业性强。
劣势	搜集到的信息的标准化程度差，信息的完整度差，有可能被员工抵触。	需要对主管进行工作分析的培训，占用时间，影响积极性。	价格昂贵，对企业中的职位缺乏了解。

一般情况下，在工作分析小组中至少要有一名工作分析专家，工作分析小组成立后需要对小组成员进行工作分析的培训。

(四) 搜集工作信息

工作分析所要搜集的信息一般包括：与工作相关的信息，包括工作主要内容、工作业绩标准、工作条件（工作环境、工作强度、报酬信息等等）；与任职者相关的信息，包括胜任工作所需要的相关知识、胜任工作所需具备的相关技能、教育程度、特殊心理品质等等。

1. 工作分析的信息来源

当然进行工作分析时我们不可能搜集所有与职位有关的信息，毫无目的地搜集工作信息效率低下并且成本高昂。前面说过进行工作分析前，首先要确定工作分析的目的，也就是说选择哪些信息，采用什么信息搜集方法，从哪里得到信息，都应该依据工作分析的目的来决定，力求使工作分析有针对性，提高工作分析的效率和效果。

工作分析的信息来源有以下四个方面，见图 3—4。

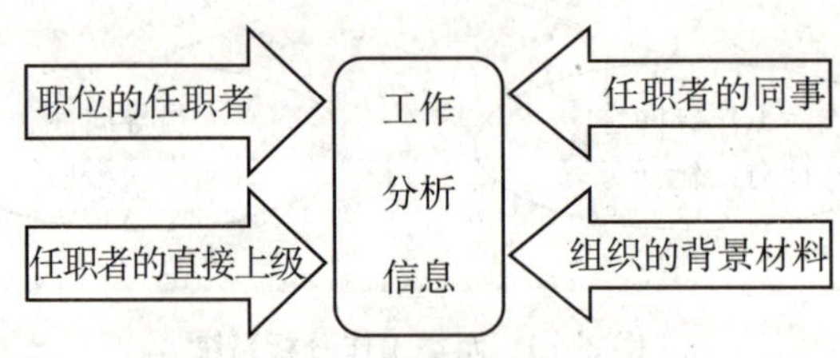

图 3—4　工作分析的信息来源

（1）职位的任职者：职位任职者最了解该职位的工作内容和程序，可以通过访谈、工作日志等方法让任职者描述所在岗位的工作内容以及他是如何完成该工作的，另一方面从任职者处得到的信息难以保证信息的全面性和客观性，由于任职者对工作分析有可能存在不正确的认识，任职者也可能会隐瞒或夸大某些工作信息。

（2）任职者的直接上级：职位的直接上级可以从组织的角度对任职者提出要求，能够保证工作分析结果符合企业的战略目标，支撑企业的长远发展。

（3）任职者的同事：任职者的同事可能是该职位的合作者或服务对象，也就是该职位的输出，从任职者同事处搜集信息是了解要提高流程效率，该职位应该做什么。

（4）组织的背景资料：组织的背景资料包括企业组织图、岗位配置图、工作流程图和原有的工作说明书等。有效利用这些资料不仅可以帮助工作分析人员迅速了解企业现状，更重要的是它可以大幅度地降低工作信息搜集的难度和工作量。例如：原有的工作说明书是提取工作信息并重新编写说明书的一个很好起点；企业组织图可以显示当前工作在组织结构中的位置和该岗位与其他岗位之间的工作关系，如谁应该向谁汇报，该任职者应该和谁进行信息交流等；工作流程图则更为重要，它可以清楚地显示现有条件下，组织中各岗位之间的工作输入和输出关系，这对现有工作流程的优化和调整是非常重要的。

2. 信息搜集的方法

工作分析中搜集信息的常用方法主要有以下几种。

（1）访谈法：访谈法是目前国内企业运用最广泛、最成熟有效的工作分析方法，访谈者按照事先准备的访谈提纲和被访者就工作内容进行深入的交流与讨论。被访者一般是该职位的任职者或任职者的直接上级。

访谈法的优点：访谈者可以对工作者的工作态度与工作动机等较深层次的内容有比较详细的了解。并且由被访者亲口讲出的工作内容，更具体且准确，访谈过程是访谈者和被访者之间的互动交流，当员工对某些问题理解有误时可以及时与员工进行沟通。

访谈法的缺点：进行访谈前需要进行大量的前期准备，需要对访谈职位进行文献研究，还需要对访谈者进行系统的访谈培训，费时费力，成本较高；访谈法易被员工认为是对他工作业绩的考核或认为是种薪酬调整的依据，可能导致其故意夸大或弱化某些职责。

（2）问卷调查法：问卷调查法是根据工作分析的目的、内容事先设计一套调查问卷，由被调查者填写，再将问卷加以汇总，形成对工作分析的描述信息的一种方法。问卷调查法是工作分析中最常用的一种方法。

问卷调查法的优点：节省时间、经费和人力，问卷调查法的结果容易量化，调查结果便于统计处理与分析。

问卷调查法的缺点：问卷编制比较困难，调查结果广而不深，并且很难保证调查问卷的回收率。

（3）工作日志法：要求任职者在规定的时间内，以工作日志的方法实时、准确地记录工作活动和工作内容的信息搜集方法。这种方法一般由工作者本人按标准格式的形式，及时详细地记录自己工作的内容与感受，然后由工作分析人员在此基础上进行综合分析，实现工作分析目的。

工作日志法的优点：通过工作日志法可以直接得到有关工作内容的第一手材料，对于高水平与复杂性工作的分析，比较经济有效。

工作日志法的缺点：工作日志法只适用于工作循环周期较短、工作状态稳定无大起伏的职位，工作日志法是一种所获信息相当庞杂的信息搜集方法，后期的信息整理工作量极大，工作执行人员在填写时，会因为不认真而遗漏很多工作内容，从而影响分析结果，另外在一定程度上填写日志会影响正常工作。

（4）观察法：观察法是工作人员在不影响被观察人员正常工作的条件下，通过观察将有关的工作内容、方法、程序、设备、工作环境等信息记录下来，最后将取得的信息归纳整理为适合使用的结果的过程，观察法的侧重点在于分析提炼履行职位所包

含的工作活动所需的外在行为表现以及体力要求、环境条件等。

观察法的优点：取得的信息比较客观正确，有时候具体工作过程的展现比语言描述更能让工作分析者抓住工作内容。

观察法的缺点：观察法只能提炼出工作外在行为表现和环境特征，因此观察法主要适用于相对稳定的操作性岗位，而不适用于职能和业务管理岗位；观察法有可能影响工作人员的正常工作，使得工作人员展现出正常水平外的绩效水平。

（五）分析工作信息

当工作信息搜集结束后，首先应该将所得到的信息交给领导进行审核。此外，应当将这些信息与从事这些工作的人员、该工作岗位的直线经理进行核对，以确保工作分析所得到的信息的完整、正确。

接下来需要对搜集到的信息进行整理、归纳、分类处理，对工作信息进行分析，不仅仅是针对单个岗位，可以按照企业工作流程发生的先后顺序，将整个部门的所有工作进行梳理、归纳，得到部门工作的任务清单，进一步分析部门内部的权限关系。这对部门内部厘清工作权限、分析工作流程的合理性以及组织架构的优化具有重要的意义。

（六）编写工作说明书

通过对信息的搜集、分析、综合，最终形成了工作分析的最终成果——工作说明书。工作说明书包括两部分：工作描述和任职资格。

工作描述主要包括以下内容，见表 3—3。

表 3—3　　工作描述包括的内容

项目	内容	说明
工作标识	工作名称、所在部门、直接上级职位等。	职位的基本信息，可以向职位描述的阅读者提供该工作的基本信息。
工作概要	该职位的主要目标与工作内容。	用非常简洁明了的一句话来描述该职位存在的价值和理由。
业绩标准	该职位的绩效要求和标准。	对如何衡量每项职责的完成情况的规定。
工作关系	联系对象、联系内容和联系频率等。	该职位在组织中的位置以及该职位与其他职位之间的工作联系。

除表 3—3 提到的之外，还有工作权限、工作压力因素与工作环境等内容，这些内容不是任何一份职位描述都必须具备的，我们可以根据工作分析的具体目的或职位类别，有选择性地进行安排。

任职资格是以人为中心，指出为了完成工作并取得良好业绩，任职者所应具备的知识、技能、能力以及个性特征要求。任职资格可以直接作为人员测评和选拔的依据。工作分析中的任职资格一般包括两大部分：行为能力和素质要求。行为能力是指员工顺利完成工作应具备的教育程度、工作技能、工作经验和培训要求。素质要求来自企业的整体素质和分层分类的素质体系，即组织要实现战略需要每位员工具备什么

样的素质。

企业分层分类的素质体系主要包括通用素质要素、共用素质要素和特殊素质要素。

通用素质要素：企业要达成战略需要全体成员都具备的核心素质要素。

共用素质要素：与所从事的工作领域直接相关，面向职类职种的素质要素。

特殊素质要素：与所从事的工作直接相联系，针对某个职位的任职者所必须具备的个性化的素质要素。

四、工作分析在人才素质测评中的应用

目前，最常见的工作分析方法有两种：第一种是基于工作要求的工作分析方法，第二种是基于能力要求的工作分析方法。基于工作要求的工作分析方法是以某个具体的职位为中心，试图准确地界定该职位的内涵和外延，比如工作的定位、工作职责、工作环境、人员技能要求和能力要求；基于能力要求的工作分析方法，不是以某个具体的职位为中心，而是去研究一系列的职位，找出这一系列职位对任职者的共同要求是什么，这些任职者需要哪些通用的技能、能力和知识，例如，沟通能力和领导能力是管理类工作的任职者都需要具备的能力。但是到目前为止，工作分析还是主要基于工作要求，基于能力要求的分析方法逐渐被胜任特征模型所取代。本章的下一节将详细讨论胜任特征模型。

工作分析的最终成果是形成工作描述和任职资格，工作描述是以“工作”为中心，详细地阐述了工作的内涵和外延。一个人通过阅读职位描述，可以清楚地理解这个职位的定位、职责、工作权限和工作关系等信息，任职资格是以“人员”为核心，任职资格包括两部分：显性任职资格和隐性任职资格。显性任职资格向我们展示了该职位上的任职者应该具有的知识要求、技能要求、培训要求，这些显性人员要求在进行招聘的时候是可以直接观察到的，通过候选人的简历或者笔试，我们可以对这些显性要求进行直接判断，所以判断候选人是否具备显性任职资格相对而言较为简单并且误差较小。隐性任职资格主要是职位对员工内在的能力要求，例如，技术类员工应该具备的隐性任职资格有：分析判断能力、心理承受能力、信息检索能力和创新能力等等。候选人的隐性任职资格难以通过简单的面试或笔试得到，而且目前的招聘方法，导向性较强，候选人很可能会根据面试官期望得到的答案进行回答，这样我们就无法保证人岗匹配。素质测评主要是对候选人隐性任职资格进行判断，当然，要对候选人的哪些隐性任职资格进行了解，用什么方法才能最大限度地了解候选人的隐性任职资格，这都取决于职位对任职者的要求。素质测评不是要对候选人的所有素质进行了解，这种毫无目的的测评是成本极高且效率极低的，我们主要是针对那些对组织长远发展和工作绩效的实现有重要作用的素质要素。

各个企业在人员招聘和配置中越来越重视素质测评，但很多企业对素质测评的内涵、流程和方法理解不够深入，很多素质测评都流于形式，素质测评效度和信度低下主要有以下几个原因。

（一）认识不充分

企业在素质测评过程中过分注重候选人的履历背景，忽视了候选人的隐性能力，分析候选人的履历背景的确可以用来判断候选人是否具备我们需要的素质特征，但是这样做的前提是我们对候选人过去的职业生涯有着深入的了解，所以过分关注候选人的履历背景会使我们忽略一些更为重要的隐性素质特征。

（二）主观性过强

很多素质测评人员对于具备什么素质的员工才是我们需要的完全不清楚，这就会导致测评人员按照自己的标准去选人，每个人对于“什么是优秀”都有自己的一套判断方法，按照自己的那套判断方法去选人，在测评过程中没有一套客观合理的测评标准。

（三）素质测评要素标准体系设计不科学

素质测评要素标准体系的设计是建立在工作分析的基础上的，是通过科学的方法进行筛选、取舍、验证后得到的，很多企业没有进行系统、完整的工作分析，对于工作需要具备什么素质的任职者不清楚，难以保证素质测评要素标准体系设计的科学性。

从以上导致素质测评效果低下的原因来看，没有系统的工作分析，我们就无法正确地评价候选人，无法科学地设计测评标准体系。可以说，没有工作分析就谈不上人员的素质测评！工作分析决定了素质测评的内容、方法、流程和最后的测评标准。

人才素质测评的目的是选择合适的人到对应的岗位上去，所以在人才素质测评之前，必须对目标岗位的主要工作内容以及目标岗位任职者的要求有着充分、深刻的了解。如果对目标岗位和任职者的要求不了解，针对候选人的素质测评也就失去了意义。而工作分析就是要解决两个问题：该岗位的主要工作内容是什么？该岗位的任职者应该具备哪些知识、技能和能力才能很好地完成该岗位所要求的工作？这两个问题的答案是人才素质测评的工作基础，所以没有了工作分析，就没有对岗位的深刻了解，也就没有岗位对任职者的要求，人才素质测评也就难以保证人—岗匹配的实现。

第二节
胜任特征模型

胜任特征模型是人才素质测评工作的另一个重要基础，本节将介绍胜任特征的内涵、胜任特征模型与人力资源管理其他模块之间的关系、胜任特征模型的构建方法，继而阐述胜任特征模型在人才素质测评工作的应用。

一、胜任特征的内涵

胜任特征最先是由美国著名心理学家大卫·C·麦克利兰（David C. McClelland）在20世纪70年代提出的，他于1973年在文章《测量资质而非智力》中提到，采用传统的智力测验、性向测试的方法来预测未来工作的成败是不可靠的，智力测验和一个人未来在工作中能否成功没有太大的关系，麦克利兰和他的同事倡导用胜任特征模型代替传统的智力测验来作为预测未来工作绩效的方法，并且他将胜任特征定义为个人的一些潜在的特点，这些特点包括动机、个性、自我形象、价值观、知识和技能，这些潜在的特点对工作绩效的产生有着重要的作用。

美国学者莱尔·M·斯潘塞（Lyle M. Spence）博士在总结前人研究成果的基础上提出了胜任特征的冰山模型，冰山模型把胜任特征形描述成漂浮在水面上的冰山，如图3—5所示。

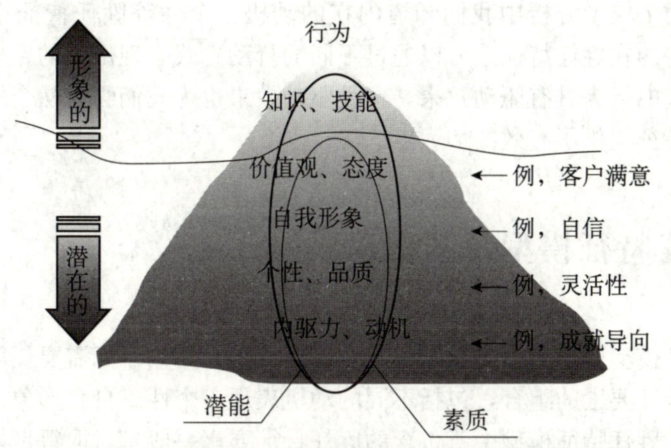

图3—5 胜任特征的冰山模型

由该模型我们可以看出，胜任特征由“水面上”和“水面下”两部分组成，“水面上”的知识和技能是相对容易观察和评价的，“水面下”的内驱力、动机、个性、品质等特征是直接看不到的，这些胜任特征只有通过具体的行动才能表现出来。

美国学者R. 博亚特兹（R. Boyatzis）在对麦克利兰的胜任特征进行深入研究的基础上提出了胜任特征的“洋葱模型”，如图3—6所示。

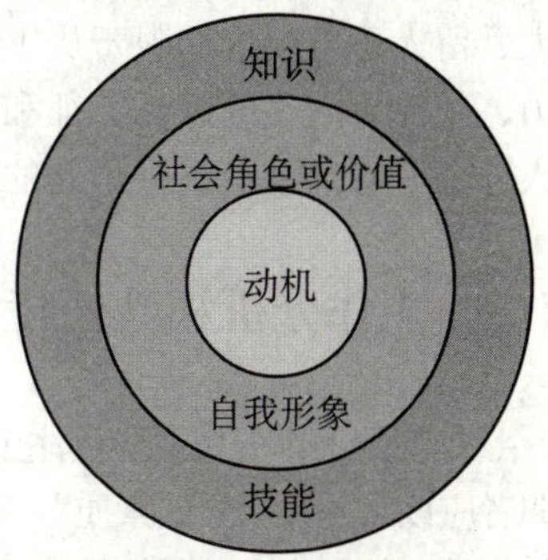

图3—6 胜任特征的洋葱模型

洋葱模型很好地展示了胜任特征各要素可被观察和测量的程度，洋葱模型由内而外依次是动机、个性、自我形象和价值观、社会角色、态度、知识、技能等，一个人的动机、个性等内在要素难以评价和后天习得，知识、技能等外在要素则容易评价和培养。

动机是指一个人想要干某事情而在心理上形成

的思维途径，是人内心的一种驱动力，动机会推动并指导一个人行为方式的选择，使人朝着目标实现的方向不断前进。动机是最难改变的胜任特征，因为它在人生的早期已经成形，但动机未必完全不能改变，在内外力的作用下，动机还是可以改变的，只是难度较大。

个性就是一个人的整体精神面貌，即具有一定倾向性的心理特征的总和。例如有人可能是内向或外向的，有的人是脾气温和的或易发火的。改变人的个性需要相当的努力和较长的实践，个性也是不容易改变的。

自我形象是对自身的评价和看法，一个人对自我的评价，主要是将自己和别人进行比较，比较过程中所持有的标准就是一个人的价值观。

社会角色指与人们的某种社会地位、身份相一致的一整套权利、义务的规范与行为模式，它是人们对具有特定身份的人的行为期望。

态度是人们在自身道德观和价值观基础上对事物的评价和行为倾向，是对外界事物的内在感受，一个人的态度是动机、个性、自我形象和价值观综合外化的结果，它会根据环境的变化而变化。

胜任特征的冰山模型和洋葱模型本质是一样的，但胜任特征的洋葱模型更加突出了各胜任特征可被观察和测量的层次性。

从以上两个模型分析中我们知道内在的动机、个性等胜任特征难以直接观察测量，但是这些内在胜任特征是可以通过不同的行动方式表现出来的，也就是说，胜任特征对一个人的行为具有驱动效果，这种驱动效果也为我们尝试从个人行为入手来测量评价内在特征提供了有效的切入点。

二、胜任特征模型及其作用

胜任特征模型就是为了完成某项工作、达成某一绩效目标需要任职者具备的一系列不同胜任特征要素的组合，包括不同的动机表现、个性、自我形象、社会角色、知识和技能等。胜任特征模型中所包含的胜任特征要素一般是对取得良好工作绩效最为关键的要素。通过胜任特征模型我们可以找到决定员工绩效好坏的关键驱动因素，从胜任特征模型的角度出发来改进与提高工作绩效，这也为人才素质测评和选拔提供了一个更加科学合理的标准。

胜任特征模型为企业人力资源管理活动的开展确定了新的基点，企业选人、用人、留人不再仅仅局限于员工所拥有的知识和技能，而是综合考虑员工所拥有的内驱力、个性等内在的胜任特征和知识、技能等外在的胜任特征。胜任特征模型也为构建人力资源管理系统提供了新的基点。

（一）工作分析和胜任特征模型

传统的工作分析主要关注工作元素，主要考虑“为了很好地完成任务，实现业绩，任职者应该具备什么样的素质”，而基于胜任特征模型的工作分析则侧重于研究在该岗位上绩优员工的行为和胜任特征，结合绩优员工的这些特征来定义岗位的工作职责，这种工作分析方法具有很强的绩效预测性，能够更好地指导员工的工作，促进其绩效的提升。

（二）胜任特征模型和招聘甄选

传统的招聘甄选只着眼于员工所拥有的知识、技能，而忽略了员工内在的胜任特征，这样的招聘甄选方式只能满足职位空缺的短期需求，从长远来看，这种方式对组织是有害的，而基于胜任特征模型的招聘甄选着眼于吸引那些与组织文化、理念相符的人，使那些对企业持续成功最为重要的人员及其胜任特征得到了重视与强化。

（三）胜任特征模型和绩效管理

传统的绩效管理是结果导向的，主要关注的是员工的短期绩效，而基于胜任特征的绩效管理关注于员工当前以及未来的长期业绩，属于能力导向，基于胜任特征的绩效管理能够对员工未来的绩效进行合理有效的预期，并为调配晋升、培训开发等人力资源管理实践提供有益的指导。

（四）胜任特征模型和薪酬管理

薪酬管理系统是企业的激励机制，是为了促进员工持续不断地为企业创造价值，企业对这种价值的认定则取决于企业关注什么，这也成为了企业向员工支付薪酬的依据。传统的薪酬管理系统关注的是员工现在能够创造什么价值，基于胜任特征的薪酬管理系统关注于员工现在能够创造什么价值和员工未来的发展和潜在价值，因此基于胜任特征的薪酬管理系统为企业关注员工未来持续的价值创造能力提供了最终的落脚点。

（五）胜任特征模型和培训开发

企业的培训需求主要来自三个方面，即战略与环境分析、工作与任务分析、人员和绩效分析，企业实现战略所需要的核心胜任特征决定了各岗位的任职者所应具备的核心胜任特征，在将员工目前所拥有的能力和企业所要求的能力进行比较的基础上确定员工的胜任特征差距，并据此制订出相应的培训计划，基于胜任特征的培训开发可以有效地支撑基于胜任特征的人力资源管理系统，特别是绩效管理系统和薪酬管理系统的实践。

（六）胜任特征模型和员工的职业生涯发展

胜任特征模型为员工规划个人的职业发展确定了基点和有效途径，员工可以根据自身所具备的胜任特征和岗位要求的胜任特征选择自己在企业中的进入起点和未来的职业发展途径，避免出现“高能低就”等人事错配现象。

三、胜任特征模型的构建方法

胜任特征模型的建立一般可分为以下几个阶段，如图 3—7 所示。

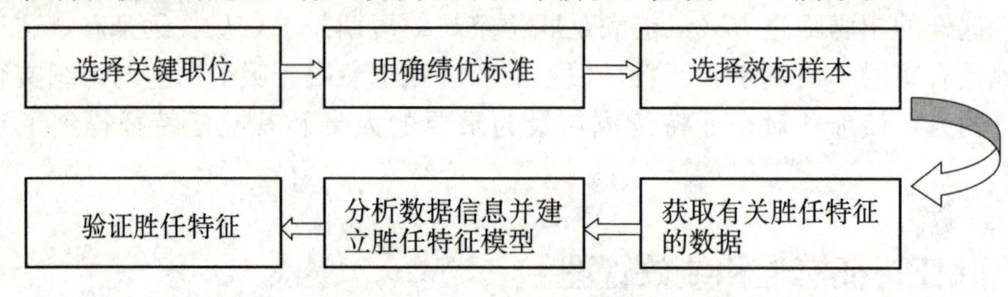

图 3—7　胜任特征模型的建立过程

（一）选择关键职位

建立一套完整的胜任特征模型需要 2～3 个月的时间，这对企业来说是非常耗时耗力的事情，因此必须首先确定哪些是企业的关键职位，是值得企业为其进行这样的投入的。通常这些关键职位是由那些对公司业务的成败具有核心作用的人所担任，对企业可以产生价值增值的职位，对这些关键职位进行胜任特征模型的研究是非常有价值的。

（二）明确绩优标准

明确绩优标准就是要制定出一些明确客观的规则与准则，用来衡量什么样的绩效是优秀的，什么样的绩效是较差的，从而为该职位胜任特征模型的构建打好基础。

（三）选择效标样本

根据绩效标准和企业实际的考核情况选择该岗位胜任特征模型研究的效标样本：一组是绩优人员，另一组是绩效一般的人员，其中绩优人员 3～6 名，一般人员 2～3 名。然后根据工作分析的方法将绩优标准分解细化成一些具体的任务要项，以此来发现并归纳驱动任职者产生高绩效的行为特征。

（四）获取有关胜任特征的数据

在获取胜任特征的数据方面，可以采用很多种方法，例如行为事件访谈法（BEI）、观察法、专家小组讨论法、全方位评价法等，目前最常用的是 BEI。

BEI 主要是以目标岗位的任职者为访谈对象，通过对访谈对象的深入访谈，收集访谈对象在任职期间所做的成功和不成功的事件描述，挖掘出影响目标岗位绩效的非常细节化的行为。

在进行 BEI 的时候，访谈者访谈的重点是在过去确实的情境中采取措施和行动方面，不是假设性的答复，哲理性、抽象性或信仰性的行为。这需要采用 STAR 方法来深层次挖掘出具体的行为细节来。STAR 具体包括以下四个提问方面。

S（Situation）：“当时的情况是怎样的？是什么样的原因导致这样的情境？在这个情境中都有谁参与？”

T（Task）：“您在当时情况下的实际想法是什么？面临的主要任务是什么？”

A（Action）：“在那样的情境下，您实际上都做了什么？描述您在整个事件中承担的角色？您都采取了哪些具体的行动步骤？”

R（Result）：“最后的结果是什么？产生了什么样的影响？”

进行 BEI 过程中最关键的是要让被访者详细地描述事件的整个来龙去脉，并且关注的是被访者在整个事件中实际做了什么，而不是假设性的回答和抽象的想法。

BEI 是一种专业性很强的访谈方法。面对各种各样的被访者，需要在有限的事件内挖掘出大量的信息，因此访谈人员必须经过相关的专业培训，必要时要在专家的指导下才能开展。

（五）分析数据信息并建立胜任特征模型

获得有关胜任特征的数据信息后，需要对这些数据信息进行整理归类。进一步分析 BEI 访谈资料，深入寻找绩优员工跟绩效一般员工的差异，特别关注绩优员工和绩效一般员工在描述相同事件上的差异性，寻找区分绩优员工和绩效一般员工的关键胜任特征。

结合企业胜任特征词典对胜任特征的定义，总结提炼 BEI 过程中出现的胜任特征，如果有的胜任特征是企业胜任特征词典中没有的，就需要对胜任特征词典进行补充，将新出现的胜任特征要项添入胜任特征词典中。

（六）验证胜任特征

胜任特征模型的开发是一个不断证伪、不断完善的过程，胜任特征模型建立起来后首先要和相应职位的任职者及其直接上级进行讨论，确认胜任特征模型中的胜任特征要项是不是驱动员工产生优秀绩效的关键胜任特征，还需确认对胜任特征要项的划分和界定是否准确，这种修正方式可以提高胜任特征模型的操作性和实用性。

其次，我们还需选取第二组效标样本来检验胜任特征模型是否能够很好地区分绩优人员和绩效一般人员。

最后，将胜任特征模型与企业的培训职能乃至其他管理职能相结合，预测以胜任特征模型为基石开展的人力资源管理活动是否能够帮助员工产生高绩效。

四、胜任特征模型在人才素质测评中的应用

人才素质测评最终是要实现以下三个匹配。

第一，人与岗位匹配。人-岗匹配就是遵循“岗得其人，人尽其岗”的原则，根据各人拥有的不同素质和岗位要求，将不同的人安排在最适合的岗位上。

要做到人—岗匹配要遵循三个步骤：第一步是知岗，知岗是实现人—岗匹配的起点，只有先了解岗位的内容、要求才能为岗位挑选合适的人才，要做到知岗，就必须开展工作分析，了解岗位需求。第二步是知人，所谓的知人就是要根据岗位要求来挑选合适的人，知人的方法有很多种，例如简历分析、笔试、心理测验、面试、情节模拟、评价中心技术等等。但它们或是基于人，或是基于事，知人的效果有限。在管理实践研究中，我们发现胜任模型是知人的有效工具，通过对工作所需胜任特征的准确界定，我们就会明确该职位的任职者需要具备哪些胜任特征，各胜任特征要求的级别程度如何，在素质测评中以这些胜任特征要求和级别要求为准则去设计相应的测评方法和测评标准，可以大大地提高素质测评的针对性，提高“人—岗匹配”的效果。第三步是匹配，第一步我们认识了岗位，第二步，我们认识了员工的优点和缺点，匹配就是把员工放到最适合他的岗位，最大限度地发挥员工的优势，实现人才的有效利用。

第二，人与团队匹配。现代企业中没有哪项工作是可以靠一个人单打独斗完成的，团队合作和跨部门工已成为常态。新员工和工作团队之间的匹配既要考虑到辅助匹配又要考虑到互补匹配。辅助匹配是指新员工和其他团队成员之间要以相似的价值观和信念为基础，这些价值观和信念就会成为团队成员共同遵循的做事原则和共同追求的目标。互补匹配是指团队成员之间要有不同的气质、技能、能力，一个团队成员的缺点会被另一个团队成员的优点所弥补，产生互补优势效应，例如在工作团队中，要有善于沟通、技术能力强的、领导力强的等具备不同能力的人，这样的团队才是高效的。所以素质测评必须考虑到团队的需要，在素质测评前必须根据团队工作的内容，对现有团队成员进行 BEI，分析团队的新成员应该具备哪些胜任特征，才能发挥团队整体的最大效能。

第三，人与组织匹配。如果人才素质测评仅仅考虑到人与岗位相互匹配，就会难以保证候选人与组织文化和价值观理念相匹配，这样的人员难以与组织长期匹配，是很难长期留在组织内部的，会破坏组织人才队伍的稳定性，更严重的会出现员工挖组织墙脚的现象。所以在素质测评时要考虑到组织的整体需要，根据组织战略发展需要、组织文化和价值观的需要，思考组织需要全体成员都应该具备什么样的胜任特征。只有与组织的文化和价值观相匹配的人才能支撑组织的长远发展，保持组织人才队伍的稳定性。

胜任特征模型是在工作分析的基础上进一步围绕相应的岗位要求、组织环境和文化氛围要求阐述了该岗位的任职者应该具备的胜任特征，这就要求在素质测评中不能仅仅关注候选人的知识、技能和工作背景，而且需要挖掘候选人深层次的胜任特征，候选人所具备的胜任特征是否与目标职位相匹配，是否与企业的愿景、文化、价值观相符。基于胜任特征的人才素质测评可以挑选出那些价值观、核心能力与企业相匹配的人，这样的员工不仅能满足空缺职位的需求，而且能够帮助企业达成当期以及长期战略意图。

附录：工作说明书与胜任特征模型示例

人力资源部门经理工作说明书

<table>
<tr><td>岗位名称</td><td>人力资源部经理</td><td>岗位编号</td><td></td></tr>
<tr><td>所在部门</td><td>人力资源部</td><td>岗位编制</td><td>1人</td></tr>
<tr><td>直接上级岗位</td><td>人力资源部总经理</td><td>直接下级岗位</td><td>招聘培训专员、薪酬专员</td></tr>
<tr><td colspan="4">岗位分类：□管理类□专业类□行政类□操作类</td></tr>
<tr><td colspan="4">管理类——在管理岗位任职，有直接下属，如经理、主任等。
专业类——从事专业知识或技术类的非直接产品制造工作，其岗位没有直接下属，如会计。
行政类——从事行政后勤事务类工作，其岗位没有直接下属，如保安、司机、安全等。
操作类——直接从事产品制造、产品包装、产品及原料搬运等工作，如包装工、搬运工等。</td></tr>
<tr><td colspan="4">职责概述：为有效配置、合理开发及管理公司人力资源，在公司经营战略和政策规定指导下，协助人力资源总监制定人力资源规划和策略、建立人力资源管理体系，全面负责员工招聘选拔、绩效考核管理、薪酬福利管理、员工激励及培训等各项具体工作。</td></tr>
<tr><td colspan="4">岗位职责与工作任务：</td></tr>
</table>

<table>
<tr><td colspan="2">岗位职责</td><td>工作任务</td></tr>
<tr><td rowspan="4">职责一</td><td rowspan="4">人力资源规划与制度建设</td><td>根据公司发展战略，制订人力资源长期发展规划，提出部门调整的建议和方案。</td></tr>
<tr><td>依据公司年度工作要点，拟定年度人力资源工作计划。</td></tr>
<tr><td>制订和优化招聘配置、薪酬绩效、培训开发等人力资源各项规章制度及规范，并推进落实。</td></tr>
<tr><td>修订和完善各部门职责，组织编制、修改工作说明书，拟定人员定岗定编方案。</td></tr>
<tr><td rowspan="3">职责二</td><td rowspan="3">绩效管理</td><td>组织各部门、下属单位进行目标分解，确定各部门、下属单位年度绩效计划。</td></tr>
<tr><td>实施绩效管理，组织进行各部门及子公司的阶段性绩效考核。</td></tr>
<tr><td>落实绩效反馈与绩效沟通，受理、协调解决绩效申诉。</td></tr>
<tr><td rowspan="2">职责三</td><td rowspan="2">薪酬管理</td><td>开展行业薪酬调查，根据行业薪酬数据制定薪酬福利体系，编制薪酬福利预算。</td></tr>
<tr><td>负责缴纳员工社会保险、住房公积金及其他补充商业保险。</td></tr>
<tr><td rowspan="2">职责四</td><td rowspan="2">……</td><td></td></tr>
<tr><td></td></tr>
</table>

岗位权限：

<table>
<tr><td rowspan="2">业务权限</td><td>对上级领导工作有建议权。</td></tr>
<tr><td>向所辖人员分派具体任务的权限。</td></tr>
<tr><td rowspan="2">人事权限</td><td>对公司人员招聘、人事调整有审核权。</td></tr>
<tr><td>对所辖人员有考核权。</td></tr>
<tr><td rowspan="2">财务权限</td><td>人力资源费用使用的审核权。</td></tr>
<tr><td>权限内的财务审批权。</td></tr>
</table>

工作协作关系：

沟通对象		沟通性质	沟通方式与内容	沟通结果	频率
内部协作	人力资源部总经理	汇报	以口头、书面等形式获得工作指导，提交工作总结、报告或文件。	指导意见、工作计划、总结等	经常
	其他部门人员	协调	以口头、书面、会议等形式推进各部门开展各项人力资源管理工作。	各项人力资源管理成果	经常
外部协作	人事局	咨询	以口头、书面等形式申请外地人才进京指标。	外地人才进京指标	经常
	社保中心	咨询	社会保险政策咨询。	相关社会保险政策	1次/月

基本任职资格：

教育水平	国家正规大学本科以上学历
专业职称	三级人力资源管理师及以上职称
工作经验	5年以上大中型企业人力资源相关模块管理经验
知识技能	掌握熟悉人力资源相关政策、法规，了解人力资源管理发展趋势
能力素质	具有较强的分析能力、责任心、沟通能力

工作特征：

工作环境	办公室及根据工作需要安排的其他地点
工作用具	计算机、传真机、打印机、一般办公用具等
工作时间	正常时间，根据需要加班

关键绩效指标：

人事费用率、招聘合格率、培训计划完成率、绩效评估按时完成率

本岗位开展工作所涉及的主要规章制度、流程文件、操作规范等

《招聘管理制度与流程》、《培训管理制度与流程》等

修订履历：

修订时间	修订内容	修订者	审核者	审批者
2013.10.29	初稿	任职者：张××	人力资源部总经理：王××	公司总经理：李××

基于胜任特征模型的人才素质测评案例

某地产有限公司隶属某国际集团，有30余年的地产开发经验。管理者的行为在很大程度上决定了组织的行为，因此公司更加注重人才优势在竞争中的重要性，意识到高级管理者与相应岗位的匹配和胜任程度对公司战略的贯彻与执行、各项目标的完成将起到举足轻重的作用。鉴于此，该公司提出咨询需求，希望借助外部专业机构先进、科学的胜任特征建模方法，建构公司高级管理职位的胜任特征模型，并在此基础上对这些高级管理者进行能力及岗位适应性盘点测评，进而为公司下一步组织架构调整、关键职位工作职责的调整提供重要依据。

外部咨询公司根据该地产公司的需求，构建了公司高级管理人员胜任特征模型，具体程序如下：

(1) 咨询公司提出了自己总结的MAP模型（见图3—8），为本次胜任特征模型的建立提供了基础胜任特征词典。

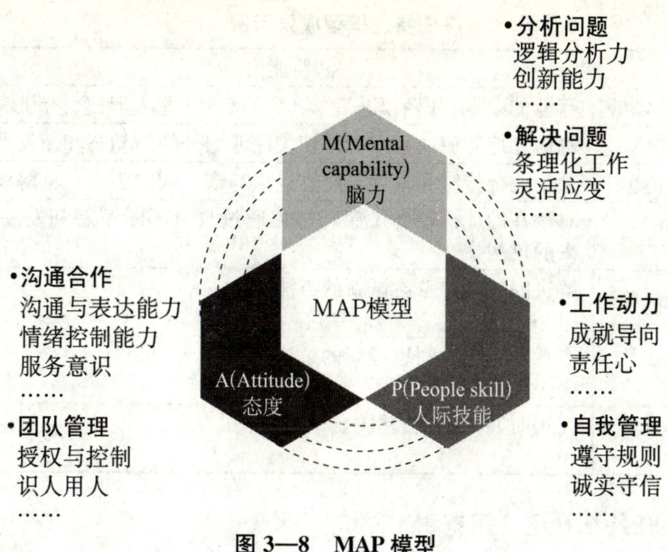

图 3—8　MAP 模型

(2) 确定胜任特征模型建立的基本策略：自上而下的胜任特征模型构建策略（见图 3—9）。

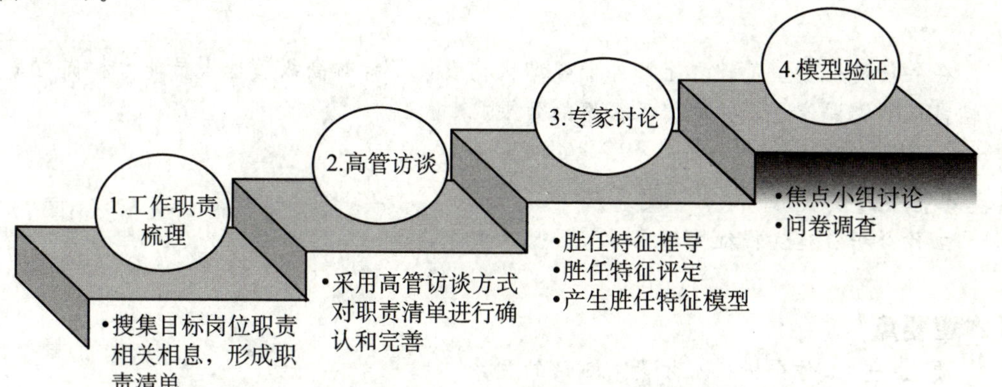

图 3—9　自上而下的胜任特征模型构建策略

(3) 确定胜任特征模型构建的基本思路和实施步骤（见图 3—10）。

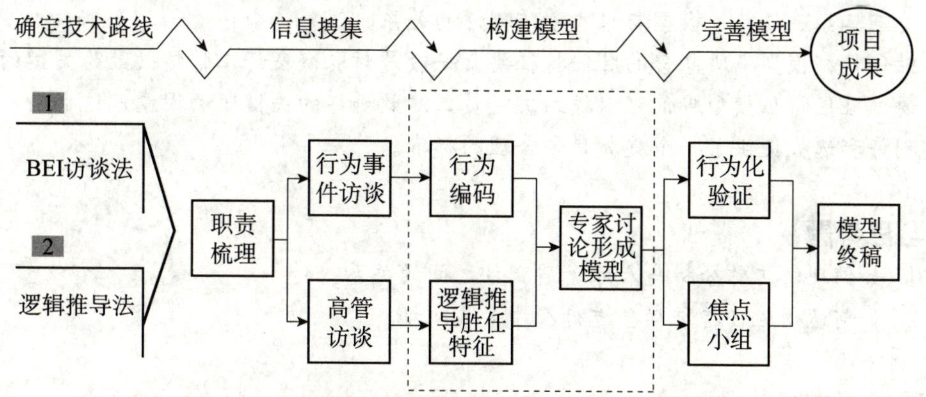

图 3—10　胜任特征模型构建的基本思路和实施步骤

(4) 作出胜任特征模型成果示例（见表 3—4）。

表 3—4　胜任特征模型成果示例

<table>
<tr><td>胜任特征</td><td colspan="2">创新能力</td></tr>
<tr><td>定义</td><td colspan="2">不受陈规和以往经验的束缚，不断改进工作学习方法，以适应新观念、新形势发展的要求。</td></tr>
<tr><td rowspan="3">要素</td><td>开放性</td><td>对信息持开放的心态，密切关注业内外的新动态和新发展。</td></tr>
<tr><td>挑战传统</td><td>关于质疑传统和常识，能够提出与众不同的观点、见解和方法。</td></tr>
<tr><td>危机意识</td><td>对潜在的危机较为敏感，努力通过自身不断革新和发展，积极应对未来的挑战。</td></tr>
<tr><td rowspan="3">行为指标</td><td>胜任</td><td>解决问题时愿意尝试新的方法。
……</td></tr>
<tr><td>优秀</td><td>愿意花大量时间思考新的解决方案。
……</td></tr>
<tr><td>卓越</td><td>在短时间内产生大量的新颖的想法。
……</td></tr>
</table>

(5) 确定胜任特征模型应用范围。

- 人员培训与开发。
- 绩效与薪酬管理。
- 职业生涯规划。

……

在胜任特征模型基础之上，外部咨询机构设计了针对高级管理人员能力和岗位适应性盘点的测评流程，并取得了很好的效果。

【基本概念】

工作分析　胜任特征模型

【本章要点】

要点一：工作分析与人才素质测评的关系。

工作分析是人才素质测评的基础，工作分析决定了素质测评的内容、方法、流程和最后的测评标准。工作分析的结果工作说明书中的任职资格的隐性任职资格是人才素质测评的主要关注对象，素质测评主要是对候选人隐性任职资格进行判断。

要点二：胜任特征模型与人才素质测评的关系。

胜任特征模型中所包含的胜任特征要素一般是对取得良好工作绩效最为关键的要素。通过胜任特征模型我们可以找到决定员工绩效好坏的关键驱动因素，这也为人才素质测评和选拔提供了一个更加科学合理的标准。

【复习思考题】

1. 如何理解工作分析与人才素质测评之间的关系？
2. 如何运用胜任特征模型进行人才素质测评？

【推荐阅读书目】

付亚和．工作分析（第二版）．上海：复旦大学出版社，2009.

彭剑锋，荆小娟．员工素质模型设计．北京：中国人民大学出版社，2003.

第四章 心理测验

【学习目标】

通过本章的学习，希望达到以下4个目标：

1. 使学生了解心理测验的基本内涵；
2. 使学生深刻地理解智力测验、人格测验和职业兴趣测验的概念与理论；
3. 使学生熟悉投射测验与知识类测验的概念与理论；
4. 使学生能够熟练掌握心理测验的实施步骤。

| 章节导引 |

上海某管理咨询公司是一家提供专业人力资源服务的机构，在其服务客户的过程中，心理测验不只是用在人才选拔中，也在个人职业生涯咨询、组织内部员工发展及团队建设等方面广泛应用。在相关业务领域中，该机构近80%的服务项目用到了心理测验。

在该机构中，心理测验被用在了如下领域：

- 人才甄选与测评：竞聘上岗、能力盘点、后备人才选拔、社会招聘等。
- 职业与领导力发展：职业规划、发展性测评、体验式培训、个人发展辅导、团队建设等。

在该机构中，用到的一些典型心理测验包括：

- 认知能力类测验。
- 个性类测验。
- 管理类测验。
- 动机类测验。
- 兴趣类测验。

该机构在应用心理测验时，也探索了一些新的趋势：

- 为客户提供定制化的心理测验，符合企业特定的组织文化、具体需求等。
- 对各类心理测验进行组合以增强心理测验的预测效度。
- 心理测验在网络上的广泛使用，提高了施测效率。

第一节 心理测验概述

一个人的心理素质是其素质结构的一个重要组成部分，也是我们选拔、任用人才的一个重要考量因素。通过测量个体间心理上的差异或者同一个体在不同情况下的反应可以更好地预测人们从事各种工作或活动的适宜性，可以大大提高人才素质测评的效率和准确性。因此，心理测验在人事测评中的重要作用越发引起了社会的重视，心理测验也日益成为人事测评的一种重要方法。

一、心理测验的含义

那么，心理测验是什么呢？不同的学者对心理测验给出了不同的定义。美国心理与教育测量学家布朗（F. G. Brown）认为，测验是“测量一个行为样本的系统程序”。美国著名学者阿纳斯塔西娅（Anastasi）对心理测验的定义是“心理测验实质上是行为样组的客观的和标准化的测量”。

通俗来讲，心理测验就是通过对一部分人某些代表性行为的研究来推断人们在全部行为活动中的心理状态和变化的一种方法。

二、心理测验的构成要素

上面我们探讨了心理测验的定义，根据这个定义我们可以发现心理测验的五个要素：行为样本、标准化、客观性、信度、效度。

第一，行为样本。在心理测验中，施测者都会要求被测者做一些事情，而被测者的反应则是推测大群体反应的重要依据。因此，行为样本的选择和使用需要注意几点要求。首先，行为样本要具有代表性。样本的代表性直接决定了一个心理测验的质量，样本的行为必须能够代表大部分群体可能习惯性地出现的行为。因此，那些特立独行的反应测验是无法对日常生活中的行为进行预测的，也是我们在人事测评的心理测验中需要避开的。其次，心理测验题目的选择要有代表性，这样才能准确地预测出被测者的心理活动。那些不要求被测者做出任何显示心理状态的行为的测验都不属于心理测验，例如身体检查、音乐基本能力考查。

第二，标准化。标准化是指心理测验的前期准备过程、实施过程、评估过程都需要在标准化的条件下进行。心理测试的问卷编制、施测、结果的处理和呈现都必须保持一致性，这样才能保证测试的条件对所有被测者是相同的，从而有效预测和比较个体的心理素质。测验标准化的一个重要步骤是测验的编制，需要编制者为测验提供完备详细的说明，让施测者和被测者都能更好地理解题目；除此之外，编制者还需要建立常模，通过经验性的历史资料确定最后结果评估的标准和参照。

第三，客观性。顾名思义，心理测验的实施和结果的评估都需要具有客观性，不能掺杂施测者的主观情感因素。但是，因为心理测验的实际情况很难达到完美的客观情况，所以我们更需要在问卷的编制上追求更客观的目标。通过严谨科学的选题、分析、试测等环节对测验问卷进行调整，剔除过于简单和过于困难的题目，保证题目能更好地测出大部分人的心理素质。

第四，信度。信度是指测试结果的一致性，即同一组被测者在使用同一测验几次得到的分数保持一致的程度，信度是测验结果真实可靠的一个重要标准。一致性程度越大，信度就越高。

第五，效度。效度是指测验的有效性，也就是测验能够真实地测出它想要测量的东西的程度，效度是测验结果真实可靠的另一个重要标准。在心理测验的每个环节都要保证效度，比如在前期的材料准备阶段要根据测验目的严格规范问卷的编制，在内容的选择和难度的设置上要适宜等。

三、心理测验在人才素质测评中的应用

心理测验的基本功能是测量个体心理素质的差异，从而推断个体在不同场合中的反应。在目前的人才素质测评中，心理测验越来越受到重视，在人力资源管理的很多环节中受到广泛的应用。

（一）选拔与配置

组织在选择人才的时候经常遇到难以抉择的问题，当二者的工作能力相差不大时到底应该选择哪个经常成为组织选拔的难题。个人是否能胜任一个岗位并不只取决于技术培训，而存在一个适应性的问题。而心理测验则可以很好地应用于选拔和配置环节，帮助组织更好地辨别哪些人能够更好地适应和胜任这份工作。我们需要对这份工作所需要的心理素质进行分析和总结，从而找出一些共同之处，通过科学有效的施测和结果分析，找出合适的人并将其配置到工作岗位上，这可以大大提高选拔和配置的效率和准确性。因此，心理测验日益成为组织选拔与配置人才的一个重要依据。只有人职一致，人适其职，职得其人，才能既有利于个体的发展和发挥，又有利于提高职业活动的效率。

（二）诊断与培训

心理测验作为测试的一种可以有效诊断出个体的心理状态，并且帮助组织搞清楚不良状态的产生根源，从而着手处理。通过心理测验考察个体的心理状态，然后根据测验结果安排一定的培训，帮助个体恢复到更好的状态或者端正心态，可以大大提高组织的运作效率。这种心理测验不但可以帮助组织了解个体的心理状态，也可以让个体更加了解自己的倾向，以便找到最适合自己的发展方向，降低失败的概率。

（三）评价与预防

心理测验可以有效地评价个体在心理、人格和能力上的差异，可以帮助人们更了解自我的发展阶段，从而采取一些有效措施预防心理疾病的产生。通过心理测验的结果，人们可以找到自己的能力倾向和性格特征，查明心理问题，为个体的行为矫正提供依据。

四、心理测验在人才素质测评中的优势与不足

心理测验在人才素质测评的实际应用中，与传统的测评方式相比有自己不可取代

的优点。首先，心理测验具有快速性。通过心理测验可以迅速了解一个人的心理状态、个性特征和能力水平，从而作为依据帮助组织迅速做出反应。其次，心理测验具有科学性。目前的心理测验技术相对成熟稳定，可以比较科学地考察个体的心理素质，这与完全凭借经验的一些传统方法相比，具有很高的科学性。最后，心理测验具有公平性。由于心理测验的特点，心理测验可以提高人才素质测评的公平性。通过严格规范的施测过程，测验可以更清楚地呈现个体的状态，可以有效避免传统方法中容易产生的晕轮效应、类我效应、近因效应等误差。

但是由于心理测验的种种要求，这种测评方法也有自己的劣势。首先，心理测验的准备工作需要花费大量的人力、物力和财力。心理测验在施测的过程和结果的评估中要求较高的客观性，不能带有施测者的主观因素，这对施测者的能力也有了较高的要求。其次，心理测验需要不断修订和更新，尤其是一些大规模用于职业选拔的心理测验，更需要投入更大的精力去编制和试测、修改。因此，心理测验的成本也相对较高。最后，心理测验难以从根本上排除被测者猜测的影响，从而会导致测试结果失真。

心理测验作为人才素质测评的重要方法之一，应该引起我们的重视。想要让心理测验在人才素质测评中发挥应有的作用，需要我们规范整个准备、实施和评估过程，并且能借鉴心理测验编制的方法和原则来进行设计和实施测评。

第二节 能力测验

在实际的人才素质测评操作中，我们常常会选择一些成熟的心理测验来降低使用成本，提高使用效率。以下我们主要介绍一下针对个体能力的一些测验。

一、能力与智力的概念

在探讨能力测验之前，我们需要首先对能力和智力的概念进行一个界定。能力是直接影响活动效率、保证活动得以顺利进行的个性心理特征。能力有很多的分类方式，一般来说我们将能力分为一般能力和特殊能力两种。一般能力即智力，包括记忆力、思维能力、想象能力等我们通常测量的部分；而特殊能力主要指某个特殊领域需要的特定能力，比如技术工人在特定技术领域的一些专业技能等。传统的智力理论和皮亚杰的认知发展理论都认为，智力是以语言能力和数理—逻辑能力为核心、以整合方式存在的一种能力。推孟（L. M. Terman）等认为智力主要指抽象的思维能力；迪

尔伯恩（W. F. Dearborn）等认为智力是学习的潜能；平特纳（R. Pintner）等认为智力是适应新情境的能力。

中国学者王垒认为凡是个体为了应付环境、解决问题和适应性地生存所应具有的基本的、关键的东西都应包含在智力的概念中。在此基础上，他提出了一种全新的智力概念——综合智力，它既包含传统智力的认知因素，还包含个性因素、动机因素以及情绪性因素。我们对大群体进行心理测验主要测量的是能力中的一般能力，即智力。智力测验是心理测验中最早产生的一种测验，也称为普通能力测试，它通过比奈—西蒙的智力测验量表广为人知。

二、能力与智力的基本理论

智力测验及一般能力测验的产生和发展是依托于能力和智力理论的发展的，这些理论影响着人类对能力、智力本质的看法，是我们编制科学的智力测验的理论指导和重要依据。

早期的智力理论比较关注智力的组成要素以及这些组成要素之间的关系。学者查尔斯·斯皮尔曼（Charles Spearman）早期提出了智力的二因素理论，他认为智力是由一种普通因素和一种特殊因素组成的 。1927 年斯皮尔曼证实了智力是个体的一种能力，个体可以在日常生活和工作任务中使用这种能力。而其他的一些心理学家则有一些不同的观点，认为智力应是包括许多成分的，应该独立去看待其中的各种成分。瑟斯顿（Thurston）提出了群因素理论，认为智力应该包含七个不同的心智能力；沙因（Schaie）则通过修订瑟斯顿的量表来测量成年晚期人的智力水平，经过大量的研究，他认为智力应该包含多种分离的因素，每种因素被人类用来完成不同的任务。

著名学者吉尔福特（Guilford）则认为智力应该分为操作、内容、结果三个层次，对智力的分析也应该是多维度的。卡特尔的层次智力理论则将智力分为流体智力和晶体智力两个因素；约翰·霍恩（John Horn）在 1998 年证明了这两种智力成分的存在。晶体智力主要指个体已经内化到自身的一种能力和知识，比如语言理解能力、逻辑归纳能力等；流体智力则代表个体感知、记忆以及对基本观念进行思考的一种能力，比如知觉反应能力、空间推理能力等。弗农（Vernon）提出了智力的层次论，他将智力分为四个层次，最高层次是智力的普通因素；第二层次是言语和教育方面因素、操作和机械方面因素；第三层次是几个小因素；第四层次是各种特殊因素。

20 世纪 60 年代，智力的相关理论随着计算机技术的兴起有了飞速的发展，这一阶段的智力研究主要倾向于对智力内部的探讨，使智力的相关理论走向了因素分析与信息加工整合的新方向，这种整合越发体现出人们对于自我意识和自我认知的重视。

1983 年哈佛大学教授、发展心理学家加德纳（Gardner）提出的“多元智力理论”引起了世界范围的广泛关注。一方面，他认为智力与个体所处的社会与文化环境有关，与人们在这种环境下形成的价值标准有关，因此不同文化下人们对于智力的理解也不尽相同；另一方面，智力既是一种完成任务的能力，又是未来创造的能力。他提出智力是由七种成分组成，分别为言语—语言智力、音乐—节奏智力、逻辑—数理智力、视觉—空间智力、身体—知觉智力、自知—自省智力和交往—交流智力。

三、智力测验与能力倾向性测验介绍

了解了能力和智力的基本理论之后，我们主要介绍一下常用的智力测验和能力倾向性测验。

（一）智力测验

1. 比奈系列量表

（1）比奈—西蒙智力量表。

比奈—西蒙智力量表是世界上第一个智力量表，是法国学者比奈及其助手西蒙于1905年开发出来的。这个智力量表的编制目的起初是为了测量儿童的记忆力、语言能力、理解能力等，从而将普通儿童和异常儿童区分出来。这个智力量表的开发开创了智力测验的先河，而后期比奈等人也逐渐对这个量表进行了数次修订，将原来的30个项目增加到了58个，并且调整了一些题目的顺序，从而使整体量表更有代表性。1911年比奈等人又针对成人改变了一些项目内容，使其能够推广到成人的群体。虽然比奈—西蒙智力量表现在看来有很多缺点和局限，但是它作为智力测验的起始，具有划时代的意义，对后世的智力量表的开发作出了巨大贡献。

以下示例为比奈—西蒙智力量表中的两个测验题目：

五个答案中哪一个是最好的类比？

工工人人人工人人工对于221112112相当于工工人人工人人工对于

A. 221221122　　B. 22112122　　C. 22112112　　D. 112212211

E. 212211212

找出与众不同的一个：

A. 铝　　B. 锡　　C. 钢　　D. 铁

E. 铜

（2）斯坦福—比奈量表。

斯坦福—比奈量表是由美国斯坦福大学教授推孟推出的，他于1916年对比奈—西蒙量表进行了修订，保留了原来量表中的51道题目，又自编了39道题目，最终确定的量表一共有90道题目，可测的年龄组为儿童组（3～14岁）、普通成人组和优秀成人组。

在1937年的第二次修订中，推孟采用复本形式，使每个量表都有129个测验题目，并且这些题目可以替换使用，具有同样的效度，经过这次修订，该智力量表可以测量2岁至成人的智力水平。1960年，推孟的助手梅里尔（Merrill）对量表进行了第三次修订。在这次的修订中，梅里尔将原来的量表进行了整合，对题目进行了重新选择和删减，并调整了题目顺序和题目的难度，使这个量表更加适应当时的社会需求。这个量表可以测量儿童到成人的20个年龄组的智力水平，使用方便且应用广泛，

题目主要涉及记忆、算数、常识、图画、空间、理解等，可以在多方面把握一个人的智力能力。在之后的1972年这个量表的常模再次被修订，此次常模是基于不同的环境和文化，根据20万儿童的测量结果确定的，因而更加具有科学性和代表性。

(3) 中国比奈—西蒙智力量表。

比奈—西蒙智力量表起源于西方也主要应用于西方，因其常模设置和题目的选择都更符合西方社会的需求，中国的研究者也在不断地考虑如何将其引入中国，为中国的人才素质测评贡献力量。1924年我国心理学家陆志韦在1916年斯坦福—比奈量表的基础上修订出了中国比奈—西蒙智力量表。1936年他和吴天敏合作发表了第二次修订本。之后1978年，吴天敏主持第三次修订，并于1982年完成，称为中国比奈测验。中国比奈测验共有51道题目，适用范围是2～18岁的未成年人，每个年龄有3道题目，从易到难排列，每道题目代表4个月智龄，用离差智商评定智商的高低。此外，吴天敏根据实际的需求又从这套量表中选出了8道题目，组成中国比奈测验简编，它一般只需20分钟即可测完，用来快速考察儿童的智力水平。

2. 韦克斯勒成人智力量表

比奈系列智力量表虽然在修订中增加了成人的部分，但是其起源于对儿童的施测，后来的修订包括在中国的开发也多用于儿童这个群体。学者韦克斯勒（Wechsler）则针对儿童和成人开发了两套量表，更具有针对性。

1939年，韦克斯勒关注成人的领域，编制了测试成人的智力量表，即韦克斯勒—贝勒维智力量表（Wechsler-Bellevue Intelligence Test，简称W-BⅠ）。接下来1942年，他推出第二个韦克斯勒—贝勒维智力量表（W-BⅡ），其适用于10～60岁的个体；1955年，韦氏将W-BⅠ修订为韦氏成人智力量表（Wechsler Adult Intelligence Scale，简称WAIS），其适用于16～74岁的成人，进一步扩大了测试的适用范围。1981年，他又发表了韦氏成人智力量表修订版（WAIS-R）。1997年，第三版修订完成，为WAIS-Ⅲ。此外，他又针对儿童这一年龄群体，先后编制了韦氏学龄前和学龄初期儿童智力量表，它们分别适用于学龄前的4～6.5岁幼儿和学龄阶段的儿童和青少年。两套量表的测量群体不同，根据不同群体的特点不断修订内容，使韦氏智力量表作为当时最先进的智力测量工具被广泛地使用。

韦氏成人智力量表修订版（WAIS-R）包括言语量表和操作量表两个部分，每个部分都包含7个相应的分测验。言语量表包括常识、数字广度、词汇、算术、理解、类同和字母－数字排序7个分测验；操作量表包括填图、图片排列、积木、物体拼凑、数字符号、矩阵推理和符号搜索7个分测验。在实际的操作中，两个量表是交替进行的，每个分测验的原始分都不同，从18分到90分不等，最终的结果需要转化为标准分数进行比较。每个分测验的平均分是10分，标准差为3分，最终通过分数的合并得到三个总分数，包括言语总分、操作总分和量表总得分。最后使用常模表，可查到三个结果，包括言语智商、操作智商和全量表智商，他们都是以100为平均数，15为标准差的离差智商。

在韦氏智力量表引进中国的实践中，20世纪80年代初，湖南医学院龚耀先先生作出了巨大的贡献。他主持修订韦氏成人智力量表中国版，并于1982年发表了修订后的韦氏成人智力量表，简写为WAIS-RC。这次的修订主要是剔除和修改了一些不适合我国国情的题目，保留了其中适用于中国的题目，同时对题目顺序进行了一些改动。在常模的建立方面，为了体现农村和城市的教育差异，他建立了两套常模，分别适合农村和城市两个群体使用。而同时，林传鼎和张厚粲也对韦氏儿童智力量表进行了修订，使其能够适用于中国的儿童。

韦氏智力量表是智力测验中的重要方式，经过多年的修订其信度和效度不断提高，也被广泛地应用于成人和儿童的智力测验实践中。但是韦氏智力量表因为其测试过程繁琐、结果分析复杂、只能单个施测等特点，在应用上有较高的要求。

3. 瑞文标准推理测验

瑞文标准推理测验是英国心理学家瑞文（Raven）于 1938 年设计的，原名“渐进矩阵”的一套非文字型智力测验。它主要是测试被测者的观察能力和思维能力，适用范围为 5～75 岁，跨越儿童和成人两个群体。这套测验的最大特点是非文字型，因此可以避免一些特殊文化产生的干扰，不受语言的制约。

瑞文标准推理测验自 20 世纪 50 年代起，经过数次修订，目前包括三个测验：一个是 1998 年推出的标准型推理测验，它适用于 5 岁半以上的普通儿童及成人。另外两个测验编制于 1947 年，一个是适用于幼儿与智力低下者的彩色型推理测验（CPS）；另一个是适用于高智力水平者的高级推理测验（APM）。其中，适用于大部分普通人的标准推理测验是社会上使用最多也最广泛的。

瑞文标准推理测验由 60 道题目组成，每一道题目都由缺少一块图案的图片和若干张备选小图构成，要求被测者根据图片的规律选出合适的图案填充进去。测验的 60 道题目是按照难度分为 A、B、C、D、E 五组，每组 12 道题，顺序按照难易程度排列，每组考察被测者的一种智力因素。A 组测个体的知觉辨别力、图形比较能力和图形想象力等；B 组测类同比较能力、图形组合能力等；C 组测比较能力、推理能力和图形组合能力等；D 组测系列关系、图形套合能力等；E 组测套合、互换、交错等抽象推理能力。

瑞文标准推理测验在中国的应用主要要归功于北京师范大学张厚粲等人，几位学者于 1986 年完成了中国版的修订，他们以 1982 年的人口普查数据为依据，共取样 5 108人，测定了城市地区的常模，推动了这种测验形式在中国的应用。

瑞文标准推理测验使用范围很广，既可以用于儿童群体，也可以用于成人群体，同时该测验不受文化、语言和种族的限制从而可以进行跨文化施测，既可以个别进行也可以团体测试，大大提高了使用的可行性。瑞文图形推理测验题目的示例如图 4—1 所示。

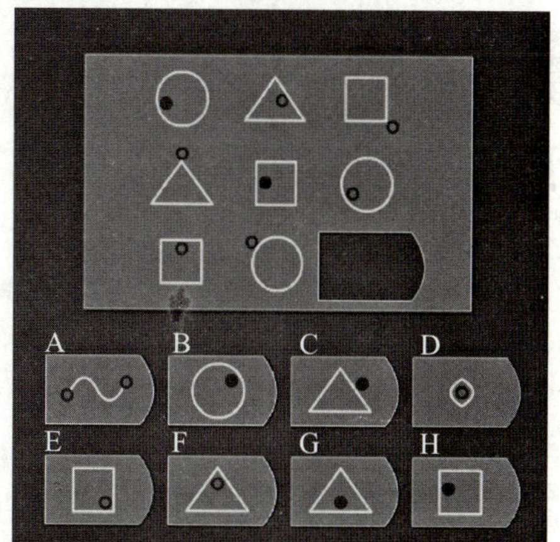

图 4—1　瑞文图形推理测验题目示例

(二) 能力倾向性测验

能力倾向性测验用于考察个体的潜在能力，即经过一些特定的训练之后，个体是否可以很容易获得某些知识或者技能，从而在

这个领域取得一定的成就。因为许多特定的职位对个体的特殊能力有一定要求，因此这种特殊能力的测验也越来越广泛地应用于才素质事测评中。能力倾向性测验主要包括两类：多重能力倾向测验和特殊能力倾向测验。

1. 多重能力倾向测验

多重能力倾向测验由不同的分测验组成，分别测量个体不同的能力。一般的多重能力倾向测验包括 4～9 个分测验，常模也通常根据一个标准化的群体建立。多重能力倾向测验既可以成套地施测，也可以单独施测某一些分测验来考察某一方面的能力，其中一般能力成套测验（GATB）是最常用的。GATB 由美国联邦劳工部于 1947 年编制，既可以用于求职的咨询，也可以用于学生的学业选择。GATB 包括 12 个分测验，由 8 个纸笔测验和 4 个仪器测验组成，可以测量 9 种能力倾向，包括一般学习能力（G）、言语能力（V）、数字能力（N）、空间能力（S）、形状知觉（P）、书写知觉（Q）、运动协调（K）、手指灵活度（F）、手部敏感度（M）。全套测验实施要 2.5 个小时，手指灵活度和手部敏感度的 4 个分测验是通过机器操作完成的，另外的 7 种能力倾向都是采用纸笔测验的方式。这 9 个能力倾向中不同的组合代表着不同的职业能力倾向，如手指灵活度、手部敏感度、运动协调、形状知觉能力比较好的人比较适合从事精密性较高的工作。

2. 特殊能力倾向测验

特殊能力是指完成一些特定的工作所需要的特定的能力，比如专业技术能力等，而特殊能力倾向测验则是判断个体是否在这些特定的领域具有特殊潜力的一种手段。特殊能力倾向测验主要是系列式的，包括四大类小测验，这四大类分别是：机械倾向性测验、文书能力测验、心理运动能力测验和视觉测验。这种特殊能力倾向测试的一部分考察内容包含在多重能力倾向测验里面，但是它作为多重能力倾向测验的补充，在单独使用上面具有很大的灵活性，在一些特定领域的人才素质测评中也有非常重要的实践意义。

第三节 人格测验

个体的差异除了能力上的差异，还有人格的差异。在心理测验中，人格测验是一个非常重要的部分，而人格的复杂性也决定了人格测验的开发需要不断的完善与改进。

一、人格的概念

人格在心理学上是一个非常重要的概念，由于心理学家们的研究方向不同，不同学派的学者们对人格的界定也有一定的差别。根据美国心理学家奥尔波特（Allport）的统计，人格的定义已经超过了50种，但是在这众多复杂的人格定义中我们还是可以找到一定的共性。综合各学派的看法，人格基本可以界定为：人格是构成一个人的思想、情感以及行为的特有模式，这个特有模式包含了一个人区别于其他人的稳定而统一的心理特质。

人格具有丰富的内涵，我们从它的定义中可以看出人格的几个本质特征。

第一，独特性。一个人的人格形成因素非常复杂，一般广为认可的是在遗传、成熟和环境、教育等先后天因素的交互作用下形成的。每个人都有不同的遗传因素，生长在不同的文化和环境中，后天也受着不同水平和标准的教育，因此，没有任何两个人是完全相同的。这也就决定了人格的千差万别，每个人都有自己独特的人格。

第二，稳定性。人格是相对稳定的，这也是人格和情绪最大的差别。一个人在一些偶然的情况下，因为一些特定的情绪产生的心理状态不是人格，人格是在一定时间内相对固定的。比如，一个比较活泼的人，在不同的场合中都会表现得比较积极。因此，人格在一定时间内是相对稳定的，但这并不意味着人格是永远一成不变的，人格在长时间的教育和环境的影响下也会产生一定的变化，比如一个比较活泼的人如果长时间处于一种比较压抑和消极的环境中，也会受到影响，可能不再那么活泼。

第三，整体性。人格是一个有机的整体，是由不同的成分组成的。因此，我们探讨人格的时候也要注意它的整体性和内部的一致性，只有个体人格的各方面彼此保持和谐一致的时候，他的人格才是健康的，如果割裂地看人格的各种成分，就无法把握一个人整体的心理状态。

第四，功能性。人格在很大程度上会影响一个人的思维模式和行为方式，它对个体行为的调节功能是不言而喻的，这也是我们研究人格这一因素的重要原因。

二、人格的基本理论

人格的研究历史悠久，对于人格的研究也分为许多学派，下面我们介绍一些人格理论。

（一）特质理论

人格的特质理论起源于20世纪40年代的美国，主要代表学者有美国心理学家奥尔波特和卡特尔。特质理论主要认为人格具有一些特质，这些特质是决定个体行为的基本单位，通过比较这些特质，可以对人格进行测评。

奥尔波特于1937年首次提出了人格特质理论，他将人格分为两种特质：共同特质和个人特质。顾名思义，共同特质是指在某一环境中，群体共有的特质，比如中华民族的勤劳特质；个人特质则是指在同一文化中，每个个体所具有的独特的特质，比如有些人比较内向，有些人比较外向。其中奥尔波特又将个人特质按照典型性和重要性分为三个层次，分别为：首要特质，即一个人最外显最具有代表性的特质；中心特质，即一个人独特的几个重要特质；次要特质，即个体不太重要或者不太外显的特质。

卡特尔则开发了用因素分析的方法分析人格的新局面，提出了人格特质的四层次模型。模型的四个层次分别为个别特质和共同特质，表面特质和根源特质，体制特质和环境特质，动力特质、能力特质和气质特质。1949年卡特尔根据自身的研究成果开发出了包含16个因素的人格问卷（简称16PF），这个我们之后会进行更详细的讨论。

（二）类型理论

人格的类型理论产生于20世纪三四十年代的德国，主要关注于个体之间的心理差异，这种理论主要将人格分为几种类型，判断个体属于哪种类型。类型理论主要有三种：单一类型理论、对立类型理论、多元类型理论。

单一类型理论的代表人物是美国心理学家弗兰克·法利（Frank Farley），他提出的T型人格的概念即是判断一群人是否具有这种人格。他认为T型人格是指一种喜欢冒险和刺激的人格，依据冒险的积极性和消极性，他又将T型人格分为T＋人格和T－人格，T＋人格代表着一种积极的冒险，T－人格则代表一种消极反社会的冒险。

对立类型理论则认为人格类型包含着某一维度的两个相反方向，例如A－B型人格和内－外向人格的研究。弗里德曼（Friedman）和罗斯曼（Rosenman）提出了A－B型人格的概念。他们认为：A型人格代表一个急躁、上进投入、时间紧张感强、动作敏捷的群体，这群人的生活状态比较紧张，情绪波动相对较大；而B型人格代表一个不急不躁、稳重耐心、生活节奏较慢、情绪较稳定的群体。瑞士心理学家荣格最早提出了内－外向人格类型，他认为内向人格的特点主要表现为谨慎、疑虑、交往面窄、倾向于自我剖析，而外向人格的特点主要表现为活泼开朗、愿意与人交流、情感外露。

多元类型理论则认为人格是由几种不同的特性构成的，主要代表有气质类型学说、性格类型学说。气质类型学说是由古希腊医生希波克拉底提出的，他认为人体内有四种液体，即黏液、黄胆汁、黑胆汁和血液，根据这些体液的调节，人的气质分为四种类型，即胆汁质、多血质、黏液质和抑郁质。胆汁质的人情绪强烈，精力旺盛，勇敢热情，但是比较容易鲁莽行事；多血质的人情感丰富细腻，活泼好动，善于交往，但是缺乏耐心，稳定性差；黏液质的人情绪稳定，认真细致，比较沉默寡言，自制力强，但是缺乏活力和主动性；抑郁质的人心思细腻，情感抑郁，不善交际，踏实稳重，比较优柔寡断，软弱胆小。性格类型学说则是由德国心理学家斯普兰格（Spranger）提出的，他认为人类的人格类型可以分为六种：注重实效和利润的经济型、注重探索和兴趣的理论型、注重审美和想象的审美型、注重权力和地位的权力型、注重社会和奉献的社会型以及注重信仰和宗教的宗教型。

(三) 整合理论

前面介绍的两种理论中，特质理论比较注重个体的特质差异，类型理论比较注重群体之间的人格差异，而整合理论则是将两种理论进行综合，更全面地描述一个人的人格特质。整合理论的代表人物是艾森克（Eysenck），他提出的人格结构的四层次模型，可以从更多层面上解读一个人的人格结构。这个模型的四个层次分别是：最下层的“特殊反应水平”是日常观察中的误差部分；上一层的“习惯反应水平”是指个体在日常生活中的反应，是特殊因子；再上一层的“特质水平”指的是群体的人格性质描述，属于群因子；最上层的“类型水平”是一般因子。艾森克将类型理论和特质理论进行了有机的融合，使人格的理论层面更广，角度也更丰富。

三、人格测验介绍

人格测验，顾名思义是用一些量表或者其他方式对人格特性进行的测验，从而推断一个人在不同情境下可能产生的行为。下面我们介绍几个常用的人格测验工具。

(一) 卡特尔16种人格因素问卷

卡特尔16种人格因素问卷简称16PF，是由美国伊利诺州立大学人格及能力研究所的卡特尔教授编制的。这种人格测验是他通过搜集大量数据文献，并且观察各种现实场景中的行为，采用因素分析的方法编制的，他将这些人格特质用16个词进行描述，构成了人格的16种基本因素。这16种因素各自独立，相关性很小，测验的施测时间大约为45分钟，适用于16岁以上的人群。这16种人格特质分别是：乐群性、聪颖性、稳定性、恃强性、兴奋性、有恒性、敢为性、敏感性、怀疑性、幻想性、世故性、忧虑性、实验性、独立性、自律性和紧张性。

测验中每个因素有10～13道题目，共187道题，题目的排序遵循轮流的原则，从而有效地降低了被测者猜题造成的误差。为了降低题目的表面效度，题目的问法相对比较中性，尽管一些题目看起来与某种人格特质有关，但是实际上测量的可能是另一种人格特质，这样就有效地降低了社会赞许性造成的误差。因此，卡特尔的16PF因其信度效度都比较高，目前被人才素质测评广泛使用。但是这套问卷有长度较长、题目过多、施测时间较长等不足。

16PF在中国的应用要归功于刘永和博士与梅吉瑞的合作，两位学者合作修订了中文版本，其常模基于2 000多名香港和台湾学生；内地的问卷是由戴忠恒和祝蓓里等人修订的，他们还建立了中国成年人和大学生等一系列常模。

（二）艾森克人格问卷

艾森克人格问卷是由英国著名心理学家艾森克于1975年编制的，简称EPQ。这套人格测验正是基于艾森克的人格整合理论，他将人格分为三个维度——内外倾、神经质和精神质。他通过搜集大量的人格因素方面的特征，运用数理统计分析，得出了这三个维度。他认为每个人都具有这三个维度上的特征，只不过表现的程度有所差异，因此个体在人格上有所差别。这个人格测验最早形成于1952年，当时只有神经质这一个维度，题目数量是40；后来1959年艾森克进行了第一次修订，将题目数增加至48题，增加了外倾性的维度；1964年艾森克又对这个量表进行了第三次修订，题目数增加到57题，并首次在问卷中放入了测谎的部分；1975年艾森克的人格问卷已经比较成熟，还增加了精神质维度，共90题，并且针对成人和青少年进行了区分，这一区分使其针对性更强。1985年艾森克改进了问卷中信度较低的部分，形成了共有100题的最终问卷，同时艾森克也开发出了问卷的精简版，共有48道题，为推广和应用提供了便利条件。艾森克人格问卷属于自陈式人格测验的范畴，即被测者本人回答问题，通过一些多选一或必答的问题，展现个人的人格特征。该问卷分为四个分量表：

（1）E量表测量个体内外倾向性，分数越高越显示人格的外向程度高。该量表上面得分高的群体人格表现为热爱交际、喜欢冒险和变化、情绪稳定性低等；得分低的群体人格表现为喜欢安静、不善交际、生活规律有计划、情绪稳定等。

（2）N量表测量个体神经质，其分数的两极分别是情绪稳定和神经敏感。在神经质上面得分高的群体人格表现为容易焦躁、情绪起伏大且反应激烈等特征；得分低的群体人格表现为反应较慢、情绪平和、控制力强、不容易冲动行事等。

（3）P量表测量个体精神质，在精神质这一维度上，高分人群表现出来的人格特质为攻击性强、冷淡、自尊极强等，这并非指神经病，艾森克认为这一维度的高分与人的创造力有联系。在这一维度上，低分没有明确的现实意义，但是通过大量的实证观察，一些低分的人群往往表现出抑郁、孤独等心理特征。

（4）L量表即测谎量表，是为了考察被测者的回答是否出于内心真实的想法，通过测试被测者的掩饰、自身掩蔽或测定社会性朴实幼稚的水平，也能在一定程度上反映个体的心理状态。测谎量表的分数较高意味着此人可能更多地修饰自己，分数较低则意味着此人比较能直面内心的状态，心态比较单纯。测谎量表不仅可以判断其他部分量表的测量结果是否真实，也可以反映个体的社会心态。

（三）MBTI性格测验

迈尔斯—布里格斯类型指标（Myers-Briggs Type Indicator，简称MBTI）是由美国心理学家凯瑟琳·布里格斯（Katharine Cook Briggs）和她的女儿伊莎贝尔·迈尔斯（Isabel Myers）编制的，她们根据荣格的内向—外向、思维—情感与感觉—直觉的维度理论，辅以长期对人类行为的观察和记录，增加了判断—知觉两种类型，于1942年编制了MBTI的测验量表。该量表也是一种自陈式的评估，其中包含个性的四个基本特征，要求被测者选择符合自身的类型。

1. 外向型（E）—内向型（I）

该维度用来衡量一个人心理与外界的相互作用程度。外向型的人倾向于与外界沟通交流，喜欢与外界互动，更多地注意外部环境的变化；内向型的人则倾向于自省，喜欢独处，更多地注意自身内部的思想和构建。

2. 感觉型（S）—直觉型（N）

该维度测量的是个体收集信息时注意的指向。感觉型的个体更关注具体的事物或者事实，他们相信自己真实的感受，倾向于通过记录、测量等手段获取信息；而直觉型的个体则更关注未来的发展和变化，关注自身的“直觉”，期望预示事件的发生，改变事物的状态。

3. 思维型（T）—情感型（F）

该维度测量的是人们的思考和决策的方式。思维型的人更倾向于逻辑决策，喜欢客观分析和推理；情感型的人则更喜欢追随自己主观的情感，根据自己的喜好和价值观来进行决策。

4. 判断型（J）—知觉型（P）

该维度测量的是一个人选择的生活方式，体现了一个人对生活的态度。判断型的人更倾向于安排有序、井井有条的生活方式，对自己的生活方式有很强的控制欲；而知觉型的人则更喜欢轻松随意，甚至看起来很散漫的生活方式，希望去构建一个灵活性和机动性强的生活环境。

以上四个维度分别有自身的两级，这样的排列组合则形成了 16 种性格类型，每一种用 4 个字母表示则代表一种个性。如 ISTJ 是内向、感觉、思维、判断型，这种人认真细致，而且开明豁达，他们注重实务，追求效率和准确性，做事非常有条理性，并且可以专注且有计划地完成工作任务。对这类人而言，适合的工作是技术性的工作或者程序性很强的工作。他们追求独立自主的工作氛围，倾向于自己安排时间和计划，按照自己的步调来完成工作任务。这些性格类型可以分为四个大类：SJ 型（传统型）、SP 型（艺术型）、NT 型（理性型）、NF 型（理想型）。

通过 MBTI 的测验结果，人们可以通过多个角度对自己的个性有深入的了解，并且依据这些描述选择适合自己的职业。许多的实证研究都证明了 MBTI 测验结果在职业选择中的重要参考作用。

（四）大五人格测验

大五人格是目前人格领域中比较为人熟知的一个分类，也是运用较为广泛的一种测验。大五人格的概念最早源自学者高尔顿（Galton），他在 1884 年提出用人格特征的词语来描述人的个性，之后受其影响的心理学家阿尔伯特（Albert）等人通过查阅词典，挑选出 10 000 多个描述个性的词语，经过卡特尔的浓缩，最终确定为 170 个。

真正的大五人格调查表是由美国心理学家科斯塔（Costa）和麦克雷（McCrae）在1992年编制的，两位学者运用因素分析的方法将人格特质分为五大类，分别是外倾性、责任感、开放性、亲和性和神经质或情绪稳定性，这就是我们现在常用的大五人格分类。

（1）外倾性（extraversion）指一个人对于与他人间关系满意的程度，若一个人对自己和他人之间的关系越舒适，则表示其外倾性越高。外倾性高的人主要表现为合群、热情、主动、乐观等；外倾性低的人主要表现为沉默、寡言、谨慎、退让等。

（2）责任感（conscientiousness）指一个人对待事务的专心、集中程度，若一个人目标越少、越专心致力于其上，则其责任感越高。责任感高的人表现为胜任工作、公正、自律、克制、有成就感等；责任感低的人表现为懒惰、粗心、享乐主义、没有目标等。

（3）开放性（openness to experience）指一个人兴趣的多少以及其对兴趣的投入。开放性高的人表现为兴趣广泛、好奇心重、富有创造力和想象力；开放性低的人则表现为比较实际、兴趣较少、推崇传统。

（4）亲和性（agreeableness）指一个人对于他人的态度。亲和性较高的人表现为容易相信他人，愿意奉献自己的精力和时间，比较谦虚和顺从，人际关系和谐；亲和性较低的人则表现为相反的态度，多疑，不愿意与他人合作，嫉妒心强，报复心重等。

（5）神经质或情绪稳定性（neuroticism）指一个人在不同的刺激下情绪的平稳程度。情绪稳定性高的人表现为少情绪化、高安全感、镇定等；情绪稳定性低的人则表现为容易紧张、容易焦虑和脆弱，会过分担心，情绪容易失控。

大五人格在人才素质测评中被广泛应用，其较高的预测效度也被许多实证研究所证实。巴拉克（Barrick）和芒特（Mount）在1991年针对不同职业、不同工作性质、不同年龄的样本进行的大五人格特征和工作绩效是否有显著关系的研究中，发现责任感最能广泛应用于预测不同职务者的工作绩效。在我国背景下，大五人格与绩效显著相关，但不同维度的预测关系各不相同，责任感和绩效的相关性相比其他人格变量为最高；与工作绩效相比，情绪稳定性与关系绩效的相关性更高；与他评绩效的方法相比，自评绩效与人格自评得分的相关性更高；不同岗位的外向性、责任感与绩效的相关性不同。

案例

某管理咨询公司开发的MAP职业性格测验从脑力（Mentality）、态度（Attitude）和人际技能（Personal skill）三个方面，全面细致地描绘了个体的性格轮廓，能够有效预测个体的胜任特征、情商、团队角色、领导风格等重要的工作行为表现。可应用于选拔、晋升、个人发展、职业生涯规划辅导、人力规划、组织发展等方面。

题目样例如下：

请你从每道题目的A、B、C三个选项中选出一个最符合你自己和最不符合你自己的选项。		最符合你的一项	最不符合你的一项
A	我常常对公认的观点有质疑。	□	□
B	我喜欢和数据打交道。	□	□
C	我很少认为自己比别人更强。	□	□

第四节 职业兴趣测验

如果说能力测验和人格测验是间接能为个人的职业选择提供参考和依据的话，那么职业兴趣测验则是更加直接地与个人职业相关的一种心理测验形式。

一、职业兴趣的概念及理论

职业是人类工作中最重要的要素，也几乎贯穿着人类的一生。人们在进入职场之前接受教育和培训，为未来的工作生活作准备；进入职场之后不断奋斗，在不同的职业中寻找最适合的一种；即使最终退休之后，人还是和职业保持着十分密切的联系。因此，选择合适的职业对于提高工作质量和工作效率，提高生活质量有着极其重要的意义。

关于职业的含义，不同的学者有着不同的看法。一般来说，职业是指“人们在社会生活中所从事的以获得物质报酬作为自己主要生活来源并能满足自己精神需求的、在社会分工中具有专门技能的工作”。而职业兴趣则是指人们对某种职业活动具有的比较稳定而持久的心理倾向。人们通过对自身的认识判断自己想从事什么样的职业，适合从事什么样的职业，因此，职业选择需要人们从自己的职业理想和职业兴趣出发，依据自身的素质和能力，从社会现有的职业中选择一份作为自己的职业。职业选择作为职业生涯的开端也是其中一个重要环节，越来越受到学者和求职者的重视。关于职业兴趣与职业选择的理论，长期以来心理学家进行了许多研究，也形成了一些对求职者有较大指导意义的理论。

（一）人职匹配理论

人职匹配理论是职业选择的研究中较早的成果，它是由帕森斯（Parsons）在《选择职业》一书中提出的。帕森斯认为每个人不同的人格特点都会对应其适合的职业类型，职业选择的过程则是将二者匹配的过程。在这一理论中，我们可以发现选择职业的三个重要因素：认识自我、认识职业、合理匹配。认识自我是指个体需要对自身的能力倾向和兴趣所在进行充分分析与认识，从而根据自身特点锁定适合的职业；认识职业是指个体需要充分搜集关于职业的信息，深入了解职业的工作内容、薪酬水平、未来发展等情况；合理匹配则是指个体通过对自身和职业进行了解，平衡双方因

素，选择适合自己的职业。

（二）择业动机理论

择业动机理论是由美国心理学家弗鲁姆（Vroom）在1964年提出的，他在《工作与激励》一书中提出个体行为动机的强度取决于效价的大小和期望值的高低，用公式来表示则为“动机＝期望×效价”。根据这一观点，我们可以看到个体行为动机的强度取决于效价和期望两个因素，效价越高，期望值越高，个体行为动机越强。

将这一期望理论应用到择业理论中，可以解释为“择业动机＝职业效价×职业概率”，择业动机是指择业者对于目标职业的追求程度，职业效价是指择业者对职业价值的评估，职业概率是指择业者能够获得这项职业的可能性大小。进一步细化这一理论，职业效价可以表达为“职业效价＝职业价值观×职业要素评估”；职业概率可以表达为“职业概率＝竞争系数×竞争能力×随机性”。经过整合，我们可以得到“职业动机＝职业价值观×职业要素评估×竞争系数×竞争能力×随机性”这个公式。这个公式表明，影响择业者对某一项职业选择的因素主要有他对这项职业价值的评估和他获得这项职业的可能性大小，择业动机的大小不仅受到个体主观因素的影响，也受到社会大环境的客观影响。

（三）霍兰德职业性向理论

霍兰德职业性向理论是由美国著名心理学教授约翰·霍兰德（John Holland）于1959年提出的，他将大多数人的人格分为现实型、研究型、艺术型、社会型、企业型和传统型6种，关注每一种特定人格类型对应的职业类型。见表4—1。

表4—1　　霍兰德的6种职业类型

职业类型	特征	相匹配的职业
现实型（R）	遵守规则、实际、安定，喜欢需要基本技能的具体活动。	需要熟练技能方面的职业，动植物管理方面的职业，机械管理方面的职业，手工艺或机械修理、机械操作等职业。
研究型（I）	内省、理性、富有创造性，喜欢独立分析与解决抽象问题。	数学家、物理学家、化学家、生物学家、设计师等。
艺术型（A）	富有想象力、依赖直觉、冲动、无序，喜欢用艺术形式来表现自己的思想与情感。	美术雕刻、舞蹈、戏剧、绘画、写作等方面的职业。
社会型（S）	乐于助人、合作、富有责任感和同情心，喜欢并善于社会交往，乐善好施。	学校教育和社会教育方面的职业，社会福利事业、医疗与保健等方面的职业。
企业型（E）	富有支配性、自信、精力旺盛，喜欢指挥、劝导别人接受自己的意见。	工商与行政管理、市场营销、保险业等方面的职业。
传统型（C）	有条理、稳定、顺从、有序，喜欢程序化的条理性工作。	银行职员会计、收银员、统计人员、电脑操作员等。

(四) 职业锚理论

职业锚理论是由美国职业指导专家埃德加·施恩(Edgar Schein)提出的，他通过对44名商学院MBA毕业生长达12年的追踪研究，提出了人们职业选择的核心点。职业锚则是指人们在选择职业时，内心最看重的部分，也是驱动人们选择的最本质的东西。职业锚的形成是需要后天工作经验的累积和自我认识的不断发展，二者相互的作用会帮助人们逐渐清楚自己最重视的东西，即选择职业的核心所在。

施恩通过实际的调查研究，将职业锚分为五种基本类型：(1) 技术或功能型职业锚，即职业选择时注重工作的实际内容，关注自身特长的发挥；(2) 管理型职业锚，即职业选择时注重通向管理层的通道，关注自身是否能够成功跻身管理层；(3) 创造型职业锚，即选择职业时注重成就感和自我扩充，关注自身是否能建立或者创造一些杰作；(4) 自主与独立型职业锚，即选择时注重自由和独立的程度，关注自身是否能够不受组织约束；(5) 安全型职业锚，即选择职业时注重职业的安稳性和收入情况，关注自身是否能够拥有安稳的工作和生活。

二、职业兴趣测验介绍

了解了职业兴趣的概念和主要理论后，接下来将介绍比较常用的几种职业兴趣测验。

(一) 斯特朗—坎贝尔兴趣问卷

斯特朗—坎贝尔兴趣问卷(Strong-Campbell Interest Inventory，SCII)最初是由美国心理学家斯特朗于1927年出版的斯特朗职业兴趣调查表(Strong Vocational Interest Blank，SVIB)发展而来的，这也是世界上第一个正式的职业兴趣量表。斯特朗首先编制了一系列的问卷，这一系列问卷涉及各种职业和学科，之后他选取两组不同的被测者进行比较研究。一组被测者是对自身工作感到很满意的群体，另一组是并没有特殊偏好的群体，根据两组结果的差异区别出独特的项目420个，并针对10种职业进行了评价，由此编制了职业兴趣量表。但是这个问卷有自身的缺陷：一方面该问卷并没有经过严谨的数理统计，仅凭借经验，信度和效度也有一定的问题；另一方面这个问卷仅适用于男性，无法推广到更广泛的群体中。针对后面的问题，1933年，斯特朗又出版了第一个女性测验量表。在之后的1938年和1946年，斯特朗分别对男性和女性测验量表进行了第二次修订，男性量表和女性量表的修订工作最终是坎贝尔分别于1966年和1969年完成的。坎贝尔在修订量表的过程中，顺应社会趋势，将男性和女性的量表合二为一，最终于1974年公开了“斯特朗—坎贝尔兴趣问卷”。这个兴趣问卷后来也数次经过修订，目前我们常用的是1985年修订的版本。

目前我们使用的1985年版本共有325道题目，包括五类量表，分别是：一般职业主题量表、基本职业兴趣量表、具体职业量表、特殊量表和管理指标量表。每个量表包括的题目数量不同，编制量表依据的理论也不同。一般职业主题量表是根据霍兰德职业理论建立起来的，有6个主题量表，每个量表包括20题，共120个题目；基本职业兴趣量表的题目一致性很高，属于同质性量表；具体职业量表则提供了关于被测者的兴趣与效标组兴趣之间的一致性；特殊量表包括学术满意度量表和内－外向量表两个量表，前者反映了在学术环境中的满意程度，后者反映了被测者与他人合作的意愿；管理指标量表则是对个体结果进行的统计。

斯特朗－坎贝尔兴趣问卷经过了数次的修订后，信度和效度都有了大幅提升，并且其施测的效果也不断被实践结果所证实。

(二) 库德职业兴趣调查表

库德（G. F. Kuder）的兴趣量表产生的时间稍晚于斯特朗—坎贝尔兴趣问卷，它的第一个测验版本发表于1939年，之后的1944年，他又出版了库德职业偏好记录表（Kuder Preference Record－Vocational）。这个记录表使用了一种配对比较的项目形式来评估7个兴趣领域的偏好，试图从被测者的兴趣范围来推断被测者所感兴趣的职业。记录表将所有职业分为10种类型，包括：户外活动、机械、科学、运算、劝说/宣传、艺术、文学、音乐、社会服务和文书，每个类型对应一个量表，被测者的测量结果从高分到低分代表对此领域是否感兴趣。题目的形式是迫选式的，被测者需要在三个选项中选出最喜欢和最不喜欢的，库德职业偏好记录表主要适用于对高中学生和成人的就业咨询和安置。之后库德对职业偏好记录表进行了修订和补充，编制了适合初高中学生选课和就职的库德一般兴趣量表（Kuder General Interest Survey，KGIS），这个量表仍包含168个三择一式的问题，涉及504种活动。

1966年，库德出版了库德职业兴趣调查表（Kuder Occupational Interest Survey，KOIS），这一调查表采用了比较的方法，主要关注测量被测者的兴趣和从事各种职业的人们的兴趣之间的相似程度。KOIS共有100个项目，分为五个分量表，分别是：验证量表（Verification Scale）、职业兴趣评估（Vocational Interest Estimates，VIE）、职业量表（Occupational Scales）、大学主修专业量表（College Major Scales）和实验量表（Experimental Scale）。

验证量表是一个类似于测谎量表的设计，用来考察被测者是否真实认真地填写这份问卷，这一部分的分数也决定了这份问卷的数据是否有效。职业兴趣评估涉及10种职业兴趣领域，可得到10种职业范围的分数，再将这10种兴趣的百分位数转换成霍兰德的6种职业类型的分数。职业量表考察被测者的兴趣和从业者兴趣的一致性，这部分量表也是总体量表的核心。大学主修专业量表用来测量被测者的兴趣和那些主修不同学科的大学四年级学生的兴趣之间的一致性。实验量表用来确定整个量表的效度。

库德职业兴趣调查表与斯特朗—次贝尔兴趣问卷的设计有共同之处，也有自身

的创新之处。库德兴趣调查表项目组合以兴趣范围为单位，并将适用者的年龄层延伸到了初中阶段，另外还加入了大学主修专业量表，这些都是库德兴趣调查表的创新之处。

(三) 霍兰德职业兴趣量表

之前我们简单介绍了霍兰德职业兴趣理论，在这一理论中，个体的职业兴趣被分为六种，分别是：现实型（Realistic）、研究型（Investigative）、艺术型（Artistic）、社会型（Social）、企业型（Enterprising）和传统型（Conventional）。他认为职业兴趣与职业环境模式的匹配是决定成功与否的最重要的因素之一。依据这一理论，美国心理学家霍兰德开发出了相应的职业兴趣量表，这一量表在目前的职业兴趣测评中使用得最为广泛。

霍兰德将六种职业类型排列成一个六边形（见图 4—2）来表示各职业类型间的关系。在图中位置相邻的两类职业兴趣的相似性最大，如 C 和 R；相间隔的职业兴趣相似性较小，如 A 和 E；相对的职业在兴趣上正好相反，如 R 和 S。

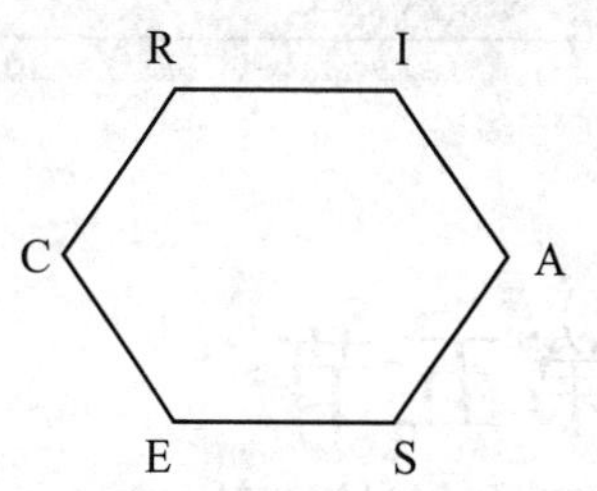

图 4—2 霍兰德职业类型六边形

霍兰德职业兴趣量表的具体操作如下：

首先，量表的第一部分要求被测者写出心目中理想的职业或专业。被测者需要按照喜好的顺序列举出 3 个最想从事的工作或者最喜欢的专业。第二部分会为被测者列举一些具体的活动，要求被测者在这些列举的活动中，判断自己的喜好。第三部分同样会为被测者列举一些具体的活动。要求被测者在这些列举的活动中选出自己擅长的活动。第四部分为被测者列举了一些具体的职业，要求被测者选出自己喜欢的职业。第五部分是一个能力类型简评，这一部分要求被测者自评，通过与同龄者比较自身的各方面能力，对自己的能力进行一个评估，分数越大代表能力越高。第六部分是统计表格的部分，这一部分要求被测者统计第二到第五部分的得分，第二到第四部分是统计每个类型上得到“是”的数量，第五部分则是直接统计自评得分，统计完成之后将每部分的分数对应填写在表格里，并进行纵向累加，根据累加的分数高低即可判断出个体的职业倾向。第七部分要求被测者列举出自身的职业价值观，即在求职的时候比较看重什么，此处为被测者列举 9 种人们在选择工作时通常会考虑的因素，要求被测者按照重要性排序填写。

霍兰德职业兴趣量表是目前使用最为广泛的一种职业兴趣量表，这个量表可以很清楚地量化每个个体的兴趣和能力所在，结果直观简洁。但是这个量表也有一些缺点，比如题目设置比较多，被测者填写起来需要一定的时间；同时这个量表大部分地方需要被测者进行自我评估，因此被测者对自身的了解程度会对量表的有效性产生很大的影响。

案例

霍兰德职业兴趣理论认为，个人的人格类型与职业兴趣类型密切相关。本测验则将二者相结合，通过评估兴趣和特长，帮助参测者发现与自身特质更加匹配的职业和岗位，从而更好地做出职业生涯决策。

题目样例：您愿意从事下列活动吗？请选择是/否。

现实型（R）活动	选项	艺术型（A）活动	选项
装配修理电器或玩具。	是/否	素描/制图或绘画。	是/否
修理自行车。	是/否	参加话剧戏曲。	是/否
用木头做东西。	是/否	设计家具布置室内。	是/否
开汽车或摩托车。	是/否	练习乐器/参加乐队。	是/否
用机器做东西。	是/否	欣赏音乐或戏剧。	是/否

第五节 投射类测验

投射类测验则是另一种心理测验的形式，相比于前文介绍的智力测验与能力测验、人格测验和职业兴趣测验，投射类测验有其突出的特点。

一、投射测验的概念

要更好地理解投射测验的内涵，首先需要了解投射的概念。

投射的概念是由西格蒙德·弗洛伊德提出的，是指个体据自身情绪、思绪等主观要求，将自己的特征加之于外部世界或他人的现象，是一种心理防御机制。通过投射，个体可以表达潜意识中或得不到承认的思想和欲望，因此能够降低焦虑水平。

投射效应是指将自身特点、想法等归因、强加于他人的认知障碍。投射是一种按照自身情况知觉、判断他人的倾向，即认为他人与自己有相同的特质或想法。一般来说，投射通常在个体发现对方具有和自身相同的特征以及发现自己具有某些不好的特征这两类情况下发生。

据此发展出来的投射测验，则是利用模棱两可的、意义不明的、非结构化的测评材料作为媒介，通过投射效应来反映参测者的想法和个性。通常利用的材料包括模糊的画面、不完整的句子或者故事等等。

投射测验主要用于人格、动机等各方面的测评，与明确的、限制性的提问相比，其具有以下特征：

第一，测试目的的隐藏性。降低参测者预知测试结果而故意修改答案的可能性，提高了测试结果的客观性和真实性。

第二，反应内容的自由性。由于测评材料的模糊性，参评者的反应也是更加自由的，也有利于提高测试结果的真实性和全面性。

第三，测试特征的整体性。投射测验关注对个体的整体评估，而非单个特征。但同时，测评结果缺乏客观、量化的评价和解释标准，受主观判断影响大，重测信度低，使得分析工作较为困难，对评估者的要求高。

二、投射测验介绍

根据参测者的反应方式，可以将众多的投射测验分以下几类，见表 4—2。

表 4—2　投射测验中受测者的不同反应方式

反应方式	做　法
联想法	要求参测者根据测评材料说出自己联想的内容。
构造法	要求参测者根据他所看到的图画等编故事，可以从故事中探测其个性。
完成法	要求参测者将一系列句子补充成完整的句子。通过受测者的反应和句子内容对其经历、态度、人格等进行解释。
表达法	要求参测者用某种方法（例如绘画）自由地表露其个性特点。
选择或排列法	要求参测者依据某种原则对测评材料进行选择或予以排列。

其中，画树测验、罗夏墨迹测验和主题统觉测验是投射测验的常见形式。

(一) 画树测验

画树测验是最简单的一种投射测验，它由瑞士心理学家卡尔可契设计。测试时要求参测者随意画出一棵树，并根据树木生长形态、比例、在画面上的位置、所使用的线条等来分析个体的人格特征、认知倾向等。卡尔可契将树分为 20 种类型，例如：

树干短、树冠大：强烈自觉，有大志向，有要求别人称赞的欲望，自傲。

树干长、树冠小：发育迟缓。

树干为两条平行直线：准确，计较，实事求是，缺少想象，倔强，固执。

树干为两条平行波动线：有活力，较容易适应环境。

树干由断续不整短线构成：敏感易怒，崇尚直觉而少推断。

树干左侧有阴影：性格内向，谨慎。

（二）罗夏墨迹测验

罗夏墨迹测验是由瑞士精神科医生罗夏（H. Rorschach）于 1921 年设计的。测验的材料由 10 张有固定顺序的墨迹图（如图 4—3 所示）组成（其中 5 张黑白，5 张彩色）。测试过程中，每次出示一张，并询问参测者："你看这像什么?"或者："这让你想起了什么?"参测者根据自己想象的内容进行自由陈述，施测者则如实记录陈述的每一句话，以及每一次反应所需要的时间以及行为表现。记录完毕后，要询问参测者是根据墨迹的哪一部分作出反应的，以及引起反应的因素，并详细记录回答内容。

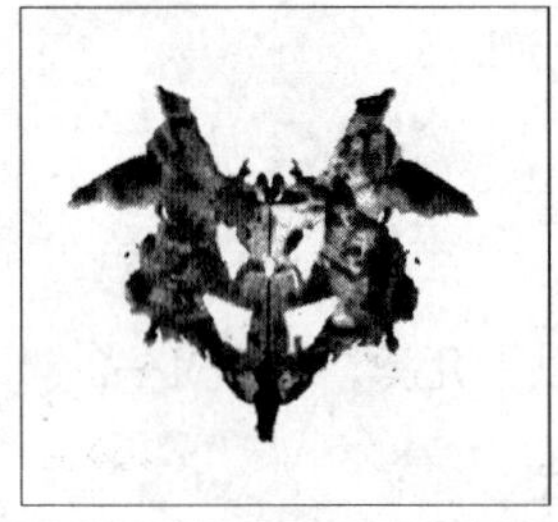

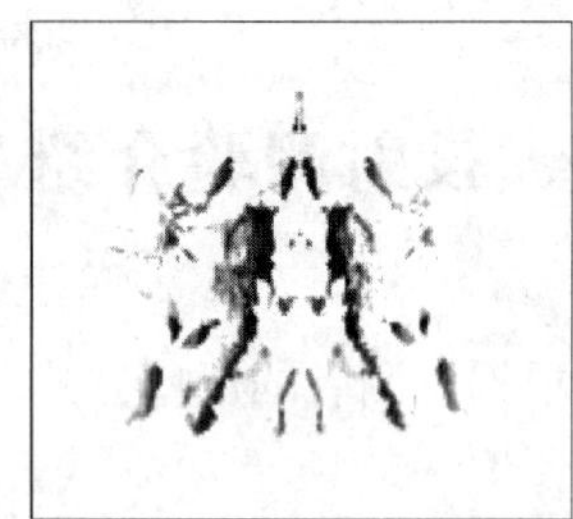

图 4—3　罗夏墨迹测验中的墨迹图示例

（三）主题统觉测验

主题统觉测验（TAT）是由默瑞（H. A. Murray）和摩尔根（C. D. Morgan）于 1938 年设计的。主题统觉测验包括 30 张内容模棱两可的图片和一张空白卡片，图片内容多为人物（如图 4—4 所示），以及部分景物。主题统觉测验认为，个体生活经历和潜意识影响着其对图画情境的陈述。也就是说，个体在陈述过程中一方面表达了当时的知觉内容，另一方面也将潜意识部分的动机和欲望映射其中。施测者通过对参测者陈述内容的分析，评测其人格特征。

图 4—4　主题统觉测验中的人物图片示例

第六节 知识类测验

知识类测验是目前人才素质测评工作实践中较为常用的心理测验类型，知识类测验通常考察完成某工作所必须掌握的基础性知识。

一、知识的概念

知识指根据习得、观察、经验和联想等过程，对某一事物进行的了解和认知，且这些了解和认知是结构化的、能够被传递和使用的。DIKW 体系分析了资料、信息、知识及智慧之间的关系和结构，认为资料层是最基本的，信息层加入内容，知识层加入“如何去使用”，智慧层加入“什么时候才用”，最终形成一个金字塔结构。见图 4—5。

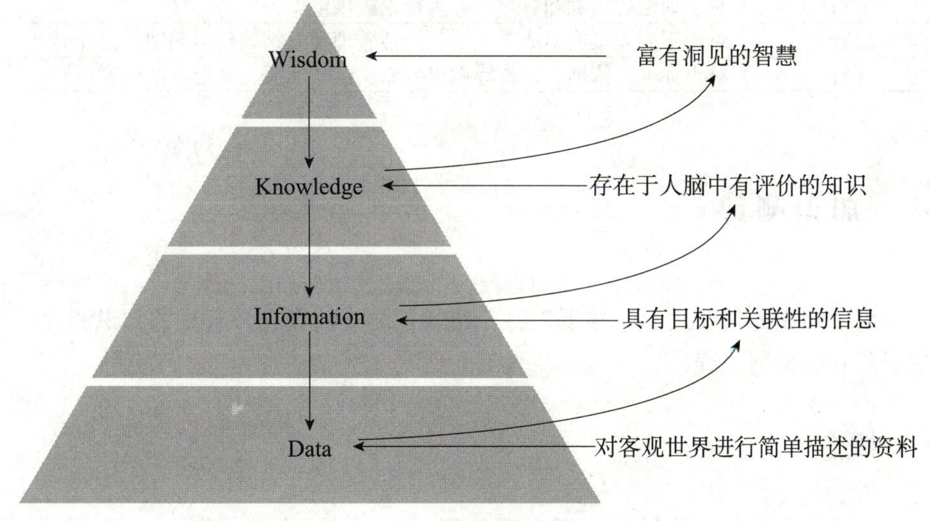

图 4—5　DIKW 体系的金字塔结构

根据《现代汉语常用词词典》，知识指人们在实践中所获得的认识和经验的总和。

根据《数据库百科全书》，知识是自然和社会存在的系统经验的新判断，它以一定的形态具体表现出来，并被社会以一定的形式所承认和使用。即知识是信息综合处理的结果，在综合过程中，信息通过相互比较，结合成有意义的关联。从知识库的观点看，信息是知识的内涵与实体，而符号则是信息的外延与形式，知识是人类进行一切智能活动的基础，也是知识工程的主要研究对象。而其中，人工智能系统的知识包括事实、规则、控制和元知识，且具有真理性、相对性、不完全性、不确定性、模糊性、矛盾性、可证明性、冗余性、可相容性、层次性、可表示性、可传递性和可存储性的特点。见表4—3。

表4—3　　人工智能系统的知识及其含义

概念	含　义
事实	表示有关问题所涉及的事物、环境的常识性知识。
规则	有关问题中与事物的行动、动作相联系的因果关系知识。
控制	当有多个动作同时被激活时，选择哪一个动作来执行的知识称为控制知识。控制知识是有关问题的求解步骤、规划、策略等技巧性知识。
元知识	怎样使用规则、解释规则、校验规则、解释程序结构等知识。

1965年，美国教育心理学家本杰明·布鲁姆（Benjamin Bloom）提出布鲁姆分类学，将知识分为认知、技巧和态度三个范畴，分别对应学习的不同层次和内容。其中，认知范畴包括记忆、理解、应用、分析、综合和评价六种（见表4—4）；技巧范畴则关注个体对工具和仪器的使用；态度范畴描述个体对于外部世界的情感反应方式和共情能力，由低到高分为接受、反应、评价、组织、内化五个层次。

表4—4　　布鲁姆分类学中的认知范畴及其含义

概念	含　义
记忆	对数据和信息的回忆，包括定义、描述、分类、辨识等。
理解	对事物和思想的理解、观点，包括组织、比较、解释等。
应用	对知识、技术的使用，以解决问题。
分析	对于动因的知觉和拆解，并为推论提供依据。
综合	对于不同元素或组成部分的系统性整理和总结，包括归纳、设计等。
评价	对于标准、依据、价值等做出判断，包括证明、鉴定、评估等。

二、知识测评

介绍了知识的概念之后，接下来将介绍知识测评的概念和常见的知识测评题型以及知识测评的编制流程。

（一）概念

知识测评是指对个体科学知识素质的测量和评价，其中包括知识总量、掌握程度、理解深度和运用程度等。知识能力反映了个体的认知水平、学习能力和专业技能能力等多方面内容，是人才素质测评中的重要一环。

（二）测评题型

在知识测评当中，传统笔试和目前广泛使用的计算机测试中均较为常用的题型包括选择题、匹配题、是非题、填空题、简答题和论述题。

1. 选择题

选择题由题干和选项组成，根据正确答案的选项又分为单选题和多选题。其具有适用内容范围广、计分标准客观、题意明确的优点，但编制诱答项（错误答案）较为困难，无法测评实践能力。

2. 匹配题

匹配题由选择题转化而来，由若干题干和选项组成，要求被测者将题干和选项进行匹配。其具有涵盖内容多、节约测量时间的优点，且更适用于测评简单知识点的记忆。

3. 是非题

是非题包含多种形式：一是要求被测者对命题作出是非判断；二是要求找出命题中的错误；三是要求找出错误并改正；四是要求作出是非判断并阐释理由。其具有内容范围广、计分标准客观的优点，但分数易受到反应定势和猜测因素的影响。

4. 填空题

填空题即要求被测者填写某一陈述中的空缺，以考察其对知识术语、基本事实、程序步骤等的记忆。

5. 简答题

简答题属于主观类题型，答案较为明晰，不易受猜测因素影响，难度较选择题大，但仍无法测量更深层次的能力。

6. 论述题

论述题同样属于主观类题型，其最重要的优点是可以测量材料理解、组织归纳、综合分析和文字表达等多项能力，但回答和评分的时间较长，受主观影响程度较大。

案例

销售人员笔试题目样例

(1) 企业只推出单一产品，运用单一的市场营销组合，力求在一定程度上满足尽可能多的顾客的需求，这种战略是（A）。

A. 无差异市场营销战略　　B. 密集市场营销战略
C. 差异市场营销战略　　D. 集中市场营销战略

(2) 中国服装设计师李萍设计的女士服装以典雅、高贵享誉中外，在国际市场上，一件“李萍”牌中式旗袍售价高达 1 000 美元，这种定价策略属于（A）。

A. 声望定价　　B. 基点定价　　C. 招徕定价　　D. 需求导向定价

(3) 产业购买者往往这样选择供应商：你买我的产品，我也买你的产品。这种习惯做法称为（D）。

A. 直接购买　　B. 冲动购买　　C. 往返购买　　D. 互惠购买

（三）编制流程

知识测评的编制流程主要包括选择题目、编制试题、检验信效度、编写标准答案和评分标准各个步骤。见图 4—6。

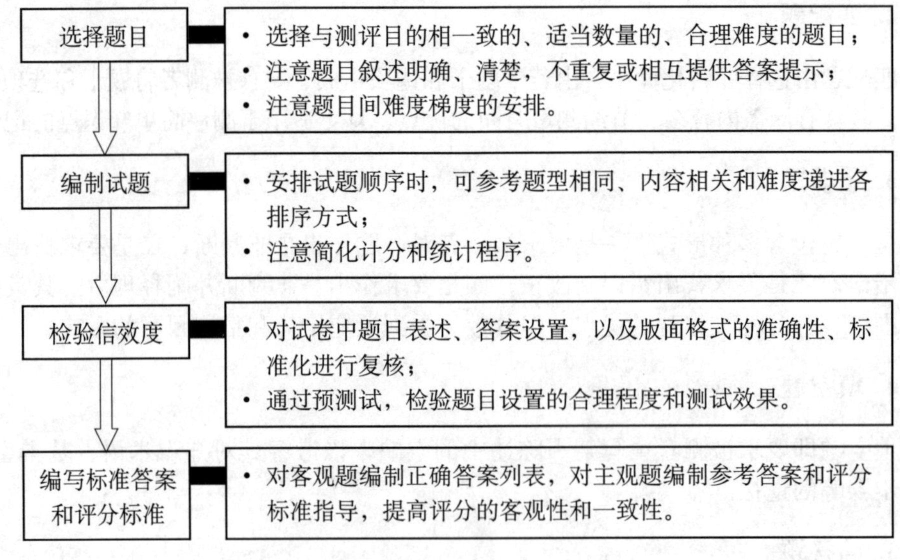

图 4—6　知识测评的编制流程

第七节
心理测验的组织实施

任何一个心理测验的开发和实施都需要遵循一定的流程和步骤。通常来说，心理测验的组织实施包括心理测验的准备阶段、实施阶段和评估阶段。

一、心理测验的准备阶段

心理测验的准备阶段是整个心理测验的第一个阶段，准备阶段的工作质量将直接影响到心理测验的后续实施和评估。这一阶段主要包括五个方面的内容，下面将详细介绍这五个方面的工作内容。

（一）界定测验范围和测验对象

组织在运用心理测验的方法进行人才测评的第一步则是需要界定测验的范围和对象。测验范围是指组织需要测定的概念或者某种特征，测验对象是指参加测验的人员选择。在心理测验的准备阶段，施测者需要对测验的构念进行梳理和总结，通过研究心理学和测量学相关的文献，了解对该构念已有的测验方法，并需要对这个要测量的构念或者特征给出一些操作类的定义。界定测验对象，顾名思义，测试者需要确定将要参与测验的人群以及人群的基本特征，不同的测验量表的适用人群有一定的差异，因此，对测验对象的界定会为测验方法的选择提供依据。

（二）确定测验目标，制订测验计划

组织在确定了测验的范围和对象之后，需要明确为什么测验，即明确测验的目标。在组织的人才素质测评中，心理测验的使用较为广泛，既可以用于前期的招聘与配置，也可以用于后期的人员培训与开发；在教育领域，心理测验的目的则主要是为了分析学生的心理状态和人格特征，为其选择学业方向和就业方向提供指导；而在一些职业指导机构中，心理测验主要被用于职业兴趣方面的测量，帮助求职者了解自身的兴趣与特长，选择更适合自己的职业。因此，在实施测验之前，我们需要明确自身的测验目标，并将这些目标分解为可以操作的概念，方便之后环节测验题目的编写。

明确了心理测验的目标之后，施测者需要对心理测验的实施制订一个详细的计划。这个计划应该包括具体实施测验的时间、地点、参与人员等信息，并保证之后的实施按照计划的安排有序进行。

（三）选择测验材料

我们在之前确定了测验的目标，并对目标进行了分解，接下来我们需要根据这些分解的具体目标选择测验材料，为下一步的测验编制做好准备。测验材料的选择需要符合测验对象和测验内容。比如如果需要测量人格相关的因素，就需要施测者对人格相关的理论进行深入研究，并且充分对比现今常用的人格测验量表，根据测验内容和对象的具体要求，选择合适的测验材料。

（四）编写测验题目和测验说明书

准备好了心理测验需要的相关材料之后，我们就进入了下一阶段——题目的编写阶段。心理测验题目的编写一般来讲需要遵循以下几个原则。

第一，题目的选择要有代表性。题目的选取尽量不要太多增加实施的难度，也不要过少影响测验效果，编制者需要选择最能有效测量想要测量的内容的一些题目，按照合理的顺序编排题目。

第二，要保证测验的信度和效度。在编制心理测验的时候，提高信度和效度无疑

是最重要的目标，只有测验的有效性和一致性良好，才能得出可信的测量结果。

第三，题目的难易度要适中，并且题目要有区分度。难度是衡量测题难易水平的数量指标，测验题目太难或者太容易都会对测验结果的科学性和准确性有很大的影响。区分度是指测验的鉴别力，即衡量测试题对不同水平的被测者区分的程度，如果测试题目缺乏区分度，测验结果也就失去了比较和选择的作用。因此在编制题目的时候需要注意设置合适的难度，并且保证一定的区分度。

一套科学、有效的心理测验问卷的编制需要不断修订和改进。编制者在初步选出题目之后，需要进行一系列的试测来获得客观的结果，从而对题目的编制进行一个评估，并根据这个评估进一步修订测验的题目及其组合和顺序，使测验题目日臻完善。

完成了一套完整的心理测验问卷之后，编制者还需要编写相对应的测验说明书，说明测验的使用目的、使用方法、注意事项、标准答案和评定方法等。很多时候，心理测验问卷的编制者并不一定是具体实践中测评的操作者，因此为了保证测验的正确使用，测验说明书就显得尤为重要。

(五) 安排测验实施

在测验题目编写好之后，我们便可以开始安排测验的具体实施了。首先，我们需要事先告知被测者。一般而言，在测验前应该事先告知被测者实施测验的具体时间、地点、目的，以及测验的内容范围、试题的类型和需要被测者做好的准备等。事先的告知可以使被测者对测验有充分的心理准备，不至于因为突然的测试而惊慌失措影响测验效果。其次，施测者自身要做好测验准备。在实际情况中，很多时候测验的施测者与问卷的编制者并不是一个人，这样就要求施测者在实施测验之前充分熟悉测验的材料、流程、注意事项等，保证整个测验过程的流畅性和专业性。同时，施测者也需要根据具体测验的要求，准备好相应的道具和材料，比如纸笔、模型、设备等。测验的实施和结果不仅取决于被测者的情况，施测者也需要在测验之前做好一切准备，以保证测验的顺利实施。

二、心理测验的实施阶段

做好了心理测验之前的准备工作之后，我们就可以进入心理测验具体的实施阶段了。在这一阶段，我们需要把握一个原则——标准化，所有的实施步骤都需要标准化的规范，施测者不能根据自己主观的理解随意增减信息或者作出一些暗示，否则都会影响测验结果的有效性。

(一) 指导语

测验实施的第一步则是指导语标准化，即在测验实施过程中应该使用统一的指导语。指导语分为两种：一种是给被测者的，上面列举了一些测验的要求和测验要用到的材料；另一种是给施测者的，主要包括测验的进一步解释、一些注意事项和一些意外情况的处理方法。给被试的指导语一般应该列在测验材料的开头，要简洁易懂，并且要求是可操作化的，主要内容应该包括作答形式、时间限制、计分方式、保密情况等。

（二）标准时限

测验时间限制的确定主要根据测验的性质。比如人格类的测验一般是不限制时间的，最好给被测者充足的时间完成测验；而智力和能力测验一般要考察个体的反应速度，这就要求施测者严格遵守规定时间，不能随意调整和变动。同时，在测验的实施中，关于时间的限制需要事先告知被测者，并且在作答的过程中，施测者可以根据需要进行适当的关于时间的通知和提醒。

（三）测试环境

保证测验顺利实施的另一个重要因素则是选择合适的测试环境。良好的环境包括安静而宽敞的地点、适当的光线和通风条件，在测试的同时也要避免外界的干扰，可以在测试地点外面贴上“勿扰”标语来防止打扰。

（四）观察和记录

有些心理测验不仅需要被测者在纸上作答，还需要施测者进行一些必要的观察和记录，还有一些环节可能是需要施测者来进行评分的。这些观察和记录的环节同样要求施测者严格按照测验说明书所要求的标准化程序进行，尽量避免掺杂个人的主观情感。为了做到这一点，施测者需要在测试前充分了解测试的规则和要求，施测时精神集中、仔细观察、及时记录，以便评估测验结果时使用。

三、心理测验的评估阶段

心理测验实施阶段结束之后则进入到了心理测验的最后一个也是非常重要的环节——心理测验的评估阶段。这一阶段主要包括分析结果和评估与反馈两个内容，下面将介绍这两个方面的工作内容。

（一）分析结果

测验结果分析是我们整个测验是否成功的最直观的指标，我们需要根据测验的目的选择合适的参照指标，给出合理解释。

1. 常模参照测验的结果分析

常模参照测验的结果解释方法是将被测者的成绩与具有某种特征的人所组成的团

体作比较，根据这个人的成绩在团体中的位置推断他的情况。比较常用的几种解释方法有利用发展量表、商数、百分等级等。

2. 标准参照测验的结果分析

在标准参照测验中，个体的成绩不是和其他人或者群体比较，而是与一个特定的标准进行比较。比如在成就测验和资格测验中，我们根据个体实际获得的分数了解这个人掌握知识的程度。

常模参照分数和标准参照分数并不是互相排斥的，很多时候人们将这两种分析方法结合起来使用，通过两种解释，既可以了解个体真实的情况，也可以了解个体在团体中的相对情况。

（二）评估与反馈

测验结果最终是需要应用到实际的人才素质测评中的，因此最后我们需要根据分析出来的结果结合测验说明书进行符合实际的解释，并将这个结果应用到实际的人事工作中去。在给测验分数赋予实际的解释意义时，我们需要注意考虑个体在测验前的经历和背景，并且充分考虑测验的情境和可能产生的误差，不能单纯根据分数武断地下结论。

测验结果经过了合理解释之后便可以应用在实际的人事工作中了，在这个阶段我们要注意测验结果的沟通和反馈。在向被测者和使用人汇报分数及解释结果时，我们需要注意使用简洁易懂的语言，不能一味列举专业的词汇，而需要为那些非专业的人士提供通俗的解释便于他们理解。同时，在报告分数和结果的时候，要注意考虑结果会为当事人带来的影响，由于分数的解释会对当事人的自我评价和自我认知产生一定的冲击，尤其是当个体自我认识不够时，这时我们解释分数就需要格外慎重，有必要给当事人做一些思想工作。

整个心理测验的过程环环紧扣，要求严格的标准化操作，任何一环的疏忽或者失误都会对结果产生很大的影响，甚至可能造成测验前功尽弃。因此，组织在人才素质测评中使用心理测验的时候，需要充分考虑自身的能力，为施测者提供必要的专业化培训，保证心理测验的准确性。

附录：心理测验在实践中的应用

某企业是国有特大型高科技企业集团，在“十二五”人才发展规划中，提出培养领军管理人才、创新专业人才和高技能人才。在此思想指导下，人力资源部委托外部咨询机构通过科学、规范的测评为其二级单位选拔综合素质全面、管理能力突出、具有专业特长的管理后备人才进入后备库。

该企业希望通过选拔，达成以下目标：

● 根据二级单位领导班子成员所需具备的能力素质，对候选人的基本素质及管理潜质进行综合测评。

● 根据测评结果，对入库的后备人员的职业发展给出定向建议。

外部咨询机构根据二级单位管理人员素质要求，建立了胜任特征模型，重点测查维度为：

●“脑力”类：系统思考、学习创新。

●“态度”类：战略执行、成就导向。

●“人际”类：影响与沟通、团队建设。

根据胜任特征要求，外部咨询机构选择了相应的心理测验：

● 认知能力测验之资料分析测验。选取二级单位负责人所要处理的财务数据、相关文件等材料，并经过一系列编制心理测验的程序进行科学组卷，通过施测，重点测查候选人对数字、文字资料的分析判断能力，以及相应的决策能力、学习创新能力等。

● 特殊能力倾向测验之管理问题解决测验。选取二级单位负责人通用管理问题作为测查情景，并经过一系列编制心理测验的程序进行科学组卷，通过施测，重点测查候选人的系统思考、影响与沟通、团队建设、战略执行等能力。

● 人格测验之人一岗匹配度测验。通过成套心理测验，重点测查候选人的成就导向、沟通管理风格等，预测候选人的职业发展倾向。

由于候选人超过了 300 人，为了提高施测效率，外部咨询机构通过在线（online）测评，保证了测评实施的效率。

外部咨询机构通过选取科学的心理测验工具及其他情景模拟及面试技术，为企业选取了符合要求的后备人才。

题目样例

九宫格：

下面的方框中，横行或竖列数字之间存在一定的规律，请根据这个规律推断出“?”所代表的数字。

4	9	8
6	25	64
9	64	?

A. 25　　B. 216　　C. 36　　D. 343

言语推理：

下面每题都给出一段陈述，请你根据这段陈述以及后面的问题，从四个选项中选择一个你认为正确的选项。

蜀国出现了灾荒，大量百姓流离失所，但仍有不少人饮酒狂欢。为了节省粮食，刘备决定在蜀国实行禁酒令，并且砸毁酿酒的器具。

以下哪项最能对刘备的决定构成质疑？（　　）

A. 能够酿酒的人家通常都不缺少粮食

B. 禁令很难执行，许多人会私下饮酒

C. 蜀国的酒绝大部分来自吴国

D. 蜀国的人会大量流失，逃到他国

数字推理：

下面每题都是按某种规律排列的数列，但缺少其中一项，请你仔细观察数列的排

列规律，然后从四个选项中选出你认为最适合的一个来填补空缺。

200，44，114，84，72，60，(　　)

A. 58　　B. 56　　C. 54　　D. 52

图形推理：

下面的每道题中都包含两套图形和4个可供选择的图形。这两套图形具有某种相似的特点，请你从四个选项中选出你认为最适合的一个，使两套图形具有最大的相似性。

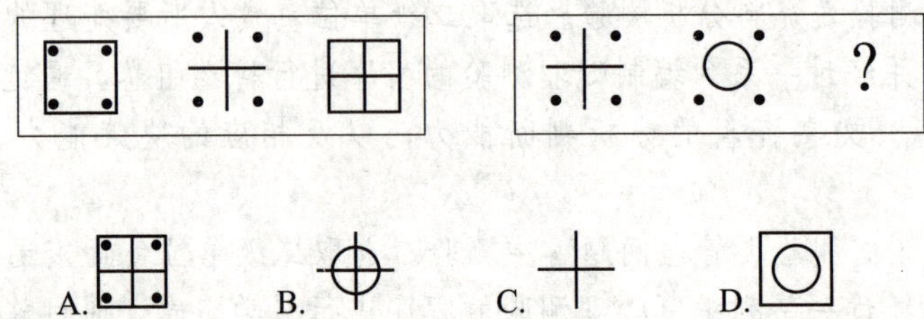

资料分析：

请根据资料提供的信息，选择你认为最适合的答案。

2003年至2006年，中国境内已披露有16家网络交友企业获得风险投资，总融资额将近1亿美元。无论从数量还是金额上，2006年该行业投资都达到了最高值，占总数的67.4%。

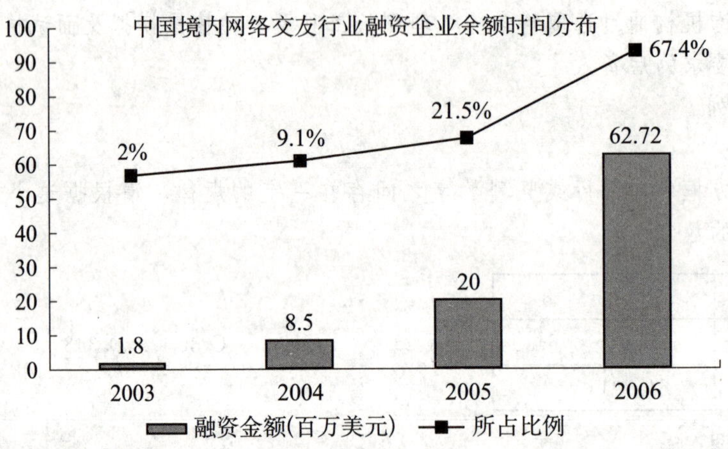

2006年获得的融资金额是之前三年获得的金额总和的(　　)倍。

A. 1.58　　B. 1.98　　C. 2.07　　D. 2.37

言语理解：

底特律研究发现交通运输需求是土地使用模式的结果。通过分析土地使用情况和交通出行之间的关系，研究者发现住宅、工业厂房、商业、娱乐设施的建设带来可以预测的交通量，而厂房关闭或房屋折迁导致交通量的减少。此外，家庭特征也是交通流量增加或减少的重要因素，如家庭中有较多的就业者需要出行。因此如果确定了土地使用状况，就能预测人们的出行情况。以下最好描述底特律研究主要目的是(　　)。

A. 证明交通运输需求和土地使用模式有联系

B. 更好地预测交通运输需求

C. 为拥有众多就业成员的家庭提供交通便利

D. 研究各种设施对交通的影响

【基本概念】

心理测验　人格测验　投射测验　知识测评

【本章要点】

要点一：心理测验的构成要素。

心理测验的构成要素有以下五个：行为样本、标准化、客观性、信度、效度。

要点二：知识类测验的题型。

知识类测验的常用题型有选择题、匹配题、是非题、填空题、简答题和论述题。

要点三：心理测验的实施。

心理测验在实施阶段需要注意在指导语、标准时限、测试环境、观察和记录等方面坚持标准化原则。

【复习思考题】

1. 心理测验的优势和不足有哪些？

2. 常用的智力测验有哪些？

3. 常用的人格测验有哪些？

4. 常用的职业兴趣测验有哪些？

5. 常用的投射测验有哪些？结合这些投射测验评价一下投射测验的优缺点？

【推荐阅读书目】

郑日昌．心理测量与测验．北京：中国人民大学出版社，2008.

徐世勇，陈伟娜．人力资源的招聘与甄选．北京：清华大学出版社，2008.

第五章 面试

【学习目标】

通过本章的学习，希望达到以下4个目标：

1. 使学生深刻地理解面试的基本内涵；
2. 使学生熟悉面试题目的获取与编写方式；
3. 使学生掌握面试官的常见误区及其应对方法；
4. 使学生能够了解面试的实施步骤与方法。

| 章节导引 |

一项有趣的研究

在国外的一项研究中，研究者告知一组面试官最后会核查他们的评分结果和专家评分的一致性程度，告知另外一组面试官最后会核查他们在面试过程中记录的全面性和准确性。结果发现，第二组面试官面试评分的准确性高于第一组面试官。

在这项研究中，对第一组面试官的问责被称为结果问责，它类似于组织人才选聘中对面试官的要求："我们只关心你们的最终打分，那个分数会决定候选人是否入围或被聘用。"对第二组面试官的问责被称之为程序问责，它类似于对面试官提出这样的要求："你们要仔细观察候选人在面试中的表现，并详尽地进行记录。"

之所以第二组面试官的评分比第一组高，有多种影响因素在其中起了作用。比如，第二组面试官在面试过程中更为"投入"与"专注"，这种投入和专注使面试官掌握了关于候选人更为鲜活、更为详尽的信息，以及面试官的专注使他们保持注意力来更为全面、深入地分析探究候选人与目标职位的匹配。这项研究结果与我们在面试实操过程中总结出来的 ORCSE 过程有许多"不谋而合"之处。

面试过程中的 ORCSE 过程

在多年的面试实践过程中，我们总结出为提高面试评分的准确性，需要遵循 ORCSE 这个过程。

O（Observing），指的是观察，即认真仔细观察候选人在面试过程中的各种言语及非言语的表现。

R（Recording），指的是记录，即全面、客观、精确地对候选人在面试中的表现进行记录。

C（Classifying），指的是归类，即对候选人在面试中表现的解读。拿职位竞聘来讲，就是将候选人在面试中的表现归于所竞聘职位所要求的重点考察方面，如胜任特征中的"成就动机"、任职要求中的"专业知识和技能"等。

S（Summarizing），指的是总结，即将所归类的各个方面进行汇总与归纳，并写出一个简明的总结，是整合分析与判断的过程。

E（Evaluating），指的是评价，这是面试过程中的最后一个环节，是决策的结果，通常以一个分数（数量化的分数或质性的等级评价）来呈现，体现出候选人在面试过程中的表现水准，以及与目标职位的匹配性等。

第一节 面试方法概述

面试作为现代人才素质测评最为常用的测评工具之一，在人才素质测评工作中发挥着不可替代的作用。本节将从面试的含义、适用范围、产生历史、优缺点和面试的类型几个方面来介绍面试，使读者对面试这一测评工具能有更深入的了解。

一、面试的含义

所谓面试，就是通过面试官与应试者直接交谈或者设置应试者于某种情景中进行观察，了解应试者的能力、个性特征以及求职动机等情况，从而完成对应试者适应职位的可能性和发展潜力的评价。

面试强调利用面对面的方式，对应试者做出准确、客观的评价。面试是面试官和应试者之间的信息交流过程。相比心理测验等纸笔测评方法，面试能更加直观、灵活和深入地了解应试者外部表现以及内在特征。因此，面试是一种有理论支持的、在实际工作中行之有效的人员测评方法。

二、面试的适用范围

面试在现今的人员测评中，占据着十分重要的地位，其适用范围极其广泛。一般来讲，人们在面对以下两种情景时，会采用面试这一手段。

（一）对应试者的求职动机十分看重时

应试者的求职动机是用人单位在进行招聘活动时首先需要了解的最基本的信息，而面试正好是了解这一信息的最好手段之一。通过面试，面试官能与应试者进行面对面的交流，了解鲜活的第一手资料，而不是经过文字加工的相关描述。此外，面试官能在与应试者交流的过程中，通过追问、设置情境等手段分辨应试者言语的真假，了解其真实的求职动机。

（二）对笔试中难以获得的信息十分看重时

笔试能够使用人单位对应试者的书面表达能力、基础知识掌握程度、部分专业能力有一定的了解，但对应试者的容貌仪表、经验积累、性格特点、价值观念等的评价，则主要依靠面试来完成。而后者，尤其是在招聘管理岗位时，更加受到用人单位的重视。通过面试，用人单位能较好地对人才进行综合评价，从而挑选出既与企业价值观相吻合又具有高素质的人才。

三、面试的产生历史

通过面试选拔人才的方法由来已久。春秋时期，孔子以“听其言而观其行”的方法来选拔弟子，从言语和行动两个方面对弟子进行评价。《史记·魏世家》中记载，李克为魏文侯选人列了五个标准："居视其所亲，富视其所予，达视其所举，穷视其所不为，贫视其所不取……"三国时期诸葛亮识人就从"志"、"变"、"识"、"勇"、"性"、"廉"、"信"七方面入手，即"问之以是非而观其志"、"穷之以辞辩而观其变"、"咨之以计谋而观其识"、"告之以难而观其勇"、"醉之以酒而观其性"、"临之以利而观其廉"、"期之以事而观其信"。及至近代，曾国藩在其识人相人的名著《冰鉴》中提到，应从"神骨"、"刚柔"、"容貌"、"情态"、"须眉"、"声音"、"气色"七个方面对人才可用与否进行评价。

中国悠久的面试文化，在中国独特的选官制度——科举考试中得到了广泛应用。科举考试中的殿试，更多的是采用面试的手段来评价人才的优劣与否。明清时期，许多勤政的皇帝甚至对县级地方官也要亲自面试，遇到不合格之人立即淘汰。中国的这些做法于 19 世纪为英国所效仿，使其建立了自己的文官制度。此后，英国的做法又为其他欧美国家所效仿。可以说，中国的面试文化深深影响了世界。

四、面试的优点和缺点

和所有其他的测评工具一样，面试作为一种测评工具有其独特的优点，但也不可避免地存在一些缺点和不足之处。面试的优点主要体现在它是一个双向交流的过程，它以观察和谈话为主要手段以及它的灵活性。

面试是一个双向交流的过程。面试是面试官与应试者双向沟通、直接交流的过程。一方面，面试官根据测评的要求对应试者进行观察及各种提问，对应试者的容貌仪表、经验积累、工作态度、价值观念等有一个较为深刻的了解，从中获得笔试中难以获得的各种信息；另一方面，应试者也可以根据面试官的反应及时调整自己的表现，以获得面试官的肯定。此外，应试者也可以通过面试更加直观、深入地了解自己应聘职位及单位的基本情况，以更好地做出求职决定。

面试以观察和谈话为主要手段。心理学的研究认为，一个人的气质、性格、能力往往是通过他的外部行为特征表现出来的，而外部行为特征主要由语言和行为两部分构成。面试主要就是观察应试者语言和行为的过程。一个人言辞的内在逻辑性、感染力、影响力，以及其仪表、风度等都是面试官观察的重要方面。通过观察这些，面试官能够对应试者有一个更为深入的了解。

面试内容具有灵活性。面试在实际操作中具有很大的灵活性，具体表现在以下三个方面。

（1）面试内容因工作岗位不同而不同。因为不同的岗位对应不同的胜任特征模型，所以在面试中，需要根据特定岗位对应的素质模型来进行相应的考察与提问，所以不存在完全一致的考察内容，需要因地制宜。

（2）面试内容因应试者学历、经历、背景、原工作职位等情况不同而不同。举例来说，两个人应聘一程序开发员的职位，一人为国内名牌大学计算机系的应届毕业生，另一人无光鲜的学历但在编程领域从业多年。那么在面试中，针对前者肯定是着重考察其专业知识的掌握情况及在校表现，针对后者则着重考察其实践经验。

（3）面试内容因应试者在面试过程中的表现不同而不同。面试的题目一般已事先拟定，但是这并不意味着面试程序的固化。在面试的过程中，针对不同背景的应试者及他们的不同表现，需要根据应试者回答问题的情况，来决定下一题打算问什么。在很多情况下，面试官不会拘泥于事先拟定的题目，会根据具体情况进行深度追问。

然而，面试作为一种测评手段，也存在不足之处。面试最大的问题在于难以消除面试官的主观因素影响，尤其当面试是非结构化的时候，面试官的表现将极大地影响面试的公平性和结果。此外，面试官在面试过程中会受到一些心理效应的影响，比如首因效应、近因效应、对比效应等，从而影响面试的有效性。这些问题在本章第三节中将做详细的介绍。

五、面试的类型

面试根据不同的划分标准，可以分为不同的类型，下面介绍几种常见的分类标准。

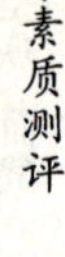

（一）根据面试的结构划分

1. 结构化面试

结构化面试又称为标准化面试，这种面试会提前准备好一系列与测评目的相关的问题，然后面试官依据一定的程序与应试者进行交谈或对其进行观察，根据应试者的表现来进行相关评价。结构化面试主要具有以下三个特征：

（1）根据职位分析的素质要求设计面试问题。结构化面试中所提的问题一般都是经过精心设计并与胜任特征模型高度相关的问题。

（2）结构化面试问题的内容及其提问顺序都是事先确定的。结构化面试追求较为严格地遵照事先设计好的程序，尤其是有关职责和技能方面的具体问题，更是如此。

（3）采用标准化的评分程序。结构化面试中的每个问题都有明确的评分标准，这能有效地避免主观上的归因错误，提高面试的信度与效度。

2. 非结构化面试

这种形式的面试允许面试官与应试者自由地讨论问题，并未事先设置好提问框架和标准答案。面试官与应试者可以自由展开交流，整场面试会在比较轻松的氛围中展开。这种面试的好处在于面试官和应试者较容易形成良性互动，面试官可以了解更多的信息。而其缺点在于主观性过大，面试的随意性较大。

3. 半结构化面试

顾名思义，这是一种介于结构化面试和非结构化面试之间的面试方式。所有的应试者回答同样的问题，但是根据不同应试者的不同回答，进行不同的追问，以达到深入、细致地了解应试者的目的。这种方法兼顾了结构化面试和非结构化面试的优点，具有良好的适用性。

（二）根据面试的组织方式划分

1. 小组面试

小组面试是指由几个面试官（其中一人为主面试官）同时对一个应试者进行面试。小组面试允许每位面试官从不同的侧面对应试者提出问题，要求应试者进行回答。通过此种方法，面试官能对应试者有更加全面和综合的了解，能获得更深入、更有意义的回答。但此种方法的缺陷在于容易给应试者造成比较大的压力，影响应试者的发挥。

2. 系列面试

系列面试即对应试者进行多轮面试，一般分为初试、复试，甚至会有第三、第四次面试，应试者需要一路过关斩将，才能最终得到职位。在每一轮面试中，面试官会针对应试者的表现作出自己的评价，在各轮面试都结束时，会进行综合评价，以决定录用人选。此种方法可以避免单个面试官决定应试者命运的缺点，能对人才进行较为准确的评价，提升组织用人的科学性与准确性。其缺点是程序复杂，组织成本较高。

（三）根据面试的内容划分

1. 情境化面试

情境化面试是指给应试者一个特定情境，考察应试者在此情境下的表现。针对此种情境的处理一般具有一个最佳答案。然后面试官可以根据应试者的回答来对其进行评分。比如说，一个系统工程师可能被问及："在休假期间公司计算机系统出现严重故障，你会如何应对？"是立即赶回公司处理系统故障还是以休假为由拒绝处理，或者是找人代为处理，所有这些答案均会影响到面试官对应试者的评价。

2. 职位能力面试

此种面试侧重关注与职位相关的信息，如职位所要求的基本知识与技能、应试者在相关岗位上的工作经验等。针对应届毕业生，主要考察其对本专业的了解程度、实践技能及潜力等；针对社会人才，主要考察其工作经历、之前所承担的任务、责任等。此种面试方法侧重于对应试者学历和工作经历的考察，以了解其是否具有相应的岗位胜任力。

3. 行为描述面试

此种面试与情境化面试相似，但着重于对应试者过去经历的考察，即它所关注的是应试者曾经是如何处理这种情景的。其基本原理是：未来行为或绩效的最好预测指标是过去行为或绩效。例如，某企业招聘一位培训专员，就会问及："你以前负责或

参与了哪些培训项目”、“你在其中扮演的角色如何”、“项目遇到问题时你是怎么处理的，这样处理的原因是什么”、“结果如何”等等，这种面试模式就是按照“STAR”模型来进行的。

案例

用“STAR”模型主持行为描述面试

STAR是4个英文单词的缩写，分别代表主持行为描述面试的四个方向，即当时的情景（Situation）是什么？任务目标（Target）是什么？针对这个目标你采取的行动（Action）是什么？结果（Result）如何？

下面是一个针对银行客户经理的行为描述面试例子。

题目：“请描述你努力说服他人接受你的观点的一次经历。”

回答：“有一次，我说服刚刚投诉我们的客户购买了10万元的理财产品……”

追问（S）：“这件事发生的背景是什么？当时有哪些具体情况？”

追问（T）：“你当时与客户沟通时想要达到什么样的目的？”

追问（A）：“针对当时的情况及你想达成的目的，你具体说了些什么和做了些什么？”

追问（R）：“最后的结果怎么样？这个客户最后怎么样了？”

4. 压力面试

压力面试主要是指面试官对应试者提出一些尖刻、容易使人感到难堪的问题，使应试者感到不舒服，然后在交流中，不断寻找应试者回答中的漏洞，刺激应试者。在此种情境下，如果应试者表现自如，有理有据，则会被认为是能够承受压力的人。反之，如果应试者表现得惊慌失措，语无伦次，甚至对面试官怒目而向、采取过激行为，则被认为抗压能力较差。此种面试方法主要用在招聘责任重、压力大的岗位候选人时。这种方法的优点在于能够准确、深入地了解应试者的“心理素质”及抗压能力，但其缺点在于难以控制，对面试官的面试技巧及控制能力要求较高，容易造成面试的失败。

案例

压力面试题目举例

题目1：“针对这次你所申报的职位，请总结出你有欠缺的5个方面？”

题目2：“从你总结的不足之处来看，你不适合我们职位的要求，如果我们不录取你，你接下来会做些什么？”

题目3：“请问你的上级或同事认为你的最大缺点是什么？”

题目4：“从你刚才的陈述中，你连普通的客户都应对不过来，面对刁难的客户，你怎么能够应付得过来？”

题目5：“依照我们的判断，我们不认为你能够应对将来工作的要求，你怎么能够证明你能够胜任这份工作？”

第二节
面试题目的获取与编写

面试作为一种测评工具，最重要的部分之一就是面试的题目，本节将介绍面试题目的获取方式、设计原则、类型和编制程序。

一、面试题目的获取方式

面试题目的获取一般有以下几种方式。

(一) 购买

现今市场上有许多专业测评公司，他们针对不同的行业开发了不同的题库，用人单位在需要时可以考虑购买。此外，还可以从高校、研究机构等购买面试题。此种方法的优点在于试题的科学性较高、比较完善，缺点在于可能与企业的实际情况脱节，测量的信度与效度难以保证。此种方法适用于对面试较为重视、拥有一定实力的企业。

(二) 网络下载

当今网络十分发达，网上有大量相对成熟的、可靠的面试题，企业采用此种方法可以大大减少招聘成本。但是此种方法存在的问题是网络上资源良莠不齐，需要花费较多的时间精力来进行挑选和甄别，此外，由于是直接套用，测量的信度与效度也难以保证。此种方法适用于对招聘成本控制严格的中小企业。

(三) 自主开发

用人单位可以根据自身的组织特点与用人需求，依靠自己的力量或者请外部咨询公司开发出一套适合自身组织特点的面试题库来。此种方法使面试题能够植根于组织自身，较好地反映组织的用人需求。但是此种方法费时费力，且成本较高，一般适用于资金充裕的大企业。

二、面试题目的设计原则

面试的内容与题目的设计原则是面试设计者需要考虑的重要问题。面试的试题设计一般遵循以下原则。

（一）针对性原则

面试题目要有针对性，要能够反映特定岗位的素质要求。一般来讲，面试题目要根据所招聘岗位的工作说明书来制定。只有这样，才能实现应试者个人素质与组织所需要的素质相匹配，才能为企业招到合适的人才。因为每个岗位对员工素质的要求都不同，所以在为特定的岗位准备面试题目时，一定要因时制宜、因地制宜，避免一套题目通吃天下的情况。此外，面试题目还要考虑应试者的来源和背景情况，要选择适合应试者的问题，题目不宜出得过偏过难。比如某个职位的求职者 90%都是学生，则在设计题目时应多注重对基本能力、综合素质及潜力的考察，而不应该把重点放在对工作经验的考察上。

（二）代表性原则

这一原则要求面试设计者在设计题目时，不应把题目出得过于发散，而是要把能够考察工作核心能力的题目设计出来，简而言之，即面试题目要有代表性。举例来说，就招聘专员来讲，“你认为在整个招聘过程中哪一步是最难的，为什么”这样的问题就是比较好的问题，因为它既能考察应试者的经验，又能考察应试者对整个招聘活动的理解程度与相应的职业素养。

（三）灵活性原则

这一原则要求设计者在编制题目时采取灵活的做法，一是要留有余地，题目不宜设计得过于死板，要为以后的修改与扩充预留下充足的余地；二是面试题要为整场面试铺垫下合适的节奏，要张弛有道，能够根据具体情境作出相应调整。

（四）顺序性原则

一是要遵循先易后难原则。最先的题目要出得容易些，这样容易使应试者舒缓心情、进入状态。否则应试者将难免紧张，难以发挥出正常水平。二是先一般后专业原则。先出现的一般问题能够使应试者较为轻松地作答，亦为应试者回想专业知识预留了时间，此原则可以使应试者更好地避免失误，提升成绩。三是先共性后个性原则。如果开门见山地问及个性问题，会增加应试者的警惕度，可能会得到不真实的回答；而相反地，如果先从共性问题入手，则容易形成相对轻松的面试氛围，降低应试者的警惕度，可以更加真实、深入地了解求职者。

三、面试题目的类型

面试的题目包括背景性问题、智能性问题、知识性问题、情景性问题、行为性问题和意愿性问题等几个类别。

背景性问题的主要目的是为面试营造良好的沟通气氛，缓和应试者的紧张情绪，此外，通过背景性题目还可以对应试者有一个基本的了解，为进一步交流提供有价值的话题。

案例

背景性问题——面试题目举例

题目1："怎么来到这里的？我们公司还好找吧？"

题目2："简单给我们介绍一下自己吧，如学习经历情况、工作经历情况。"

背景性问题——可能会遇到的问题

问题1：时间不容易控制，可能会占用大量宝贵面试时间。

问题2：应试者可能侃侃而谈，导致不容易抓住想要考察的重点。

首先需要指出的是，智能性问题并非单纯的智力问题，而是一些值得思考和值得争论的现实问题。智能性问题通常会考察应试者的综合分析能力、逻辑思维能力和语言表达能力。对于这类问题，往往是仁者见仁，智者见智，因此并无标准答案。面试官对这类问题的评判，不能以应聘者的回答是否与考官的看法一致为标准，而应该将考察的重点放在应试者是否能够条理清晰地表达自己的观点、观点的分析是否有广度深度，以及表达是否具有逻辑性和可信服性。

案例

智能性问题——面试题目举例

题目1："春节前夕，国家政府3天45个小时内组织8架飞机赴埃及接回总计1 800个国人回国。谈谈你对此事的看法。"

题目2："为落实安居工程，作出合理的预算安排，某市住房建设局成立专项调查组，计划在全市范围内开展一次危房调查，了解全市居住危房的真实情况。有人建议，设计一张调查问卷，以报纸为载体让居民填写，然后回收与汇总数据以获取信息。请对这一方法作出评价。你有没有更好的调查方法？"

智能性问题——可能会遇到的问题

问题1：人们对问题的判断容易受到已有理论的影响。

问题2：人的分析能力并不代表解决问题的能力，更不代表他们愿不愿意去解决问题，所以智能性问题考察的方面有限。

知识性问题主要询问应试者对特定岗位相关知识的了解和掌握情况，所以这类问题对于那些对专业知识要求较强的工作岗位来说尤为重要。

 案例

知识性问题——面试题目举例

题目1：“人力资源管理的六大模块是什么？”

题目2：“什么是财务预算？”

知识性问题——可能会遇到的问题

问题1：如何保证知识性问题具有代表性、典型性、全面性等，不容易进行控制？

情景性问题描述了一个针对相关能力的、与工作有关的假定情景，要求应试者给出回答。情景性问题本质上属于语言模拟的题目。考察的能力包括决策能力、思维敏捷性、随机应变能力等。

案例

情景性问题——面试题目举例

题目1：“假设领导安排你和小张一起负责某活动的推进。在推进过程中，小张提出了一个很有新意的策划方案，但你觉得很不现实。你和他多次沟通后，他仍然坚持己见，此时，工作进度已经拖后了不少。面临这种情况，你会怎么做？”

题目2：“你和同学一同考入新单位，你勤奋，成绩突出，但领导对你印象不佳，同学受到领导信任，却总是为难你。你怎么做？”

情景性问题——可能会遇到的问题

问题1：情景的收集是比较费时、费力的。

问题2：应试者的回答更多偏于“理论化”，而且不见得在遇到实际问题时他会这么做，实际的行为还会受到个人能力、动机等因素的影响。

行为性问题是通过让应聘者讲述在过去的某个经历，从而获得应聘者的能力要素的信息。在问题的追问中应遵循STAR原则。关于STAR原则，前文已有论述，这里不再赘述。

 案例

行为性问题——面试题目举例

题目1：“请向我们讲述你亲身经历的一个类似事例：你接手了一项新工作，该项工作对专业性要求较强，但之前你并不了解该专业领域，对工作的程序也不清楚。当时你是如何处理的？”

题目2：“你有没有遇到过类似的情况：你接手了一项工作任务，这项任务需要其他部门或其他人的协作才能完成，当时他们却为你设置种种障碍，导致任务无法推动，之后你是怎么处理的？”

行为性问题——可能会遇到的问题

问题1：行为性面试题对追问的要求比较高，对面试官的要求比较高。

问题2：人的行为是有变化的，需要推论应试者过去行为和将来行为之间的一致性。

意愿性问题主要考察应聘者的价值取向、报考动机、与职位要求的匹配性，以及生活态度等个性倾向。可以直接提问，也可以通过投射和被迫选择的技术来进行。

案例

意愿性问题——面试题目举例

题目1："请给我们讲述在大学期间，你将大部分时间都用在了哪些方面。你是怎么考虑的?"

题目2："你在原单位过得最不开心的一段经历是什么？你为什么选择离开原来的单位来应聘这个职位？你对个人未来5年职业发展的考虑是什么？是怎么打算的?"

意愿性问题——可能会遇到的问题

问题1：应试者的回答会受到社会期望价值观念的影响。

问题2：要想了解应试者真实的想法，需要对意愿性问题进行组合。

四、面试题目的编制程序

面试题目的编制程序主要包括准备阶段、编制阶段和试测阶段。

（一）准备阶段

在面试的准备阶段主要是要确定面试的目的和素质要求、面试题目的类型和取材，以及面试的组织与协调等。

（二）编制阶段

1. 根据测评要素设计题目

每道题目要明确测评要素，但并非一个题目只考察一个要素。

（1）题干的设计：文字要精练，表意要明确，措辞要严谨。

（2）追问的设计：根据题干的外延和内涵进行设计。

（3）评分要点的设计：评分要点可以帮助面试官把握评判应试者素质的主要着眼点和行为。包含两个部分：该题目的设计思路；指出对应试者应该观察和评价的若干

方面，以及相关行为与结果标准。

2. 题目的顺序安排

题目的安排，要遵循先熟悉后生疏、先具体后抽象、先微观后宏观的原则，利于应试者逐渐适应，展开思路。

（三）试测阶段

将编制好的题目向岗位在职者进行试测，收集典型的回答并制定评价的参考标准。

为确保面试题的效度，试题设计者需要对一组绩效优秀者和一组普通员工进行测评。如果绩效优秀者的得分与普通员工的得分差不多，则表明此面试题效度不高，不能有效地区分绩优者与普通员工，不能用来进行招聘面试。如果绩效优秀者的得分普遍高于普通员工，则表明此面试题效度较高，能够有效区分绩优者与普通员工，可以用来进行招聘面试。

第三节 面试官的常见误区与培训

面试是应试者与面试官之间的互动过程，面试官在面试过程中的表现也会极大地影响到面试结果和效果，本节将主要介绍在面试中面试官经常容易陷入的误区和如何针对面试官在面试中可能犯的错误对面试官进行针对性的培训，以提高面试的效果。

一、面试官的来源与构成

面试官是面试活动的重要参与者和推动者，毋庸置疑，面试是一种具有较大主观性的人员测评方法，对面试官的情境把控能力与语言能力、专业知识等均具有较高的要求，所以说，选择好的面试官是面试成功的关键。一般来说，初试的面试官一般由人力资源部门主管、人力资源部专员、相关用人部门人员组成，而在复试和更高级别的面试中，相关部门的领导和公司领导都有可能参加进来。研究表明，合格的面试官应具备以下几个条件。

（1）具备良好的个人修养，公平正直，品德高尚。面试官是用人单位对外界展示自身的重要桥梁，具备良好素质的面试官，可以展现出优秀的企业形象和企业文化，吸引优秀人才加盟。而面试官的公平、正直与否，更直接影响着面试的信度与效度，影响着企业的选人用人大计。

（2）具有扎实的专业知识。面试官的专业知识与实践经验是确保面试成功的重要前提。如果缺乏这两个要素，面试官就不能与应试者进行深入交流，不能真正考察到对实际工作而言至关重要的胜任特征，面试的信度和效度就会变差。

（3）具有丰富的工作经验和社会经验。面试官的工作经验和社会经验，极大地影响着面试的效度。丰富的工作经验和社会经验，能拓宽面试官和应试者的交谈面，并使面试官深入洞察应试者，真正了解其工作能力。

（4）具有良好的自我认知。知己者才能识人，如果面试官对自身缺乏正确的认知，那么在面试过程中必然会摆不正位置或误导应试者，使面试流于形式或使用人单位招不到真正合适的应试者。

（5）熟练运用各种面试技巧。面试是项高度专业化的人力资源管理活动，技巧性很强。它要求面试官在观察、倾听、提问的过程中，掌握好节奏，把控整个面试场面，并通过上述手段对应试者进行全面、深入的了解。

（6）具有良好的洞察力。面试官在面试过程中，应对应试者的回答去伪存真、去粗取精，应该具有识别假话、谎话的能力，同时应有慧眼识人的勇气和能力。只有这样，才能真正为组织遴选出优秀人才。

（7）善于把握人际关系。面试不是一项孤立的人力资源管理活动，它更多的是一项重视与人合作、倾听沟通的工作，面试官在进行面试活动时，要处理大量的人际互动问题，而如何处理以及处理结果的好坏，直接影响着面试的成功与否。所以说，面试官一定要善于把握人际关系。

此外，面试对面试官的要求是非常高的，如果单个面试官无法满足上述要求，则应组织面试官小组，以保证面试的质量。面试官小组以5～7人为宜，通常由人力资源专家、董事会代表、公司分管领导、部门主管等组成。一般来说，面试官主要由两部分人组成：一是熟悉面试技巧的专家，二是对招聘岗位的职责，对职责所要求的知识、技能、经验等都比较熟悉的相关人员。

二、面试官的常见误区

在面试中，如果面试官不具备扎实的基础和能力，就会容易陷入一些常见的误区，从而使面试效果大打折扣。下面将介绍一下面试官的常见误区，这些误区是面试官在面试中要尽力避免和克服的。

（一）首因效应

首因效应也叫做第一印象，是指人们初次见面时留下的印象和产生的心理效应。第一印象一旦形成，就会影响我们以后的评判，从而很容易造成认知上的偏差。有研究表明，第一印象在面试中占据十分重要的地位，难以给面试官留下好的第一印象的应聘者，其面试成功率十分之低。在面试活动中，应试者的申请表和仪表是第一印象的重要组成部分，许多面试官对应试者的第一印象往往由这两个因素决定。首因效应会大大影响面试的效度，降低企业选人用人的科学性，可能使企业与真正优秀的人才失之交臂。

（二）近因效应

近因效应是指人们对新近接触到的东西记忆比较深刻。在面试中往往最后给人留下的印象会得到强化。面试官不要因为应试者在最后阶段表现好而忽略其在之前阶段中暴露出来的问题，也不要因为应试者在最后阶段出现失误而忽略其在之前阶段的优异表现。

（三）对比效应

面试过程中，面试官难免会对各应试者的表现作出对比和评价，而这种对比会影响到整场面试的效度和公平性。举例来说，如果连续出现表现优秀的应试者，但突然出现一个表现较为普通的应试者，则面试官可能会给这个应试者打一个相当低的分数，但继他之后连续出现的几个表现普通的应试者分数可能会比他高，事实上这个应试者并没有那么差，只是因为与前面几个应试者作对比而显得差。毫无疑问，这样的评分对于那个普通的应试者是不公平的。

（四）刻板印象

刻板印象是指根据一个人属于哪一类社会团体或阶层，并以这一社会团体或阶层的典型行为方式来判断这个人。刻板印象有利于面试官在众多的应试者中快速厘清头绪，但是刻板印象会给面试带来很大的片面性，因为每个人都有自己的特性，刻板印象可能会使面试官的判断失误，埋没真正优秀的人才。

（五）晕轮效应

晕轮效应是指应试者某一方面的突出特点掩盖了其他方面的全部特点。晕轮效应会使面试官产生以偏概全的错误，即如果应试者某一方面表现好，其他方面表现一般或较差，但面试官只注重应试者好的那一面，从而武断地认为应试者各方面都好，这样的判断无疑是不准确的。反之如果应试者某一方面表现较差，但其他方面表现较好，面试官却只关注较差的部分，从而认为应试者整体都差，这样的做法也是受晕轮效应的影响，无疑是应该避免的。

（六）类我效应

在面试过程中，面试官可能会因为应试者与自己有相似的经历或者性格、爱好等方面存在相似之处，会选择性地忽略应试者的其他缺点，给应试者打高分，这样的做法就是受类我效应的影响。

（七）负面效应

这种效应就是指面试官对应试者的印象容易从好变坏，而不易从坏变好，如果应试者在面试的前期阶段表现不好，但后来表现较好，面试官也会因为负面效应的影响而难以给应试者高分。

三、面试官的培训

针对面试的特点和面试官在面试中可能陷入的几种误区，有必要对面试官开展针对性的培训，面试官的培训主要应该包括以下几方面。

（1）在面试前认真阅读工作说明书，了解这一职位需要什么样的核心胜任特征，并对这些核心胜任特征作出清晰界定，要避免因不熟悉工作而犯错误的可能。

（2）在面试前认真阅读应试者的简历和申请表，深入了解应试者的基本情况，做到有的放矢。在面试之前一定要对前来面试的应试者有基本的了解，否则在面试过程中的提问就会浮于表面，难以挖掘出应试者的真正特质。

（3）培训面试官的询问能力。面试的核心是面试官与应试者的交流，若面试官没有高超的询问能力，就不能挖掘出员工的深层特质，难以为组织遴选出优秀人才。

（4）培训面试官的判断能力。面试官在招人选人的时候需要具备高度的判断能力，如果缺乏判断力，就会犯以偏概全等错误。高超的判断力，是为组织选拔优秀人才的重要前提。

（5）培训面试官的临场应变能力。任何一场面试都不可能进行得尽善尽美，总会有意外状况的发生，这就很考验面试官的应变能力。应变能力高的面试官，面对风波时总能处置有道，而欠缺应变能力的面试官，则可能惊慌失措，不知如何应付。面试官的应变能力决定了面试官对整场面试的把控程度。

（6）对面试官进行道德教育。面试之前对面试官进行道德教育是十分必要的，对于应试者而言，面试官将是决定他们命运的重要人物，如果面试官在面试过程中不能做到客观公正，恪守公平，则会严重影响面试的效度，对组织的发展造成严重的影响。

第四节 面试的组织与实施

通常来说，一个完整的面试的组织和实施主要包括三个阶段：面试的准备阶段、实施阶段和评估阶段。

一、面试的准备阶段

面试的准备阶段一般包括以下几方面的内容：首先是确定面试官，其次是面试官的培训，再次是面试题目的编制，然后是面试评分标准的确定，接下来是面试考场的布置，最后是关于应试者的安排。由于面试官的人选和评分标准以及面试题目的编制在前文已经介绍过，在此就不再赘述。

(一) 面试评分标准的确定

面试评分标准主要是由面试评分表来决定的，而在制定面试评分表之前，面试官需要在已制定的面试题目的基础之上，运用头脑风暴等方法，把应试者可能的回答尽量都列出来，并根据这些回答与职位所要求的胜任特征的吻合程度对其进行分类和排序，从而制定相应的评分标准，以尽量避免在面试中出现面试官分歧严重的情况。

面试评分表主要由三部分组成：第一部分是应试者的基本信息，即应试者的姓名、性别、所应聘的职位等等。第二部分是评价要素及其评价等级，评价要素一般包括个人修养、求职动机、语言表达能力、应变能力、社交能力、自我认识能力、性格特点、健康状况、进取心、相关专业知识以及总体评价，而评价等级一般分为差、较差、一般、较好、好五个等级。第三部分是对应试者的录用意见，一般有建议录用、有条件录用、建议不录用三种，并且要附上用人部门、人力资源部门及公司领导的具体意见和签名。表5—1是一张面试评分表。

表5—1　　面试评分表

姓名		性别		年龄		编号	
应聘岗位				所属部门			
评价要素			评价等级				
			1. 差	2. 较差	3. 一般	4. 较好	5. 好
个人修养							
求职动机							
语言表达能力							
应变能力							
社交能力							
自我认识能力							
性格特点							
健康状况							
进取心							
相关专业知识							
总体评价							
评价			建议录用		有条件录用		建议不录用
用人部门意见： 签名：			人力资源部门意见： 签名：			公司领导意见： 签名：	

资料来源：王丽娟主编：《招聘与录用》，268页，北京，中国人民大学出版社，2012。

面试评分表的编制完成并不意味着这一阶段的工作已经结束，接下来更为重要的是要检验此表的信度与效度。用人单位应该就此表进行充分讨论，以查漏补缺；有条件的公司要请咨询公司或高校的人力资源专家对此表进行检验，以获得专业意见，提升表格的科学性；此外还可以用此表展开模拟面试，观察其信度和效度。一张成熟的面试评分表往往要经过多方检验，只有通过这些检验，面试评分表才能真正具有较高的信度和效度，才能提升招聘面试的科学性，才能为组织挑选出优秀人才。

（二）面试场所的布置

1. 面试场所的布置原则

面试场所的选取比较讲究，一般来说要遵循以下几个原则：

（1）平等、尊重原则。此原则要求用人单位在布置面试场所时，要尽量使面试官和应试者席位的规格与档次保持一致，避免出现面试官高高在上、奢侈豪华，而应试者窘迫不堪的状况，这会大大影响用人单位的企业形象，也会给应试者带来较大压力。

（2）因地制宜原则。这一原则要求用人单位在选取面试场所时，要依据招聘职位的高低、应聘人数的多少、招聘岗位的不同、是否需要听众以及听众人数等客观条件。一般来说，较高职位的面试一般对应较小的场所，因为在较小的场所中更容易进行深入交谈，这与应试者平时的工作环境也比较相似，有利于其缓解压力；前来面试的人数越多，挑选的场所就应该越大；不同的岗位，面试的地点也会有所不同，某些需要展示技能的面试，需要在能提供相应设备的场所中进行；如果需要听众，则可根据听众人数的多少选择中小型场所；等等。

（3）气氛合宜原则。一般来说，面试场所要尽量布置得宽松、亲切，这样最有利于应试者舒缓紧张情绪，发挥出最好水平；但是如果要进行压力面试，则需把场所布置得严肃庄重，同时也应选择较为狭小的场所，因为这样会给应试者以心理上的压迫感，以考验其抗压能力。

2. 面试场所的具体布置

面试场所的布置可以分为以下几种：

（1）圆桌会议式。此种形式可以最大限度地减小面试官与应试者的距离，使应试者感觉轻松自在，有利于应试者的发挥。

（2）面试官与应试者在相隔不远的桌子两端相对而坐。此种方式使面试官与应试者保持一定距离，既照顾了应试者的情绪，又使面试显得较为正式专业，是大多数用人单位采用的方法。

（3）面试官与应试者在相隔较远的桌子两端相对而坐。这种方式会增加面试的庄重性与严肃性，但是由于相隔较远，会影响到面试官与应试者的交流。

在面试场所布置中还需要注意的有：

（1）面试官与应试者的桌面布置应基本相同。

（2）场记席应安排在面试官席的右边或左边。

(3) 要对面试官席、场记席、应试者席进行明确标示。

(4) 要在离面试场所不远处设休息处。

(5) 应有共同的计时时钟。

(三) 关于应试者的安排

在经过简历筛选过程之后，要对应试者进行面试。这时需要通过网络、电话、短信等手段及时通知应试者面试的时间和地点，并且安排好面试接待人员，在休息处放置饮用水等必备用品，尽量为应试者创造舒适、宽松的环境。此外还要合理安排面试时间和顺序，避免出现某些应试者等待时间过长的状况。

二、面试的实施阶段

面试的实施阶段是面试官和应试者进行互动的阶段，这一阶段是面试官考察面试者的关键阶段，面试官需要循序渐进地展开面试并且注意避免在面试中面试官可能会出现的问题，应试者也需要注意一些问题，尽量在面试中表现得更完美。

(一) 面试实施的几个阶段

1. 关系建立阶段

此阶段主要是主面试官与应试者进行寒暄，可以聊聊地理、文化、家乡等等，此种方法可以缓解应试者的紧张情绪，同时迅速拉近面试官与应试者的距离，使得面试能够顺利进行。

此阶段可以提一下这样的问题，如“你是湖南人？那很能吃辣的咯？”“今天下雨了，你带伞了吗？”等等。

2. 导入阶段

此阶段就是从寒暄到正式面试的过渡。在此阶段，面试官会问一些应试者熟悉的、有准备的题目，如：“能谈谈你在学校的学习和实践经历吗？”“能谈谈你对过去工作的看法吗？”“你认为你最大的优点和最大的缺点是什么？”等等。这一阶段主要是为了创造一个宽松的氛围，其目的是让应试者意识到考察已经开始但又不使应试者过于紧张。

3. 核心阶段

此阶段面试官会就所招聘岗位所需要的核心胜任特征对应试者进行询问，然后根据应试者的回答对其素质进行基本判断，作为录用与否的重要参考依据。在这一过程中，面试官会根据 STAR 原则来对应试者进行考察。

4. 结束阶段

在这一阶段，面试官应检查前面所提的问题，看有无遗漏。同时，在面试的初期，应试者可能因过度紧张而表现不佳，这时需要给应试者填补漏洞的机会。此外，这一阶段也允许应试者向面试官提一些问题，而应试者所提问题的好坏，也将直接影响其在面试官心中的观感。一般来说，好的问题应该要显示出应试者的上进心和良好素质，如“我在入职后能得到哪些培训？培训的形式是怎样的？”“公司的职业晋升通道是怎样设计的？”等等。

（二）面试过程中容易产生的问题

1. 实施程序不规范

这种问题主要是指用人单位在组织面试时保密措施不严，面试顺序任意指定，面试题目难易不一，面试时间长短不一等。此种问题的出现，会大大影响用人单位的企业形象，并且使面试的信度和效度变差，使得用人单位难以挑选出真正优秀的人才。此外，实施程序的不规范，也会使公司内部对面试的公正性产生怀疑，对于“走后门”、“托关系”的猜测会增加，这样不仅加深了公司的内部矛盾，也会大大影响领导的威信。

2. 面试官缺乏技巧

面试是一项具有高度技术性的人力资源管理活动，对面试官的要求非常之高。面试官不仅要具有扎实的专业基础和丰富的实践经验，还要善于引导和观察，只有具备上述诸多条件，才能真正确保面试的信度和效度。实践证明，在面试之前对面试官进行培训，是非常重要的，它会在较大程度上提升面试官的面试水平。

3. 面试提问随意

有些面试官在面试过程中提问较为随意，想问什么就问什么，这会造成严重的后果，一方面这将直接影响面试官和用人单位在应试者心中的形象，另一方面某些面试官若只专注于某一方面的问题则会影响到对应试者其他方面的考察。

4. 面试评价主观随意

毋庸置言，面试是一项高度主观性的活动，但是面试官应尽量避免这种主观性的干扰，应使面试变得科学和公正。实际上，在现实的招聘和选拔中，面试官难免会受到晕轮、对比和类我等效应的影响，面试评分会变得主观和随意。西方的研究表明，企业随意性的面试与应试者在入职后的绩效表现的相关性是零，即随意性面试完全不能测度应试者的工作能力，只会给企业增加成本。

5. 侵犯个人隐私

中国企业的管理水平普遍不是太高，在面试活动中侵犯应试者个人隐私的事件时有发生。比如有些企业在招聘女性销售员时，居然会问及应试者的性经历，甚至会问出“当工作需要你在身体上做出一定牺牲时，你愿不愿意”这样的问题，事实上，这样的问题不仅会大大损害用人单位的企业形象，同时也会带来不必要的麻烦，某些维权意识高的应试者可能会直接将用人单位告上法庭，使企业蒙受不必要的损失。毫无疑问，中国的用人单位应该学习欧美的做法，尽量尊重应试者的个人隐私。

6. 面试中存在歧视

由于中国反歧视的力度不够，所以中国的招聘和录用活动中存在大量的歧视行为，比如说性别歧视、年龄歧视、身高歧视、地域歧视，更有甚者，某些用人单位还存在属相歧视、星座歧视、血型歧视。实际上，这些因素往往与工作本身毫无联系。各种各样的歧视行为，不仅会增加面试的不公平性，也会大大影响用人单位的企业形象。

（三）应试者应注意的问题

1. 在面试之前，一定要为面试做好准备

首先，需要了解自己。要清楚自己的性格特点，明白自己的优势和劣势。同时，要对自己以往的学习和工作经历有一个较好的回顾与整理，思考自己在过往的重大事件中所扮演的角色。此外，还要尽量确立起自己的长短期目标，明白自己想要什么。其次，需要了解应聘单位。在面试之前，一定要对自己所应聘的单位有一个较为清晰的了解，弄清楚用人单位的基本情况、雇主形象、财务信息、使命和价值观、工作环境等问题，寻找自己与应聘单位的契合点，因为绝大多数的用人单位都会在面试中提出“你为什么选择我们公司”这样的问题。再次，在面试之前，最好进行角色扮演练习，可以让你的家人、朋友扮演面试官，你要试着在他们面前自如表达，而非一味背诵记忆，尽量做到让话语自然地说出来。

2. 注意着装

对于女性，尽量选用简单得体的裤装和套装，避免过于性感的装扮；化淡妆，避免浓妆，指甲油和唇膏的颜色不可过于鲜艳；尽量少戴耳环、手镯等饰品；手包和公文包不可过大；香水不可喷得过多、过浓。对于男性，西服要干净整洁，衬衫和领带要干净干练，不可招摇；擦亮皮鞋，穿干净的袜子；发型要保持整洁，不可过长，最好剃掉胡须；指甲不可过长，要干净整洁；不要带闪闪发光的珠宝；尽量少用香水。

3. 做好印象管理

首先，要保持积极向上的精神状态，尽量使面试官对自身产生好印象。其次，在面对诘难时，要应对有道，尽量消除负面影响，如果遭遇到尴尬状况，可以通过合理化理由（包括借口和辩解）、事先申明、自我设障、道歉等方法来化解。再次，要做好非言语印象的管理，比如在面试过程中不要东摇西晃，不要驼背，手上不可有过多小动作，与面试官要有眼神交流等等。

4. 在面试的结束阶段，要留意面试快结束的迹象

比如说有些面试官会看看手表，也有一些面试官会向你使眼色，此时就要尽量使自己的陈述收尾。当面试结束之时，要对面试官表示感谢。另外，还可以在面试结束之后给面试官发感谢信，等等。

三、面试的评估阶段

面试结束后，面试官应该及时整理面试记录，然后根据自己的记录与面试前确定的评分要素进行比照，客观地进行打分，为录用决策提供重要参考。

附录：行为描述面试案例

行为描述面试题目举例

"请向我们讲述你亲身经历的一个类似事例：你接手了一项新工作，该项工作对专业性要求较强，但之前你并不了解该专业领域，对工作的程序也不清楚。当时你是怎么处理的?"

可能的追问：

(1) 你当时具体采取了哪些方法来学习新知识?

(2) 在完成任务的过程中遇到的问题是什么？当时是如何解决的?

测评要素：学习领悟。

要素定义：能采取各种途径与方法补充自身的知识与技能，并注重灵活运用学习到的知识。

行为表现：

(1) 通过多种学习策略或方法，短时间内掌握和领悟新知识。

(2) 善于对过去的经验进行反思和总结，形成系统性的解决问题的方法及策略。

(3) 善于发现已有知识和新问题之间的潜在联系，找到解决问题的突破口。

评分参考：

(1) 事件真实完整，有明确的背景、目标、过程和结果。

(2) 对于新的知识能找到多样化的学习途径，并能比他人更快地掌握与该工作任务相关的某项知识或技能。

(3) 有事实依据证明学习的价值（如知识得到应用、产出有价值的结果等）。

【基本概念】

面试

【本章要点】

要点一：面试的适用范围。

在对应试者的求职动机十分看重时或是对笔试中难以获得的信息十分看重时，会采用面试这一手段。

要点二：面试题目的设计原则。

面试题目的设计一般遵循以下四个原则：针对性原则、代表性原则、灵活性原则和顺序性原则。

要点三：面试的类型。

面试的题目包括背景性问题、智能性问题、知识性问题、情景性问题、行为性问题和意愿性问题等几个类别。

要点四：面试中的 STAR 法则。

面试中的行为性问题通常采用 STAR 法则提问，所谓 STAR 是四个英文字母的缩写。S（Situation）是指承担某个任务时的大致背景。T（Target）是指当时做这项任务的目标。A（Action）是指做这项任务的具体行为。R（Result）是指任务的完成情况和结果。

【复习思考题】

1. 如何评价面试的优缺点？
2. 在面试中面试官常见的误区有哪些？
3. 面试过程中容易产生哪些问题？

【推荐阅读书目】

刘远我．人才测评：方法与应用（第 2 版）．北京：电子工业出版社，2011.

徐世勇，陈伟娜．人力资源的招聘与甄选．北京：清华大学出版社，2008.

第六章 无领导小组讨论

【学习目标】

通过本章的学习，希望达到以下 3 个目标：

1. 使学生理解无领导小组讨论的基本内涵；
2. 使学生熟悉无领导小组讨论题目的获取方法与编写步骤；
3. 使学生了解无领导小组讨论的实施步骤及注意事项。

|章节导引|

在每年的大学生招聘季节，除了忙碌的毕业学生外，还有企业的人力资源部。

“每年的这个时候，我们感觉最紧张。别看离学生毕业还有好长时间，可是10—11月这两个月就得完成今年的大学生招聘工作，不然好学生都让其他公司给抢走了……”

“每年的这个时候，我们感觉最累。人力资源部就这么两三个人负责，公司的要求又很高。今年的招聘任务是200名优秀毕业生，别说筛选简历了，就是进入最后的面试测评环节就得600～700人，我们哪有那么多精力……”

“现在的学生太多了，况且他们个个是‘面霸’，单纯看他们的学历和毕业院校又区分不出哪些学生优秀，每年的大学生招聘都不好做，不知道有没有更好的办法？……”

“我们每年的大学生招聘工作都不如意，不同的部门对人员能力的要求不一致，它们都抱怨我们人力资源部招聘来的学生‘不会干活’。每年工作没少做，就是得不到大家认同，我们真冤……”

…………

总结起来，企业在招聘大学生的过程中会遇到以下一些冲突与矛盾：

(1) 时间要求紧与招聘速度慢的矛盾。

(2) 工作任务重与招聘效率低的矛盾。

(3) 应聘人数多与能力区分难的矛盾。

(4) 职位要求杂与员工适应差的矛盾。

“无领导小组讨论”方法来帮忙

为了解决企业招聘大学生员工中遇到的上述各类难题，进而提高招聘的速度、效率与质量，需引进科学的人才素质评价工具。无领导小组讨论作为各类企事业单位、专业咨询机构所广泛采用的测评工具，应用较为成熟，它有助于解决大学生招聘过程中遇到的各类突出问题。

第一节 什么是无领导小组讨论

无领导小组讨论也是目前实践中常用的人才素质测评工具之一，它以其独特的优势使得越来越多的企业在招聘工作的初始阶段把它列为招聘手段之一。本节将从无领导小组讨论的含义、适用范围、产生历史、优缺点和无领导小组讨论的题目类型几个方面来介绍无领导小组讨论，使读者对无领导小组讨论这一测评工具能有更深入的了解。

一、无领导小组讨论的含义

无领导小组讨论（leaderless group discussion）是指运用松散型群体讨论的形式，快速诱发人的特定行为，并通过对这些行为的定性描述、定量分析以及人际比较来判断应聘者个性特征的人事评价方法。

无领导小组讨论将讨论小组（一般由 5～7 人组成）引入一间只有一桌数椅的空房间内，不指定谁充当主持讨论的组长，也不布置议题与议程，只是发给一个简短的案例，即介绍一种管理情境，其中隐含着一个或数个待决策和处理的问题，以引导小组展开讨论。这种方法通常没有人告诉任何一个小组成员他应该坐在哪个位置上。在小组讨论过程中，即使出现冷场、僵局的情况，甚至发生争吵，观察者也不出面干预，令其自发进行。最后的测评过程，是由几位观察者给每一个面试者评分。根据每人在讨论中的表现及所起的作用，观察者按既定维度对应聘者进行测评。这种测评方式侧重于考察被评价者解决问题、口头表达、组织协调、说服和非语言沟通表达、面部表情、身体姿势、语调、语速和手势等能力，以及自信心、情绪稳定性及团队精神等个性方面的特点和行为风格是否与拟任岗位匹配。

二、无领导小组的适用范围

毋庸置疑，无领导小组讨论在现今的人员招聘与甄选活动中，占据着越来越重要的地位。一般来说，它适用于挑选具有领导潜质的人或某些特殊类型的人群（如营销人员）。如今无领导小组讨论的适用对象越来越广，不仅局限于“中高层员工”，而且大企业的校园招聘、公务员考试等都在使用无领导小组讨论的方法。大致原则是它适用于那些经常跟“人”打交道的岗位，如中高层管理人员、人力资源管理人员、行政管理人员、营销人员等，但对于 IT 人员、生产类员工是不适用的。

无领导小组讨论是评价中心的主要组成部分之一，国外的研究证明其在评价中心中的使用频率为 59%。而国内的一项研究证明无领导小组讨论在评价中心中的使用频率为 85%，仅次于公文筐测验。国家公务员考试也将无领导小组讨论列为测试的工具，这意味着无领导小组讨论将会在实践中发挥越来越重要的作用。

三、无领导小组讨论的产生历史

无领导小组讨论起源于 1920 年至 1931 年间的德国军事心理学的发展，创始人为雷弗尔（J. B. Rieffer）。但德国军方直到 1939 年才开始运用该方法选拔军事人才，一直持续到二战晚期。战后，许多德国民用机构开始运用无领导小组讨论技术选拔行政和商业管理人才。受德国情景测验的影响，1942 年英国战争人才选拔部将情景测验引入部队以选拔军事人才，开发了包括无领导小组讨论在内的一系列情景测验。二战结束后，无领导小组讨论在英国、澳大利亚、南非、挪威、美国等国得到应用。如美国联邦机构开始应用无领导小组讨论选拔人才，在 190 个公共服务机构中，将近 25%的单位应用无领导小组讨论技术。

四、无领导小组讨论的优点和缺点

同其他人才素质测评工具一样，无领导小组讨论既有其突出的优点，也有缺点。

(一) 无领导小组讨论的优点

1. 被测者在测评活动中存在很强的人际互动

无领导小组讨论的人际互动性强在诸多测评方法中是显而易见的，其他人才测评方法如心理测验、笔试、面试、文件筐测验等都不像无领导小组讨论那么注重人际互动。因此，无领导小组讨论被广泛应用在招聘那些需要跟人“打交道”的岗位，如人力资源管理者、行政管理人员、营销人员、中高层管理人员等。

2. 具有独特的能力考察维度

无领导小组讨论可以测评被测者三个方面的能力：一是其在团队中的社会和人际方面的能力，如沟通能力、组织协调能力、合作意识、团队精神、影响力等；二是其解决问题的能力，包括探索和利用信息、分析判断、理解以及创新等；三是其个性特征，如自信心、独立性、灵活性、情绪稳定性等。无领导小组讨论由于可以考察一些笔试和面试不能考察或难以考察的能力或素质，因此在实际的测评活动中，尤其是中高层管理人员的测评中，往往与其他测评方法结合起来，以更加全面、深入地掌握被测者的真实能力。

3. 测评效率高

无领导小组讨论之所以得到广泛应用，测评效率高是一个重要原因。与传统的一对一或多对一测评方式不同，无领导小组讨论可以让一组人（通常是 5～7 人）自行讨论。因此，无领导小组讨论能够有效地节省测评组织方的时间。此外，无领导小组讨论还可以做到在一次测评中，对竞争同一岗位的人员的现场表现直接进行横向对比。被测者的能力在同台竞技的情况下立分高下，显然这样的结果更有助于招聘或选拔单位作出决策，从而使整个招聘或选拔活动的效率得以显著提升。

4. 较为平等、客观、公平

无领导小组讨论中的被测者角色地位平等，不存在事先设定的角色或身份。被测者在测试中的表现好坏与否，完全取决于被测者自身的综合素质，因此，每个被测者都有表现自己才华的机会。此外，与面试、角色扮演等其他人才测评方法相比，无领导小组讨论受评委主观性的影响最少，晕轮效应、对比效应、类我效应等难以影响评委，评委能够根据被测者的表现，给出公正客观的分数，从而也就保证了测评的公正性。

5. 被测者较难掩饰

有些被测者在测评之前会作大量的准备，以期在测评中获得较好的分数，但这样无疑会给评委判断被测者的真实素质带来难度。但在无领导小组讨论过程中，应聘者往往会处于压力情境下，进而难以掩饰，往往会在无意之中表现出自己各方面的优点和缺点，也就便于评委对其进行准确评价。

(二) 无领导小组讨论的缺点

1. 对于讨论题目的要求高

无领导小组讨论对于所要讨论的题目要求很高，因为若题目太容易达成一致意见，则很难全面考察被测者；若太难则冲突太大，很难达成一致，被测者也可能因为压力过大而表现失当。此外，无领导小组讨论的题目还最好与实际工作有所关联，这样便于评委对被测者的胜任特征进行观察。

2. 制定评分标准和评分均较为困难

评分标准是评委根据不同的评价维度制定的，各个评价维度如何区分、各自在测评中所占的比重等都需要事先厘清，要避免重叠和混淆，这无疑是项高难度的工作。另外，由于评委要对测评者的表现进行主观判断，所以很难保证完全的公正和客观，此外，评委对评分标准的理解不同，也会造成评分的不同。

3. 对评委的要求很高

无领导小组讨论对评委的要求高表现在：首先，评委必须具备丰富的专业知识，并对工作有相当程度的了解，不然整次测评就会浮于水面，难以保证其效度；其次，评委在无领导小组讨论开展之前必须接受相应的培训，熟悉无领导小组讨论的相关技术，否则很难对被测者的表现作出客观评价；再次，对于有实力的公司而言，为保证测评的可靠性，一般需要聘请咨询公司或高校的人力资源专家进行把关，这无疑会增加招聘成本。

4. 被测者的表现容易受同组其他成员影响

由于无领导小组讨论是一项需要高度人际互动的测评，所以被测者在言语的交锋当中难免产生激烈的碰撞，由于能力、性格等的不同，某些被测者容易受到同组其他成员的影响，难以发挥出自身真正的水平。

针对上述问题，有专家提出了如下的解决方案，见表6—1。

表 6—1　　　　　　　　无领导小组讨论的难点及解决方案

难　点	解决方案
对于讨论题目的要求高。	● 基于测评目的，进行针对性的开发。 ● 反复对题目进行讨论和修订。
制定评分标准和评分均较为困难。	● 可考虑引入素质模型或评估模型。 ● 评价内容行为化。 ● 先定性（分等级），后定量（打分数）。
对评委的要求很高。	● 对评委进行培训，统一评分标准。 ● 多人评价，减少主观性。 ● 全程录像，便于回顾和研讨。 ● 可考虑引入第三方专业测评咨询机构。
被测者的表现受同组其他成员的影响。	● 了解被测者基本情况。 ● 基于测评目的，认真思考和设定无领导小组讨论的分组原则。 ● 结合其他测评方法，进行综合评价。

资料来源：苏永华主编：《人才测评操作实务》，71 页，北京，中国人民大学出版社，2011。

五、无领导小组讨论的题目类型

无领导讨论的题目类型主要有开放式问题、两难问题、多项选择问题、操作性问题、资源争夺问题等几类。

（一）开放式问题

开放式问题的答案范围较为宽泛，没有明确的标准答案。这种问题主要考验被测者的思路是否清晰，是否有新的观点和建议，例如，关于怎样才能做好销售此问题，被测者可以从培养亲和力、寻找目标客户、积极介绍产品、维护客户关系等方面回答。开放式问题对于评委来说，容易出题，但是不容易对被测者进行评价，因此此类问题不太容易引起被测者之间的争辩，所考察被测者的能力范围较为有限。

开放式问题举例：

（1）你选择我们公司的最大理由是什么？

（2）你认为中国大学生最缺乏的素质是什么？

（3）中国要如何发展经济才能超过美国？

（二）两难问题

两难问题，是让被测者在两种互有利弊的答案中选择其中一种，主要考察被测者的分析能力、语言表达能力以及说服力等。例如，“你认为对于求职者而言，是高薪酬重要，还是所在行业重要”这类问题可以引起充足的辩论，对于编制者而言也较为容易。但是需要注意的是两种备选答案一定要有同等程度的利弊，不能是其中一个答案比另一个答案有明显优势。

两难问题举例：

(1) 你单位严令禁止打电脑游戏，并明文规定违者开除。一天你无意中闯进领导办公室时，发现领导正在打游戏，你怎么办？

(2) 现在有些地方提出高级人才子女中考加分，有人认为这有利于人才的引进，有人认为导致教育的不公平，你怎么看？

(3) 一笔钱，只能用来先修敬老院或者学校，你会怎么做？

(三) 多项选择问题

此类问题是让被测者在多种备选答案中选择其中有效的几种或对备选答案的重要性进行排序，主要考察被测者分析问题实质、抓住问题本质方面的能力。此类问题对于评价者来说，比较难出题目，但对于评价被测者各个方面的能力和人格特点比较有利。

多项选择问题举例：

(1) 七位人大代表列出了现在需要为百姓办的实事，选出三件你认为最重要的上报市长：

某教授提出延长供暖时间；

某研究机构研究员提出支持科技创新，为科技项目提供贴息贷款；

某代表提出上班时间交通拥挤问题急需解决；

文史馆参事提出始建于1909年的大马路需要救护和维修；

某街道办主任提出在小区设信息板，防止广告等乱贴；

高校校长提出为大学生提供各种就业信息，到西部地区锻炼；

某市民提出要建设文化广场。

(2) 一家公司由于业绩良好，准备将盈余资金进行基金投资，投资方向有债权基金和股票基金两种方向，目前有几家基金公司可供选择，以下是各家基金公司的基本情况介绍，请你根据这些参考信息，为公司选择两家基金公司：

A公司：运营规模大，资金实力雄厚，经营时间长，经验丰富；

B公司：成立时间不是很长，规模不大，但是在债权投资方面业绩突出；

C公司：资本充足，规模中等，但近几年业绩表现普通；

D公司：是一家外资公司，有着先进的风险评估系统。对于风险控制能力较强；

E公司：是本公司的一家控股公司，没有太多成功经验，但是本公司在当初收购时曾承诺要扶持E公司业务发展。

(四) 操作性问题

操作性问题是给被测者提供一些材料、工具或者道具，让他们利用这些给定的材料，设计出指定的物体。这类问题考察的是被测者的主动性、团队合作能力以及在团队中的角色。

（五）资源争夺问题

这类问题用于指定角色的无领导小组讨论，是让处于同等地位的被测者就有限的资源进行分配的问题，考察的是被测者的言语表达能力、分析能力、判断能力、发言的积极性和反应的灵敏性。

资源争夺问题举例：

（1）公司董事会经考虑计划拿出 2 000 万元资金，支持 6 个部门的业务发展。它们是：销售市场部、客户服务部、中央研发部、供应链管理部、人力资源部、战略财务部。你们 6 人分别代表 6 个部门，为自己所代表的部门争取尽可能充裕的资金，以发展相关的业务。但是，6 人小组讨论的结果，如果突破 2 000 万元预算，各方将不能获得资金。

1 号：销售市场部　　2 号：客户服务部

3 号：中央研发部　　4 号：供应链管理部

5 号：人力资源部　　6 号：战略财务部

（2）参加讨论的 8 个人分别为 8 个申办城市运动会候选城市的代表，每人会拿到一些关于这个城市的情况介绍，然后根据自己的优势与其他人进行竞争，争取申办权。

表 6—2 对无领导小组讨论题目类型进行了总结。

表 6—2　　无领导小组讨论题目类型一览表

题目类型	定义	考察要点	举例	特点
开放式问题	答案的范围可以很广、很宽，没有固定答案。	全面性、针对性、思路清晰性、新见解。	“你认为什么样的领导是好领导？”	（1）容易出题。 （2）不太容易引起被测者之间的争辩。
两难问题	在两种互有利弊的答案中选择一种。	分析能力、语言表达能力以及说服力。	“你认为以工作为取向的领导是好领导呢，还是以人为取向的领导是好领导？”	（1）编制题目比较方便。 （2）可以引起争辩。 （3）两个答案要保持均衡。
多项选择问题	多种备选答案中选择其中有效的几种或对备选答案的重要性进行排序。	分析问题实质、抓住问题本质的能力。	“某信息中心收集了 20 条信息，但只能上报 8 条，请讨论出结果。”	（1）难于出题目。 （2）较容易形成争辩。
操作性问题	给被测者一些材料、工具或者道具，设计出一个或一些由考官指定的物体。	主动性、合作能力以及在实际操作任务中所充当的角色。	给被测者一些材料，要求他们相互配合，构建一座铁塔或者一座楼房的模型。	（1）主要考察操作能力。 （2）不太容易引起争辩。 （3）对考官的要求和题目的要求比较高。
资源争夺问题	适用于指定角色的无领导小组讨论，是让处于同等地位的被测者就有限的资源进行分配。	语言表达能力、分析问题能力、概括或总结能力、发言的积极性和反应的灵敏性、组织协调能力等等。	让被测者担当各个分部门的经理，并就有限数量的资金进行分配。	（1）可以引起被测者的充分辩论。 （2）对讨论题的要求较高。 （3）要保证案例之间的均衡性。

资料来源：孙健敏、彭文彬：《无领导小组讨论题目设计》，载《中国人力资源开发》，2004（7）。

第二节 无领导小组讨论题目的获取与编写

无领导小组讨论的题目是整个无领导小组讨论展开的基础，本节将介绍无领导小组讨论题目的获取方式、设计原则和编制程序。

一、无领导小组讨论题目的获取方式

完整的无领导小组讨论题目样本应该由三个部分有机组成：讨论题目、评分表和实施指南或技术手册。其中，讨论题目和评分表每次都必须针对具体的测评目的和要求，进行针对性的设计和开发；而实施指南或技术手册是对无领导小组讨论组织、实施过程的指导和说明，通常不会有大的变化，在实施无领导小组讨论前根据实际情况进行一些必要的修订即可。这就意味着，针对每次无领导小组讨论，只需要对讨论题目和评分表进行相应调整，而无领导小组讨论的实施指南或技术手册基本上是现成的，无须进行大的调整。

与面试题目的获取方式类似，无领导小组讨论题目的获取也存在如下三种方式。

（一）购买

可以从专业的测评公司及高校、研究机构等购买试题。此法较为简单、快捷，使用效果也较好，但是需要花费一定成本。

（二）网络下载

当今网络十分发达，网上有大量成熟的、可靠的试题，企业采用此种方法可以大大减少招聘成本。但是此种方法存在的问题是网络上资源良莠不齐，需要花费较多的时间精力来进行挑选和甄别。此方法适用于对于招聘成本控制严格的中小企业。

（三）自主开发

用人单位可以根据自身的组织特点与用人需求，依靠自己的力量或者求助于外部力量开发出一套适合自身组织特点的无领导小组讨论题库。但是此方法比较费时，所费成本也高，比较适用于有实力的大企业。

二、无领导小组讨论题目的设计原则

无领导小组讨论的内容与题目的设计原则是无领导小组讨论设计者需要考虑的重要问题。无领导小组讨论的题目设计一般遵循以下原则。

（一）联系工作实际原则

这一原则就是指在设计题目时，题目的内容和条件都要与实际工作相联系，要考察实际工作所需要的核心胜任特征，题目不能与实际工作毫无关联。这就要求做到：首先，要尽量从实际工作内容中选取典型事例以供讨论；其次，事例的背景要与实际的背景相一致，避免与实际脱节。所有的讨论材料最好都是从应聘者将要面临的实际工作中抽取出来的，只有做到这一点，才能真正保证无领导小组讨论的信度和效度。

（二）矛盾性原则

这一原则要求我们在设计无领导小组讨论问题时，必须人为地设定相互矛盾的制约和条件，以使被测者在无领导小组讨论中因为矛盾而充分暴露自身的特质。有实践表明，所讨论的问题中隐含的矛盾冲突的大小将直接影响测评的效果。事实上，在无领导小组讨论中，被测者因矛盾而产生的争论越多，越方便评委对其进行科学评价。

（三）难度适中原则

这一原则要求我们设计的题目要难度适中，要让被测者有话可说。如果设计的题目太难，会比较不容易达成一致，也就达不到“百家争鸣”的效果，难以对人才进行很好的比对；而如果题目太简单，则很容易达成一致，同样也达不到无领导小组讨论的预期效果。

（四）公平性原则

这一原则要求我们在设计题目中要考虑到被测者可能会因为被指定角色的不同而导致在讨论中强弱势存在差别，例如，某单位的无领导小组讨论题是这样的：“某市举行一项预算分配会，总共是 3 个亿的预算，在座的分别是教育局长、公安局长、科技局长、卫生局长、社保局长还有分管发改委的副市长，请 6 位做好预算分配。”无疑这种题目具有不公平性，因为分管发改委的副市长毫无疑问比其他5个职位具有更高的职权，在讨论中必然会占据更加强势的地位，这种人为设定某些角色强于另外角色的做法，无疑是我们应该避免的。

（五）因地制宜原则

此原则要求用人单位应权衡好投入与收获的关系。众所周知，自主开发无领导小组讨论题目无疑需要耗费大量的人力、物力，会较大增加招聘成本；而如果是从外部购买或者从网上下载，不可直接拿过来就用，还需根据本单位特点进行一定的调整。

只有做到上述几点，才会使无领导小组讨论发挥出真正的效力。

三、无领导小组讨论题目的编制程序

一般来说，在技术手册已经成型的情况下，无领导小组讨论题目的开发需要经过以下几个步骤：确定评价指标、素材收集、案例筛选、选择题目类型、编制题目、专家研讨、设计评分表、试测和检验、题目修订和定稿。

（一）确定评价指标

无领导小组讨论的评价指标应该围绕某一工作特质或某一类工作的要求而进行。因此，工作分析成为了确立无领导小组讨论的评价指标的先决条件。通过工作分析，能厘清岗位活动的种类、性质、特点以及核心要素，从而明白该工作岗位需要怎样的核心胜任特征，为无领导小组讨论的指标设立创造了条件。

此外，根据岗位的需要，评价指标以4～6个为宜。在测评过程中，如果测评指标过多，会分散评委的注意力，也会增加评价的主观性，导致测评的准确性下降。国外的研究表明，无领导小组讨论中评价指标的数量越多，则评价的信度和效度越低，一般不宜超过6个。

（二）素材收集

可以从实际的工作中抽取出典型事例，这样的事例能充分反映工作所需的核心素质，便于评委对其进行评价。此外，虽然可以对这种典型事例进行一定程度的加工，但最好不要脱离工作实际，因为这会大大降低测评的信度和效度。

(三) 案例筛选

无领导小组题目设计的难度适中原则与矛盾性原则要求我们在选取案例时，要把那些有一定难度的、容易引发矛盾的又可以达成共识的典型案例挑选出来，这些案例为被测者提供了充足的发挥空间，便于评委对被测者进行充分、细致的观察。

(四) 选择题目类型

根据前文介绍的无领导小组讨论题目类型，我们不难发现：开放性问题和操作性问题不易引起被测者之间的争辩，除非特殊情况，否则一般不考虑使用。而两难问题对于出题的要求过高，且考察的要素相对简单，过程不容易控制，应尽量避免使用。我们平常用得最多的是多项式选择问题和资源争夺问题。这两类问题既容易引起争辩，又较好控制和比对。但是这两种问题要注意角色之间的均衡性，不能人为地使某些角色强于或弱于其他角色。

(五) 编制题目

编制题目时需要与人力资源部、主管进行充分沟通，才能获得大量的关于该职位的第一手资料，此外，还可以从网络上搜索信息，以作为编制题目的重要信息补充。

(六) 专家研讨

专家的来源主要有两类：一类人是测评专家，这类人可以从咨询公司或高校邀请，他们的主要作用是审查议题与所需考察的素质的相关性；另一类人为所招聘岗位的部门主管，这类人主要是审查该议题与实际工作的相关性，确保议题不与实际工作相脱节。

专家研讨的重点包括：

(1) 案例与议题是否与实际工作相联系？

(2) 案例与议题是否均衡（资源争夺问题）？

(3) 案例与议题是否适合考察需要考察的素质？

(4) 案例与议题是否存在常识性错误？

(5) 案例与议题是否还有需要完善的地方？

(6) 是否有更好的建议（案例、议题、考察方式等）？

(七) 设计评分表

一张评分表应该包括如下要素：测评指标、行为记录、评分标准、评分等级等等。以下是评分表样表。

无领导小组讨论评分表

日期：__________ 时间：__________ 考生姓名：__________

考场：__________ 组别：__________ 评　委：__________

测评指标		团队意识	沟通能力	主动性和积极性	组织协调能力	判断力和情绪稳定性	外貌气质
权重		22	22	17	14	13	12
评分等级	优	16～22	16～22	12～17	10～14	9～13	9～12
	中	5～15	5～15	4～11	4～9	4～8	4～8
	差	0～4	0～4	0～3	0～3	0～3	0～3
行为记录							
评分							
总分							

注：(1) 团队意识。优：大局着手，关注整个小组讨论的统一结论，甚至最终放弃个人结论，服从小组意见；中：积极维护个人所在一方的论点，但有时会有过激行为；差：对别人攻击自己一方的观点无动于衷，置身于外。(2) 沟通能力。优：表达意思清晰简洁，善于运用语音、语调、目光和手势，在他人发言时认真倾听，强调自己观点时有说服力；中：表达思路清晰，能运用手势和目光，能听取别人的意见；差：不善言谈，思维和观点混乱或模糊。(3) 主动性和积极性。优：发言积极，有质量的发言在6次以上，讨论前后配合主考官布置考场，行动积极；中：发言还算主动，有质量的发言在3次以上；差：反应迟钝，发言被动，发言在2次以内。(4) 组织协调能力。优：能积极和小组内部人员进行有效沟通，达成统一意见；中：能和同组人进行沟通；差：不和人交流，不参与讨论。(5) 判断力和情绪稳定性。优：理解问题准确、迅速，见解独到，能镇定自若、有风度地回答对手的提问和反驳；中：理解问题到位、适当，能心平气和地发言和提问；差：思路混乱、不知所云，情绪激动，爱打断别人的发言，甚至出言不逊，辱骂对方。(6) 外貌气质。优：良好的着装，对自己很肯定，很有自信心；中：着装简洁实用，仪表整齐，有良好的自制力，看起来自信；差：对着装粗心，仪表较差，无气质，缺乏自信，不修边幅，自卑或狂妄。

（八）试测和检验

在试测之前，需要注意以下问题：试测者必须与应聘者有某种程度上的相似性，此外，还需要做好试题的保密工作，可与试测者签订保密协议。

在试测过程中，主要考察题目的难度、平衡性以及它是否符合实际。题目难度首先一定要适中，能让试测者迅速到位地理解材料、展开争论，其次不能人为地使某些角色过强或过弱，再次，要确保题目能够联系工作实际。

试测的反馈是项相当重要的工作。试测的反馈主要包含三个部分：参与者的感受、评分者的感受以及分析的结果。

参与者的感受是指参与者对于题目是否合适、难度是否适中、与其他参与者的交流是否流畅等的主观感受；评分者的感受是指评分者对于评分容易程度以及评分准确度等的感受；分析的结果主要是指结果的信度和效度如何。

（九）题目修订和定稿

在前一阶段，如果讨论题在各方面都表现较好，那么就不需要进行修订，否则就需要对原题进行一定的修改。题目确定好以后，就可以定稿了，定稿后要特别注意试题的保密问题。

第三节
无领导小组讨论的组织与实施

通常来说，一个完整的无领导小组讨论的组织和实施主要包括三个阶段：无领导小组讨论的准备阶段、实施阶段和评估阶段。

一、无领导小组讨论的准备阶段

无领导小组讨论的准备阶段一般包括以下几方面的内容：材料准备、人员准备和场地布置。

（一）材料准备

1. 讨论题的编制和确定

确定讨论题是无领导小组讨论的第一步，只有题目确定好了，才能保证无领导小组讨论的客观性和有效性。讨论题如何设计及编制，在前文已有详细介绍，在此不再赘述。

2. 评分表的确定

评分表是评委对被测者进行打分的依据，一份科学合理的评分表将会大大增加无领导小组讨论的信度和效度。评分表一般由考察要素、权重、行为记录、分数、评语、录用建议等组成，评分表在前文已介绍过。这里我们需要注意以下几点：

（1）测评要素无差异。由于评分表的开发比较困难，所以现在大多数单位在进行无领导小组讨论时借用其他单位的评分表，这样就造成了评分表水土不服的现象，评分表不能真正测量应聘者的优劣。

（2）观察要点过多。用人单位在设计评分表时，往往有把所有要素都拿过来考察一遍的倾向，这样容易造成评分表的观察要点过多的后果。事实上，无领导小组讨论是一项容易让评委和被测者都高度紧张的测评技术，过多的观察要点，会分散评委的精力，使评委的打分偏向主观化，这样也就降低了整场讨论的信度和效度。事实上，实践证明观察要点过多的评分表会导致出现被测者的总体得分比较接近，但在具体项目差距较大的现象。

（3）评分标准过细，分数难以确定。无领导小组讨论是限时的，在有限的时间中，评委不可能对被测者进行面面俱到的观察。过细的评分标准会加重评委的负担，评委在实际操作中很可能直接放弃评分表而根据总体印象打分。

（4）评分方式操作性不强。现今在我国无领导小组讨论的实操中，倾向于采取“评委对被测者的每个方面逐个打分”的做法，但这种做法对评委的要求很高，在我国人力资源管理水平普遍不高的情况下，这种做法无疑会增加无领导小组讨论的主观性，影响其信度和效度。

那么，究竟怎样的评分表是好的评分表呢？表 6—3 是优秀评分表的示例。

表 6—3　　无领导小组讨论评分表设计示例

测评要素	观察要点	评分标准		评价等级
		行为描述	等级	
资源整合能力	讨论中能否树立个人权威，组织他人进行讨论	发展三个以上的支持者	A	
		发展一个以上的支持者	B	
		无支持者	C	
资源整合能力	关键时候能否协调人际关系，缓解冲突	三次以上有效协调讨论气氛	A	
		一次以上有效协调讨论气氛	B	
		无协调讨论气氛	C	
	能否整合别人的观点并加以利用	三次以上有效总结、利用别人的观点	A	
		一次以上有效总结、利用别人的观点	B	
		无利用别人的观点	C	
评价说明：综合评定无 C，B 不能超过 2 个，为合格。根据面试比例调整标准，原则上就高不就低。				

资料来源：李红英：《无领导小组讨论评分环节的设计》，载《中国人力资源开发》，2009（7）。

3. 计时表的设计

计时表有助于控制整场无领导小组讨论的时间和节奏。一般来说，被测者为 7 个人左右的无领导小组讨论，讨论时间要控制在 1 个半小时左右（时间可以随被测人数作相应调整）。为了确保每个被测者都拥有大致相等的发言时间，对于那些说得过多的被测者，计时员可以对其进行提醒，超时的被测者会被禁止发言并被扣分。计时员的插话和提醒一般每次不得超过 10 秒钟。当然不是每场无领导小组讨论都会有计时表的限制，很多时候要靠被测者自己去争取更多的发言时间和机会。表 6—4 和表 6—5 是计时表和插话表的示例。

表 6—4　　无领导小组讨论计时表

序号	被测者姓名	发言次数（次，秒）							合计
		1	2	3	4	……	10	发言时间	发言次数
1									
2									
3									

资料来源：朱燕、张宏：《无领导小组讨论的准备》，载《市场周刊（财经论坛）》，2013（3）。

表 6—5　　无领导小组讨论插话表

序号	被测者姓名	插话次数（次，秒）							合计
		1	2	3	4	……	10	插话时间	插话次数
1									
2									
3									

资料来源：朱燕、张宏：《无领导小组讨论的准备》，载《市场周刊（财经论坛）》，2013（3）。

（二）人员准备

1. 评委的选择和培训

评委是无领导小组讨论的技术指导员及程序控制者，在无领导小组讨论中居于非常重要的地位。一般来说，评委要符合以下条件：

（1）熟练掌握无领导小组讨论的实施程序。这是十分重要的前提条件。

（2）熟练掌握小组讨论测评方法的实施技术及细节要求。

（3）理解并掌握小组讨论指标的评分标准与评分方法。

（4）有较强的沟通能力、应变能力和协调能力。

在评委挑选的过程中，要注意以下几点：如果测评的目的是为了晋升，那么被测者的直接上司最好不要担任评委；其次，评委人数一般与参与讨论的小组成员的人数比例为 1∶2。此外，在评委选好后，还需对评委进行培训，培训需要注意的有以下几点：

（1）要统一测评要素的评价标准，来保证评委评分的一致性。

（2）要使评委善于观察和了解，以便作出科学决策。一般来说，观察和评价的主要依据是：观点是否有新意；当意见相左时如何处理；是否赢得他人的支持和拥护；是否善于倾听；是否只顾自己讲或者经常打断他人的发言；是谁在引导整个讨论进程；是否经常进行阶段性总结；等等。

2. 被测者的分组

无领导小组讨论是一项团体性的测评活动，当被测者很多时，就需要对被测者进行分组，分组的成功与否，将直接影响整场无领导小组讨论的成败。分组中需要注意的地方有：

（1）人数。一个小组以 5～8 人为宜。过少的人会使辩论不充分，不能达到深入挖掘被测者素质的目的，而且每组人数过少必然导致总体组数过多，这会使无领导小组讨论持续时间过长，加重评委负担。每组人数较多虽然会缩短总体测评时间，但在单场的讨论中会使评委应付不过来，影响评价的效果。此外，每组人数最好是双数而非单数，这样会降低被测者通过投票达成一致的几率。

（2）年龄。要注意不同年龄层次的搭配，避免讨论过程中出现因年龄原因而产生的威逼或谦让行为。

（3）性别。每组中男女比例要适当，女性不得少于两个，要避免女性变成少数和弱势群体，或被其他男性被测者以“女士优先”为理由推为记录人或者总结发言人，这会大大影响测评效果。

（4）职位层级。被测者的职位层级应当尽量接近，存在上下级关系的被测者不应被分配到同一组，要避免因原职位或层级不同而出现威压、退让等行为。

（5）职位类别。不同职位类别的被测者最好不要放在一起，因为像管理类的被测者较之于其他被测者，无疑在无领导小组讨论更有优势。

（6）所属部门。来自同一部门的被测者彼此比较熟悉，也比较默契，因此难以保证无领导小组讨论测评的准确性。要尽量把不同部门的被测者编在一起。

（7）个性特点。把不同个性特点的被测者放在一起，容易摩擦出火花，使讨论变得更加深入、更加全面，被测者不同的想法可以产生碰撞和融合。反之，由个性差异较小的被测者组成的队伍，辩论要么过于激烈，要么过于沉闷，所以应根据性格特点搭配好被测者。

（8）测评经验。参加过无领导小组讨论的被测者可能会更有经验，表现得更好，这会影响测评的信度和效度。

（三）场地布置

无领导小组讨论的场地布置要注意以下几点：

（1）被测者席位最好呈扇形摆放，这种摆放方式一方面有利于被测者之间的沟通，另一方面又有利于评委的观察和评判。要避免出现V字形摆放，因为这样会出现领导者位置。

（2）在被测者席位上摆放标有编号及姓名的席卡、1～2张白纸及签字笔，席卡应为双面编号，摆放角度要便于评委观察，也要使被测者之间彼此看清楚。

（3）评委席与被测者席间距4米左右，不可过近，因为这样会给被测者带来无形的压力。

（4）评委席要摆放标有“评委姓名”的席卡。

（5）记录员席和非评委观摩席应设于评委席后。

图6—1是某次无领导小组讨论的现场布置画面。

图6—1　无领导小组讨论的现场布置画面示例

资料来源：王春莉：《无领导小组讨论的应用（一）——方法和技巧篇》，载《人力资源》，2007（19）。

二、无领导小组讨论的实施阶段

准备阶段过后就进入到无领导小组讨论的实施阶段，通常来说，一场无领导小组讨论会经过以下几个阶段：起始阶段、轮流发言阶段、交叉讨论阶段、总结陈词阶段。在实施阶段中，有可能会出现一些问题，本文也将介绍这些问题及解决方案。

（一）无领导小组讨论的实施阶段

一般说来，无领导小组讨论的具体实施可以用图 6—2 来概括。

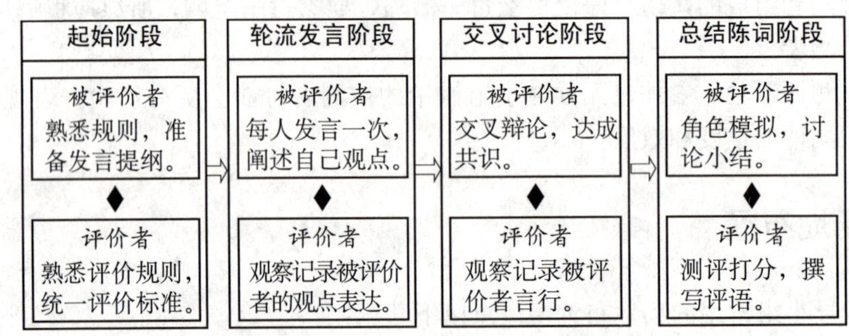

图 6—2　无领导小组讨论的具体实施

资料来源：黎恒、丁晓岚：《无领导小组讨论的实务操作——中层管理人才选拔案例》，载《中国人力资源开发》，2002（9）。

如上图所示，无领导小组讨论的第一个阶段——起始阶段包括的内容是：首先，评委向被测者讲解无领导小组讨论的要求，并宣读讨论题目；其次，被测者有 5～10 分钟时间准备，用以构思讨论提纲。

轮流发言阶段的主要内容是：主考官宣布考试开始，被测者依考号顺序阐述自己的观点，限时 5 分钟，在此阶段，其他被测者不得进行插话和干扰。

交叉讨论阶段，被测者可以对自己第二阶段的发言进行补充，也可以对别人的意见提出质疑。这个阶段要求被测者克服差异，形成统一意见。此阶段需注意的是要事先规定不能直接采用投票或举手表决的方式达成一致意见，在开始时只能采用沟通、交流的方式。

总结陈词阶段，要求在被测者中选出一名小组长，进行整个小组的讨论总结。

此外，需要注意的是评委在整场讨论只对被测者的表现进行观察和打分，不得做任何形式的诱导。同时，计时员要对整场比赛的时间和节奏进行控制，也要对辩论中的违规行为（如某些被测者发言次数过多，发言时间过长）作出处理，即通过插话的方式提醒，但注意插话次数不宜过多，每次插话最好不超过 10 秒钟。

（二）无领导小组讨论过程中容易产生的问题及解决方案

（1）讨论材料没有引起较大的观点交锋和碰撞，被测者们很快就达成了一致。针

对此种现象，评委要快速反应，可以指出被测者们未解决的问题，或者提出新的相关任务供其进行讨论。

(2) 讨论过程中，被测者中无人关注时间，导致任务无法完成。此种现象较多出现在未设立计时员的无领导小组讨论中。针对此问题，评委可以在准备阶段着重提醒被测者任务不能完成的后果，也可以在讨论之中根据具体情况适时进行调整。

(3) 小组中出现非常强势的被测者，其主导了整场无领导小组讨论，导致评委对其他被测者的观察不足。针对此问题，评委可以在讨论结束后增加一个评委与被测者互动的环节，通过抛出新的问题使其他被测者发言，以观察其表现。

(4) 评委由于观察不足无法对某些要素进行评价。针对此情况，主评委应引导其他评委对这一要素进行讨论，达成统一意见。如果实在无法进行评分，则统一不评分，并在最终记录表中标明不评分原因。

三、无领导小组讨论的评估阶段

无领导小组讨论结束后，无领导小组讨论官应该及时整理无领导小组讨论记录，然后根据自己的记录与无领导小组讨论前确定的评分要素进行比照，客观地进行打分，为录用决策提供重要参考。

(一) 对被测者进行评价和打分

评委对被测者的评分有两个阶段：第一阶段，在小组讨论中，评委要观察并记录被测者的典型行为，之后，根据典型行为并对照评价标准，对被测者进行打分。此阶段，可以要求每位评委对全部被测者都进行观察，并记录其典型行为表现，也可以在评委之间进行分工，每位评委仅负责观察 2～3 名被测者并记录其行为表现。两种方法各有利弊，要根据具体情况进行选择。第二阶段，在小组讨论之后，评委要对被测者的典型行为进行汇总，根据典型行为对照指标，对被测者进行定性、定量的评分。

在评分过程中需要注意的问题有：

(1) 评委不宜过早打分。评委过早打分，会大大影响测评结果的准确性。一般来说，评委不得在讨论过半前进行打分。此外，对某些把握不大的行为标准，评委可以在讨论结束后相互交流以定夺。

(2) 讨论一结束，评委就应根据记录、录像、记忆对测评者进行评价和打分，因为此时评委对无领导小组讨论的印象最清晰，作出的决策准确率较高。

(3) 评委应注意使被测者的分数拉开差距，不能搞平均主义，否则就选不出合适的人才。

(4) 对于在无领导小组讨论中不活跃的被测者，应多搜集证据，多听取其他评委的意见，经充分讨论之后再对其进行打分。

(5) 应尽量减少因心理效应而产生的误差，如首因效应、类我效应、晕轮效应、近因效应等。应对这些心理效应的方法在面试一章中已经作过详细论述，在此不再赘述。

（二）对测评效果进行分析

我们可以就测评的信度和效度进行分析评价。所谓信度，即测评方法的可靠性或一致性，如“无领导小组讨论的实施过程是否公正”、“无领导小组讨论的题目是否合适”、“无领导小组讨论的测评因素选择是否合适”等。效度，即测量到的结果反映所想要考察内容的程度。测量结果与要考察的内容越吻合则效度越高；反之，则效度越低。在测评结束之后，可以观察被测者在工作后的表现，如果被测者被用人单位录取后工作绩效较好，则表明本次无领导小组讨论是成功的，它的效度是较高的，反之亦然。

附录：无领导小组讨论案例

某国有商业银行为应对业务发展，需要引进一批能够胜任柜员职位要求的大学毕业生。经过工作分析及胜任特征模型构建，确定以下一些能力素质作为重点考察对象：学习能力、认知速度与准确性、沟通与表达、吃苦耐劳和抗压力、服务意识、诚实守信。

运用无领导小组讨论的方法，可以测评 6 项素质中的 4 项：沟通与表达、吃苦耐劳和抗压力、服务意识、认知速度与准确性。

该银行在近几年的大学生招聘工作中总结出以下题目适应于大学生群体：

● 题目应该符合大学生的特点，讨论的主题应和目标职位有关，而且应使大学生感兴趣。

● 题目不易太难或太容易，对于大学生而言应具有一定的挑战性。

● 题目本身应有一定的争议性，能引发出考生之间的争论。

根据上述原则，该银行在 2014 届大学生招聘中用了下面的多项式选择无领导小组讨论题目“如何留住新入职柜员”。

指导语：“欢迎大家参加今天的无领导小组讨论。随着社会经济的发展，人才的竞争也越来越激烈。某国有商业银行面临的问题尤其突出，该企业新入职的柜员连续多年的离职率都较高，经过前期调研，认为有 12 项措施有助于企业长期留住新入职柜员。从现在开始，请大家对这 12 项措施进行分类，讨论留住新入职柜员最重要、比较重要、一般重要的措施各是哪 4 项。请将分类填入答案图中。”

题目：“（1）尊重这些柜员，让他们在企业中体会到归属感；（2）建立柜员培训制度，缩短他们适应工作的时间；（3）与柜员做心灵上的沟通，及时解决他们提出的需求……”

在实施无领导小组讨论活动的过程中，需要考官在较短的时间内通过考生的外在行为，对多名考生的多个胜任维度进行评价。这个过程对考官的专业性、工作经验乃至考官的体能等都有较高的要求，所以在“考官”层面也会遇到一些问题。该银行人力资源部根据以往的经验，总结了在无领导小组讨论实施过程中遇到的问题及对策，并对考官进行了针对性的培训。

问题一：考察维度多，考官难以对考生的表现进行全面评价。

出现此类问题的主要原因可能是：

- 对胜任维度的理解不够透彻。
- 评分表的制定不够科学。
- 考官自身记忆力等能力的限制。

针对此类问题的对策如下：

(1) 实施了对考官的专题培训，促使他们对各项胜任维度有深入的理解，包括维度的内涵、维度的外延等。

(2) 编制了科学的评分表，帮助考官在无领导小组讨论中做到游刃有余地评价考生的多项胜任能力。评分表中除了包含记录考生行为的表格之外，还包含了对每个考察维度的解释。评分表也设计得简明扼要，方便考官评分。

(3) 借助了外部设备，如摄像机、录音机等，方便考官进行事后分析与评价。

问题二：考生行为杂，考官难以对考生的表现进行准确评价。

出现此类问题的主要原因可能是：

- 无关行为的干扰。
- 不清晰待考察维度的外在行为指标。
- 系统考虑的意识不足。

针对此类问题的对策如下：

(1) 通过借助外部咨询机构的力量，对考官进行了针对性的培训，加强了考官自身专业能力，帮助他们练就从众多行为中发掘有用信息的本领。

(2) 制定待考察维度行为指标的评价标准。例如"人际敏感性"的分级评价。

优：对他人的意见和想法给予确认和反馈；关注解决方案对其他团队成员的影响。

中：听取别人的意见，承认他人的贡献；但其建议有为自己考虑的成分，使自己受益，但他人受损。

差：对他人粗鲁，打断他人的话；提出的观点表明他没有倾听前期的讨论；其解决方案影响了团队，但却全然不顾。

(3) 通过针对性的培训，培养了考官自身系统考虑问题的意识，从考生众多的行为中找规律，寻找考生稳定的行为特征。

问题三：考生人数多，做不到评分标准的一致。

此类问题导致的结果可能有：

- 难以保证小组间评分的一致性。
- 难以保证考官间评分的一致性。

对此类问题的对策如下：

(1) 本次校园招聘小组分组过多，为防范题目泄露，公司人力资源部需要选用不同的题目，通过专家评委讨论，确保了题目间的难度、性质相类似。

(2) 对考官进行了专题技术培训，保证了考官在所有考生间保持评分的一致性，而非受到小组活动本身形式的影响。

(3) 测评实施后开了专题研讨会。在会议上，拿出了几个典型的无领导小组讨论录像，针对这些录像，考官间进行了详尽的研究与探讨。通过这一过程，确保了对每一位考生评价的客观性与对考生评价的一致性。

【基本概念】

无领导小组讨论

【本章要点】

要点一：无领导小组讨论的适用范围。

无领导小组讨论的适用范围的大致原则是适用于那些经常跟“人”打交道的岗位，如中高层管理人员、人力资源管理人员、行政管理人员、营销人员等，但对于技术人员、生产类员工是不适用的。

要点二：无领导小组讨论所考察的能力。

无领导小组讨论可以考察被测者三个方面的能力：一是其在团队中的社会和人际方面的能力，如沟通能力、组织协调能力、合作意识、团队精神、影响力等；二是其解决问题的能力，包括探索和利用信息、分析判断、理解以及创新等；三是其个性特征，如自信心、独立性、灵活性、情绪稳定性等。

要点三：无领导小组讨论题目的编制程序。

无领导小组讨论题目的编制程序包括以下几个步骤：确定评价指标、素材收集、案例筛选、选择题目类型、编制题目、专家研讨、设计评分表、试测和检验、题目修订和定稿。

【复习思考题】

1. 如何理解无领导小组讨论的优缺点？
2. 如何理解无领导小组讨论题目的设计原则？
3. 制定无领导小组讨论评分表时要避免哪些问题？
4. 无领导小组讨论过程中容易产生哪些问题？如何解决？
5. 无领导小组讨论的评分要注意哪些问题？

【推荐阅读书目】

胡月星．领导人才测评．北京：中国发展出版社，2009.

第七章 公文筐测验

【学习目标】

通过本章的学习，希望达到以下3个目标：

1. 使学生深刻地理解公文筐测验的基本概念与基本内涵；
2. 使学生熟悉公文筐测验题目的获取方法与编写步骤；
3. 使学生掌握公文筐测验的实施步骤。

| 章节导引 |

某高科技行业中的一家有限公司是国内同行业中的领军企业，已经走过了 10 个年头，公司自成立以来保持了较高的增长速度。随着公司第三个五年计划的确立，公司面临着全新的发展机遇。尤其是，随着公司规模的扩大，年轻的管理干部在组织建设、人员培养、沟通协调等方面面临着较大的挑战。

为此，公司人力资源部尝试通过聘请外部管理咨询机构对现有中高层管理人员进行管理能力和沟通协调能力两个方面的评价，并尝试在此基础上在这两个关键职位胜任特征上对他们进行针对性的培训和培养。

经过详尽的调查，外部管理咨询机构建议在测评环节加入公文筐测验。随后，外部咨询机构的专家和公司相关业务部门人员共同开发了符合其组织文化和现状的公文筐测验。测验选取的"情景"为组织内部中高层管理人员在管理团队和沟通协调中的典型工作难题。经过施测，测验有效地发现了每位被测人员在这两个方面存在的问题。随后，外部咨询机构的专家以公文筐测验为素材对被测人员进行了针对性的辅导，帮助他们在这两个管理技能上进行了改进和完善。

第一节 公文筐测验概述

人才测评工作是人力资源管理的一个重要构成部分和基础性工作，不同的人才测评方法都有其独特功能，适合于测量不同的群体。随着经济社会的不断发展，企业对人才尤其是高端人才的需求也在不断提高。优秀企业的管理人员作为企业发展的中坚力量，是企业和社会的宝贵财富。因此，选拔、评估管理人员尤其是中高级管理人员也就成为了现代组织人力资源管理的重要任务。在工作场所的中高级管理人员每天都要处理大量的文件，通过文件这一主要形式，他们领会上级管理者的意图，了解同事、下属和组织中的各种事务与关系，有效地解决问题。因此，能否很好地处理各类文件就成为中高级管理者能否胜任工作的关键。

一、公文筐测验的含义

公文筐测验（in-basket test）又称为文件筐测验、公文处理技术，是管理评价中心的最常用和最核心的测评技术之一。在公文筐测验中，通过模拟工作情景，应试者需要扮演某一管理人员或者领导者的角色，处理一系列日常的书面办公文件，包括备忘录、邮件、电话记录、报告、信函、文稿等。由于这些办公文件通常都放在办公桌的公文筐内，因此被命名为公文筐测验。公文文件的内容范围非常广泛，通常会涉及人事安排、组织架构调整、财务计划、工作流程改动、政府法令公文、市场信息与客户关系等多个方面，文件所提供的信息有可能前后一致，也有可能互相矛盾，需要应试者综合考虑各个文件的内容，给出处理意见。一个公文筐测验中文件的数量一般在10到30份不等，应试者需要在1～3个小时内把所有公文处理完毕。评价者会对应试者在处理文件过程中的行为表现和书面答案进行评价，以判断应试者的计划、组织、领导、决策、授权、信息处理能力及其对工作环境的敏感度。在必要的时候评价者还会在测评结束后对应试者进行采访，深入了解应试者作出某种处理的具体原因，以澄清不清楚之处。

二、公文筐测验的适用范围

公文筐测验所考察的能力定位于管理者在从事管理活动中需要履行的管理职能，包括业务角度（对组织多方面业务的运作能力，对人、才、物、信息的把握和掌控）和技能角度（计划、组织、领导、决策、授权等）。因此，公文筐测验的适用范围一般是组织中的中、高级管理人员，因为他们的日常工作通常会涉及大量的公文处理。公文筐测验作为组织选拔、培训（培养）和考核中高级管理人员的有效技术之一，为企业的中高层人力资源管理和组织架构设计提供了科学可靠的信息（见图7—1）。

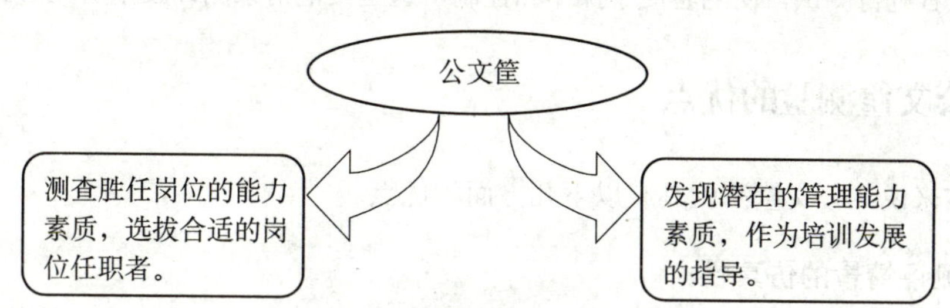

图7—1 公文筐测验的实际应用功能

三、公文筐测验的产生历史

公文筐测验在实践应用上有着悠久的历史，最初使用这一测评方法的是美国军方。第二次世界大战期间，美国军方向敌国派遣情报人员屡屡受挫。为了扭转在军事上选人不善的不利局面，美国军方委托心理学家开发一套以情景模拟法为核心的人才测评方法，用以选拔合格的军事人员和特工人员，结果取得了出人意料的成功。1956年，美国电报电话公司（AT&T）率先将这一技术从军用领域转向了民用领域，对企业内部的400余名经理人员实施以工作情景模拟为核心的测试，其中就包括公文筐测验。测试的重点在于评估经理人员的知识、技能、价值观和职业愿望等。8年后，将当年的测试结果与被测人员在近些年中的业绩及晋升情况进行对比之后发现，在晋升到部门经理级别职位的人员中，当年对于他们的评价中有80%是正确的，而在未

晋升的人员中，预测的准确率高达90%。在美国，公文筐测验目前已被1 000余家知名企业采用，除美国电报电话公司之外，IBM、福特汽车、通用电气等诸多大型企业均将公文筐测验作为选拔、考核企业中高级管理人员的重要手段之一，我国一些规模较大、管理较为规范的企业也已开始尝试使用这种测评方法。

在理论研究上，弗雷德里克森（Frederiksen）在1957年发表了第一篇有关公文筐测验的学术论文，该研究致力于为美国空军大学的培训效果开发出一套初步的评估方法，应试者在公文处理上的表现作为评价培训效果的有益参考。该研究首次探索了公文筐测验的统计学属性（初步证明公文筐测验具有比较良好的信度与区分效度）、测验准备和过程的完善性以及应试者的反应。该研究引起了学者们的广泛关注。

四、公文筐测验的特点

在公文筐测验中，应试者被放在一个模拟的工作环境中去完成一系列的工作，相比于通常的纸笔测验来说，显得更加生动、灵活，能够比较真实地反映应试者的能力水平。相比于管理评价中心中的其他测评技术（如无领导小组讨论、角色扮演法），公文筐测验提供给应试者的背景信息和测验材料以及应试者的答案都是以书面的形式呈现的，这既是考虑到应试者在日常工作中处理大量文件的需要，也是为了能够同时对大批量的应试者进行测试，使测验便于操作和控制，这是其他情景测评技术所无法比拟的。

（一）公文筐测验的优点

具体来说，公文筐测验具有以下几方面的优点。

1. 测评情景的仿真性

公文筐测验的最大特点之一就是测评的情景与实际管理工作的情景非常类似，所采用的文件贴近日常的公文，有时甚至就是完全真实的公文，具有很高的表面效度。如果应试者能在公文筐测验中妥善地处理相关文件，那么可以预测应试者能够胜任该职位的工作要求。

2. 考察内容的广泛性

公文筐测验可以涵盖考察除了在真实操作的过程中才能体现的动态要素之外的其他所有基本要素。在公文筐测验中，文件材料通常来自多个部门，包含人事安排、组织架构调整、财务计划、政府法令公文、市场信息与客户关系等多个方面，从而可以考察应试者多方面业务运作能力和多项管理技能，对中高层管理人员进行较为全面客观的评价。

3. 设计的灵活性

公文筐测验中的公文可以根据具体职位的特性和能力要求而选择设计相应的题目，从而使得测验的内容更加灵活。

4. 测试的平等性

公文筐测验把应试者置于模拟的工作情景中去完成工作，为每一个应试者提供了相同的情景，也使得对于应试者的评估有统一的标准。

5. 应用的广泛性

公文筐测验从多个维度来评价一个人的管理能力，因此它不仅能够评估现有管理人员的工作业绩，甄选出合适的管理人员，还能够训练相关人员的管理与合作能力，从而为之后的管理人员培训打下基础，除此之外，公文筐测验还能为人力资源规划和组织设计提供信息。

6. 操作实施的简便性

公文筐测验只要求应试者对所提供的各种书面材料进行处理，答案也是以书面形式呈现的，基本不涉及人与人之间的互动行为。所以相对于结构化面试、无领导小组讨论等以人与人之间的互动为主要形式的测评方法来说，此技术的操作实施相对比较简便。

7. 具有较高的信效度

公文筐测验的评分通常是由几个评价者评分得到的，因此，国内外的研究大多将评分者信度作为检验公文筐测验信度的指标。有研究表明，公文筐测验的评分者信度在0.6～0.8之间。在效度方面，公文筐测验的结构效度、效标关联效度、同时效度得到了实证研究的验证，表明了公文筐测验作为甄选和绩效预测的测评技术的有效性。

（二）公文筐测验的缺点

任何一种人才测评技术都有其局限性，公文筐测验也不例外。公文筐测验的缺点主要体现在以下几个方面。

1. 编制成本较高

编制一个好的公文筐测验很不容易，需要包括心理测评专家、管理专家和企业实际管理工作者的参与，在测验题目的设计、实施和评价阶段都需要经过反复的研究和修改，需要花费大量的人力、物力和财力，从而导致编制的成本较高。

2. 评分较为困难

由于不同组织的机构性质、组织文化和管理理念的不同，对于文件的处理标准就会有差别。而在具体的评分过程中，由于存在理解上的差异，专业人员和实际工作者作为评分者的评分者一致性也难以保证。鉴于以上两点考虑，公文筐测验的评分应该有专家指导，以保证评分者能够准确把握好评价尺度，而在实践中专家并不容易请到，这就使得公文筐测验很难得到大规模的推广使用。

3. 难以考察应试者的实际口头交流、协调能力

公文筐测验采用静态的纸笔测试，每个应试者都是自己独立完成测验的，评分者

与应试者之间、应试者与应试者之间通常没有互动的交流，所以评分者很难对应试者在实际情况中与他人进行口头沟通的能力和人际协调能力直接进行判断和评价。

第二节 公文筐测验题目的获取与编写

题目的编写是公文筐测验的核心环节，也是直接影响测评效果的关键步骤。如果编写的工作做得不好，则会直接影响接下来的测评实施与评分等环节，公文筐测验的有效性和可靠性也就难以保障。

一、公文筐测验题目的获取方式

公文筐测验在国内的使用时间相对较短，目前主要的获取方式有以下几种：

（1）通过各大搜索引擎、门户网站或者专业人力资源论坛下载公文筐测验的题目。运用这种方式获取测试试题的优点是成本较低，大多数是免费资料，可以大大减少公司使用公文筐测验的开支。但是这种获取方式也存在一些问题，比如应试者也能通过这些途径搜集到题目，提前构思好答案，这样就使得测验失去了公平性，另外互联网上的题目比较杂乱，质量不一，也不一定符合某个组织的特殊要求，从而可能导致公文筐测验流于形式。

（2）邀请专业的测评咨询机构为组织设计一套公文筐测验试题。运用这种方式的优点是咨询机构有着专业从事测评设计的、经验丰富的专家，也有丰富的公文筐测验题库，能够以最快的速度提供一套较为合适的试题，同时在咨询公司的指导下，公文筐测验的后续实施和评分也会更加迅速、有效。这种方式的缺点就是由于请了专业的人士来编写试题，会极大地增加公文筐测验的成本，这也是为什么公文筐测验在国内并没有大规模推广的原因之一。另外，如果咨询机构的人员不能很好地了解组织的特殊需求，还是会导致编制的题目不能很好地达到组织所需要的测评目的。

（3）请组织内部的人力资源管理人员和其他公司高层人员设计公文筐测验的试题。运用这种方式的优点是组织内部的管理人员对公司的情况最为熟悉，平时工作也经常涉及公文的处理，所以他们编制出来的试题最能贴近组织日常的工作情景。但是，公司的管理人员如果缺乏对相关测评知识的深入理解，就不能很好地编制出一个有着实际测量效果的测验。

综上所述，无论通过哪一种途径获取公文筐测验的试题，都需要结合组织的实际需求进行修改和完善，使得测验能够最大限度地模拟组织真实的工作场景。理想的公

文筐测验试题的编制最好能有管理学家、心理学家和公司管理人员的参与，互相取长补短，从而设计出一套科学的、贴近组织需求的、高效的测评工具。

二、公文筐测验题目的设计原则

公文筐测验比较真实地模拟了实际的工作情景，为了尽可能地贴近现实，一般需要试题设计者深入到组织的管理现场，收集相关素材，确定典型的测验题目。公文筐测验的题目设计应注意以下几点。

（一）公文的典型性

这包含两个方面的意思：一方面，公文内容要尽可能囊括管理者日常工作中会接触到的各类主题的文件，包括政策法规公文、记录性公文、指示性公文、报告性公文等，在形式上也要体现多样化，备忘录、邮件、电话记录、报告、信函等都要占到一定的比例；另一方面，公文测验题目不能完全照搬实际文件，而需要进行整合和再造，使得应试者能够在有限的测验题目中尽可能多地接触到未来工作中会涉及的内容，从而达到更好的测验效果。

案例

某国有商业银行的一级分行选拔分管风险管理的副行长

情景 1：二级分行行长向其请示追加营销费用。

情景 2：二级分行行长向其请示某项授信业务是否可以叙作。

解析：从职责来看，情景 1 是分管财务副行长的职责，所以用来考察分管风险管理的副行长不具有典型性，情景 2 具有典型性。

（二）难度适中

公文筐测验作为一种选拔性测试，其主要目的在于把不同能力水平的应试者区分开来，这就要求测验的题目不能太复杂或过于简单，而出现“天花板效应”或“地板效应”。

案例

某企业从部门总经理中选拔一人担任公司副总经理

情景 1：关于提拔某人担任部门总经理的人事决策。

情景 2：副总经理所分管业务中，对某项市场拓展方案进行决策。

解析：一般来讲，一个单位的用人权限在于公司班子成员或一把手，所以情景 1 用来考察公司副总经理会出现“地板效应”，候选人的回答也会没有区分度——“请示领导班子或一把手”，而情景 2 难度适中。

（三）主题突出

通常情况下，公文筐测验中的一个文件会涉及一个事件多方面的描述，长短不一，但是文件的描述应该以要考察的应试者某方面能力为核心，做到主题突出，避免应试者因为没有抓准问题的核心、过度拘泥于次要细节问题而浪费测评时间。

案例

正面的案例：某团队主管呈现给部门总经理的汇报

“您好。听说您将派团队1的刘江强主管带领工作小组去参加下周一山东省政府项目的谈判。我认为这样有点冒险。虽然我们公司具有绝对的优势，而且刘江强主管在业内也有丰富的专业经验，但是他还比较年轻，对政府的了解还不够深入。况且争取和政府长期的合作，是公司一直关注的问题。前任王立勇总经理还特意安排这件事情要谨慎对待，我建议您亲自出马效果会更好。关于山东省项目我个人认为存在一定风险，我们还需要进一步进行评估，最终决策还得您来拿。我前期作了一个详尽的调查，希望有时间跟您汇报，期待您的回复!”

反面的案例：某团队主管呈现给部门总经理的汇报

“您好。听说您将派团队1的刘江强主管带领工作小组去参加下周一山东省政府项目的谈判。我认为这样有点冒险。虽然我们公司具有绝对的优势，而且刘江强主管在业内也有丰富的专业经验，但是他还比较年轻，对政府的了解还不够深入。况且争取和政府长期的合作，是公司一直关注的问题。前任王立勇总经理还特意安排这件事情要谨慎对待，我建议您亲自出马效果会更好。”

从前面的例子可以看出，“正面的例子”中关注的核心点只有一个，即作为决策者，部门总经理需要处理两个团队主管之间关系的问题，是一个人员管理问题。而“反面的例子”中，除了要处理人员管理问题之外，还需要作出是否推动项目的决策，考察的是业务决策问题。考生会在“反面的例子”中不知回答的重点应该放在哪里，主题不够突出。

三、公文筐测验题目的编制程序

公文筐测验题目的编制程序大致分为以下五步：确定测评要素、编制文件、初次试测、制定评分标准和再次试测。

（一）确定测评要素

公文筐测验测评要素的获取主要有三种方式：一是工作分析，通过查阅相关职位的工作说明书，可以初步得到岗位的基本任职要求；二是岗位胜任特征模型分析，胜任特征模型分析能够提供拟任岗位的关键任务指标和胜任特征，从而使试题的设计更加具有针对性。此外还可以通过对相关管理者的访谈更加准确地界定在实际工作中胜任某岗位所需要的关键要素。在此基础上，要充分考虑公文筐测验的特点对要素进行再次选择，并不是所有的要素都适合用公文筐测验来考察，而且每种要素要占多大的考察权重也需要根据测评的具体职位而变化，通常来说，公文筐测验可以考察多种能力。

小贴士

与“事”有关的能力

- 分析和判断能力
- 洞察力
- 统筹规划
- 决策能力
- 授权与控制能力
- 预测能力

与“人”有关的能力

- 人际敏感性
- 沟通能力
- 组织建设

（二）编制文件

公文筐文件的编制有以下三个步骤。

1. 获得文件素材

公文筐测验所需要的题目主要围绕管理者的能力取材。管理者的管理能力主要来源于三个方面：自身素质、实践经验、掌握的知识。管理能力是以上三个方面交互与整合的结果，是一种复合性能力。公文素材不能凭空杜撰，而应该从任职者的实际工作中来。一种比较有效的办法是运用关键事件法，召集一批优秀的管理工作人员和他们直接上级开交流会，让他们回想自己在过去的工作中处理过的印象深刻的各种事情并记录下来。征集关键事件的总体数量取决于所需要编制的文件数量，一般按照所需要编制的文件数量的2～3倍来征集。为了使得收集的事件更加贴近测评的要求，事先应当告诉各位管理者测评要素的内涵。此外，还可以从组织内部现有的各类公文中获得公文筐测验所需要的原始文件素材。

案例

关于关键事件法的“问题”举例

问题1：“请回想在现任岗位上，您处理过的最成功的三件事和您处理过的最不成功的三件事。”

问题2：“您认为要在这个岗位上做好，需要重点落实的职责是什么？具体任务有哪些？”

2. 加工文件素材

通过上述方法得到的大量素材中，有一些可能不符合测验的要求，比如，有的事

件根本没有反映出任何的测评要素，那么这个事件就不能使用；如果事件能反映出任意一个所要测评的要素，则把这个事件划归到相应的要素上，从而得到反映每个要素的大量的工作事件。接下来就要对每个要素下的诸多事件进行加工。有的事件太过抽象或不够完整，则需要适当补充完善；有的太过冗长，则要进一步精简；还有的包含了多个事件，这就需要适当拆分，尽量使每个事件只反映一个核心要素。

组织内部现有的公文不适宜直接作为公文筐测验的材料。一方面，完全真实的材料，通常偏重于经验的考察，而忽视对潜力的考察；另一方面，在应试者既有单位内部人员和外来人员的情况下，使用公司内部的真实材料违背了测验的公平、公正原则，在同等的条件下内部人员更容易获得较高的分数，对于想输入新鲜血液的组织来说非常不利。因此，对于完全真实的公文材料也需要进行进一步的加工才能作为公文测验的题目来使用。

文件的加工还包括文字表达的加工和文件呈现形式的加工，在保留了解题所需要的必要条件的基础上，文件语句要表述清晰，简明扼要，表意确切，不应产生歧义。为了凸显公文筐测验的“逼真性”，文件还可以用多种方式来呈现，如采用不同规格和大小的纸张、打印稿和手写稿穿插等方式。

3. 组合文件

通过对文件素材的加工，便可得到信函、备忘录、邮件、报告等各种文件，文件通常分为三种类型：批阅类、决策类和完善类。批阅类文件要求应试者能区分事件的性质和轻重缓急，提出处理意见，这类文件是最常规的文件；决策类文件通常以请示、报告之类的形式呈现，通常描述日常工作中遇到的非常规性问题，应试者通常需要在统筹分析的基础上提出一个决策方案或从已给出的几种方案中选择最佳方案；完善类文件往往是信息和条件有缺陷的文件，它着重考察应试者是否善于提出问题和获得更进一步的信息。文件编制出来以后，还要依据拟任的岗位要求和管理情景对各种文件进行组合，从而形成一个完整的公文筐测验题目。在文件组合的过程中，要根据文件的难度合理安排顺序，通常应该是由易到难，形成合理的梯度，从而避免应试者在一个很难处理的文件上思考太久而影响对后面文件的处理。此外，还要控制一个公文筐中文件的数量，以保证大多数应试者能在规定时间内完成测验。

(三) 初次试测

公文筐测验编制完成之后，需要进行试测工作。试测的对象一般是拟任职位的在岗工作人员，人数至少应该在 30 人以上，这样才能获得具有统计意义的数据。试测工作主要有三个方面的作用：首先，试测可以获得各种可能的答案，从而为测验标准答案和评分标准的制定提供依据；其次，试测参与者能够对测验的题目的内容和表达方式等提出他们的意见，通过对优秀员工和一般员工的试测结果对比，也可以发现测验是否具有良好的区分效度；最后，可以借此机会对考官进行培训，以保证其掌握公文筐测验的实施流程。

(四) 制定评分标准

评分标准的设定是测验评估过程中的基础环节，评分标准主要分为两个部分：一是参考标准，参考标准界定了在某个要素上什么样的文件处理方式说明应试者的能力水平高，而什么样的文件处理方式反映应试者在这一方面能力较弱。通过之前的试测，可以确定一个公文筐测验中文件的处理方式在各个层次水平的代表性答案，每种答案体现了不同的能力水平；二是等级水平，是指不同的处理方式所体现出来的能力等级的量表系统，量表可以采用 5 点或者 7 点量表，如 5 点量表则代表将应试者在某个要素上的表现分成很好、较好、中等、较差、很差五级。将量表等级与参考标准对应起来就得到了公文筐测验的评分标准。表 7—1 给出了计划与组织能力的评分标准的示例。

表 7—1　　公文筐中维度评分标准——以计划与组织能力为例

维度	评分标准	等级描述
计划与组织能力	等级 5（优秀）	● 能够有条不紊地处理各种文件和信息材料，并根据信息的性质和轻重缓急对信息进行准确的分类处理； ● 在处理问题时，能及时提出切实可行的解决方案； ● 能系统地事先安排和分配工作，注意不同信息之间的关系，有效地利用人、财、物和信息资源。
	等级 4（良好）	……
	等级 3（尚可）	● 分析和处理问题时能够区分事件的轻重缓急； ● 能够看到不同信息间的关系； ● 解决问题的办法不是很有效，在资源的分配与调用方面也不尽合理。
	等级 2（较差）	……
	等级 1（很差）	● 处理各种文件和信息材料时不分轻重缓急，没有觉察到各种事件之间的内在联系； ● 解决问题时没有考虑到时间、成本和资源方面的种种限制，以致提出的问题解决办法不可行。

（五）再次试测

根据以上确定的维度、题目和评分表对公司现有的一些人员进行施测。在双盲的情况下，计算人员的管理绩效与测评结果的关联性，从而获得信度、效标关联效度等信息。

第三节 公文筐测验的操作实施

公文筐测验的操作实施主要包括三个阶段：测评前的准备阶段、实施阶段和评估阶段，每个阶段都有一些特定的要求，任何一个阶段出现纰漏，其他阶段都难以弥补。所以在操作实施时，必须严格按照操作要求对应试者进行施测，以保证测验的标准化和公平性。

一、公文筐测验的准备阶段

（一）准备好测验所需的相关材料

除了在上一节提到的公文题目和相关评分标准之外，还需要准备其他的测验材料，包括指导语、背景材料和答题册等。

指导语需阐明应试者在公文筐测验中的任务与相关要求，文字应通俗易懂，以保证每个应试者都能轻松、准确地理解测验要求。下面给出一个典型的指导语的示例：

> 请大家注意，我们马上将要开始公文筐测验，为了不影响考试，请大家先关闭手机及其他通信设备。
>
> 请大家查看一下是否都已经拿到了一份测验材料和答题册（主持人展示），首先请大家在答题册上填写好自己的姓名、编号等相关信息。在测验没有开始之前，请不要翻看测验材料。
>
> 在这次测验中，你将作为特定的一个管理人员，在两个小时内处理一系列办公文件，这些办公文件放在了办公桌的文件筐里，在测验中你可以使用以下工具：答题册、相关背景材料、测验材料、铅笔、计算器。
>
> 大家都听明白了吗？有问题的请举手……（若有问题，则主持人加以解答；若没问题，则开始作答。）

背景材料界定了应试者的身份、工作职责和在组织中的地位，其主要目的是为了给应试者处理公文材料提供背景情况，保证应试者有足够的背景信息可以参考并能尽快进入角色。

答题册是应试者唯一能写答案的地方，评分时只对答题册上的内容进行评分。答题册主要由三部分构成：一是应试者姓名、编号、应聘岗位、文件序号等；二是处理建议（或处理措施）、签名及处理时间；三是处理理由（如表 7—2 所示）。文件序号表示的是文件的标识顺序，通常按由易到难排序，但不代表应试者处理的顺序，应试者可以根据事情的轻重缓急调整处理顺序，但给所有应试者的文件顺序应当相同，以保证公平。在某些特殊情况下，需要应试者就某个问题写一个处理报告，此时得另附几页空白的答题纸。

表 7—2　　公文筐测验答题册示例

应试者姓名		应试者编号	
应聘岗位		文件序号	
处理意见：		处理理由：	
签名		处理时间	

（二）选择并培训合适的考官

公文筐测验对考官的要求较高，他们不仅要掌握管理学和心理学方面的知识，了解公文筐测验的理论基础，还要对测评对象所任职务的任职资格和职责权限进行过深入且系统的研究，能够设计出合理、有效的测评题目，并且还能够对应试者作出全面、客观、公正的评价并在需要的时候恰当地开展问询，在正式测试开始前，考官要掌握施测程序，熟记指导语，在施测过程中对应试者的合理问题予以解答。

此外，如果在应试者中既有组织内部员工，又有外来应试者，考官应该在测试开始前向所有应试者介绍组织的相关背景情况，以减少由于应试者对于组织和职位熟悉程度不同而造成的测验结果上的差距。

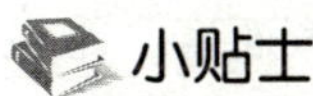
小贴士

选择与培训考官的几个关键环节

- 从评分效果及时间成本来看，2～3 位考官是比较合适的。
- 在保证公平、公正的前提下，需要安排考官提前试作公文筐测验。
- 进行评分的练习（试评分），确保考官之间评分的一致性。

（三）选择合适的测试地点

公文筐测验要尽可能真实地模拟办公环境，测试地点应该具备空气清新、采光良好、环境安静整洁等条件，除此之外，应当至少保证每个应试者有一张宽敞办公桌和必要的办公文具，如果应试者数量较多，相互之间应当保持一定的距离，以免互相干扰。为了保证测试的公平性和保密性，最好将所有应试者安排在同一时间内完成测验。

二、公文筐测验的实施阶段

公文筐测验有严格的时间控制，通常需要 1～3 个小时的时间，有条件的情况下最好将整个测验的过程用录像机记录下来。在正式测评开始前，应试者不得翻看测验材料。应试者对文件的处理建议都要写在答题册上，除特殊情况外，应试者一般需要独立完成测试，不能与外界进行任何方式的交流。应试者在该阶段有任何问题都不得向主考官进行提问。测评结束时，应试者必须立即停止作答。对于提前完成测验的应试者，也不要让他们离开考场，因为在下一个阶段考官有可能还会对应试者进行必要的追问。

此外，在应试者处理文件的时候，考官还需要对应试者进行观察，以了解他们在这种情景下是如何工作的。施测者可以适当地作一些记录，记录的内容要详细具体，不要进行主观的、不成熟的评论，而是通过客观的观察，为后面的评估阶段提供有帮

助的补充信息。

三、公文筐测验的评估阶段

测验结束后就进入到对测验结果的评估阶段。只有对应试者的作答做出公正、合理的评定，整个公文筐测验才能发挥有效的作用。但是公文筐测验答案的开放性和测验背景的复杂性，给测验的评定带来了极大的挑战，对于考官也提出了很高的要求。

考虑到评价者对于整个评估结果的重要影响，有必要对评价者进行训练，让评价者熟悉各测评要素的内涵和拟任岗位的要求。公文筐测验的评价者一般有两类人员：一类是测评专家，他们能够很好地把握测评要素的概念和评价尺度，但是对具体岗位的了解往往不够，从而无法真正领会测评要素的内涵，所以对于测评专家而言，需要增强对岗位权责尤其是胜任特征的理解；另一类是拟任岗位上有相关经验的管理者，他们非常熟悉岗位的要求，但是对测评方面的专业知识不甚了解，这就需要测评专家对他们进行测评专业方面的培训。测评专家和组织的管理者互相沟通，取长补短，才能提高整个评估工作的准确性。对评价者进行训练，仅仅通过技巧的传授和讲解是远远不够的，还需要通过实践操作来巩固。通常可以让多位评价者同时对几份公文筐测验的作答情况进行评定训练，当发现评价者的评定结果与预先设定好的标准差异比较大时，需要让他们陈述自己的评分理由，据此对他们进行再次指导，使他们更好地把握评分尺度，再进行第二次评分，直到达到预先设定的标准为止。

知识链接

公文筐的评分方法简介

● 行为元素评分法。

即针对单个文件的行为反应方式给出评分，一是针对该项考察维度进行评分，二是评估其在问题解决过程中所采取的方式方法，及其最终效果。最后得分可为两者综合得分。行为要素评分法易于操作和计分，是最为常用的一种方法。

● 维度评分法。

即以考察维度（如系统思维、统筹规划、决策能力等）为单位，在重点关注维度上对应试者进行评分。在评分前，需要确定特定问题的主要评分维度和次要评分维度，并均予以评估。维度评分法在计算最终得分时，需要合理分配权重，综合各个题目下该维度的得分，操作相对困难。但其测评结果能够量化分析应试者的优势、劣势，为之后的决策提供明确依据。

● 总体评分法。

即以更为宏观、全面的方式对应试者行为作出评价。评分内容包括文件处理方法、思考问题方式、组织管理能力等。总体评分法操作较为困难，在当前实践中使用较少。

资料来源：田效勋、连旭、胡炜编著：《发现领导潜能》，113～115页，北京，人民邮电出版社，2011。

进入到正式的评估阶段后，每位考官首先需要独立地给每个应试者的答案进行打分，然后由工作人员将评分结果汇总并进行比较分析，观察在某个指标上不同考官的评分是否有很大的差异，如果没有就基本可以得出最后的总分，如果在某些指标上评分差异较大，则需要进行讨论直到得出一致的意见，以保证公文筐测验的评分者信度。在实际应用中，为了减少测验评分的时间、提高评分的内部一致性，还可以采用“锚定计分法”，即每个考官都只对所有考核维度中的两到三个维度进行计分，以解决信息加工量过大的问题，克服考官的评分标准在所有个维度之间频繁转换而带来的误差。表 7—3 给出了公文筐测验评分表的一个例子。除了打出一个简单的分数之外，考官最好能够在各个测评要素上写出书面的评语，从而为评估提供更多宝贵的信息，也能更加清楚地反映出考官对于应试者的意见。书面评语可以从以下几个方面撰写：(1) 关于应试者的其他补充性信息，可以对评分表中没有详细指出的要素表现点作一个记录，也可以补充记录在评分表的考察要素中没有显示的应试者的其他突出特点；(2) 对应试者的疑惑，指考官在看了应试者的书面答案和做了补充追问后对应试者仍存在的疑问，暂时没有办法了解，可留待其他测评技术去探索；(3) 考核意见，即在评语中提出应试者是否有资格参加下一轮考核以及下一轮如何对应试者进行考核的建议。

表 7—3　　公文筐测验评分表举例

测评要素及权重		具体观察要素	评分	备注
分析判断能力（25%）	判断的速度	能在尽量短的时间内迅速抓住问题的要点。		
	判断的质量	能正确辨别出各项文件的重要性和紧迫性，并按照优先级排列，能抓住问题核心，找出造成问题的根本原因。		
统筹规划能力（20%）	规划的速度	能在尽量短的时间内迅速对手头的工作进行规划。		
	规划的质量	能发现文件之间潜在的联系，从而根据各信息的具体情况作出统一、合理的规划。		
决策能力（30%）	决策的时效性	根据公文的紧迫性和重要性，对公文所反映的情况作出及时的处理。		
	方案的可行性	作出的决策在现有条件下可以做到，且不与其他决策相冲突。		
授权能力（15%）	区分任务性质	能表达出个人的合理要求与意愿，并合理使用职权让他人按照自己的要求去完成工作。		
	分配任务	能合理地给他人分配任务，并给予适当的指导。		
书面表达能力（10%）	思路清晰度	表述有逻辑性，层次分明。		
	措辞合理	称谓、用词、语气、文体与自己的身份相符合，用词准确，言简意赅。		
评语： 评分者签字：			总得分：	

附录：公文筐测验题举例[①]

指导语：今天是2006年9月1日，恭喜你有机会在之后的两个小时里担任×集团公司人力资源部副总经理。由于人力资源部的李总经理正在外地出差，因此，你将在他回来之前全权代理他的职务。××公司是一家大型国有股份制企业，其人力资源部下设四个处——人事处、劳资处、福利处、资产管理处，分别处理人力资源调配、工资奖金、员工福利和资产管理等项工作。现在是上午9点，在听取了下属的工作汇报，做好今天的工作安排之后，你来到办公室。秘书已经将你需要处理的今日积压的文件整理好，放在了文件夹内。文件的顺序是随机排列的，没有任何意义，你需要自己去排序处理。你必须在2小时之内处理完文件，并作出批示。11点你还要接待一批重要客户。在这2个小时内，你的秘书会为你推托掉所有的杂事，相信没有什么人会来打扰你。另外，很抱歉，由于各种原因，你在处理文件的过程中，没有办法与外界通话。

现在需要你以文件、备忘录、便条、批示等形式对所有文件的处理意见、办法给出书面表达。最后交给秘书负责传达。在公司，你被员工称为“王副总”或“王总”。

好了，可以开始工作了，祝你一切顺利！

文件一：

王副总：

近期我公司进行了一次设备更新，约有100台电脑被淘汰，现在限制在仓库里，我们觉得虽然这批电脑的性能已经不能满足我公司正常工作的需要，但是大部分仍然工作正常。我们了解到现在我市有部分民工子弟学校正在采购一批二手电脑，以供教学使用。此事如何处理，是卖给学校还是无偿捐赠，望您指示。

资产管理处

2006年8月30日

请你提出处理意见。

文件二：

王副总：

近段时间，第五车间的公司员工反映他们的工资不能按时发放，并且经常被无端克扣，他们还指责车间主任王文埃进行绩效考核时不能客观、有效地对员工进行评定。他们有可能会集体罢工或辞职。此事如何处理？请您批示。

劳资处

2006年8月30日

请你提出处理意见。

---

① 参见徐世勇、陈伟娜：《人力资源的招聘与甄选》，191～195页，北京，清华大学出版社，2008。

文件三：

王副总：

近期各部门相继反映，出于我公司的不断发展扩大，各部门的事务性工作量大幅度增长，因此需要聘用一些专职秘书以缓解各部门的工作压力。以往我们的做法都是采用从本地大专院校招聘临时秘书，虽然成本较低，但是稳定性差，不能满足长期工作的需要，现在我处拟从社会上公开择优招聘秘书，数额大约为20名，此项工作不知您的意见如何？另外，如果决定招聘这批秘书人员，您是否参加面试？

人事处

2006年8月30日

请你提出处理意见。

文件四：

王总：

人力资源信息：9月20日在××饭店召开华东地区大型企业人力资源管理高峰论坛。届时到会的均为各企业人力资源部总经理或副总经理以及国内外一些人力资源管理专家和学者。您是否参加？请回复，以便我及早作出安排，办理相关报名事务。开会时间：9月20日上午8：00—11：30，下午13：30—16：30。

秘书

2006年8月30日

请你提出处理意见。

文件五：

王副总：

公司办公室转来一封群众来信。信中说公司总务处员工陈伟在某居住地扰得四邻不安，群众很有意见。如果情况属实，将会对公司名誉产生负面影响，特别是其居住地附近住有我们公司重要大客户的一些中高级管理人员。总裁要求尽快处理此事。

秘书

2006年8月30日

附：群众来信。

××公司：

我们是富豪居民小区24栋楼的部分住户。贵公司员工陈伟在我们这里租房居住。他经常在家中搞舞会接待朋友，唱卡拉OK，夜里很晚也不结束，影响了我们正常的生活和休息。此外，他还常与社会上一些不三不四的无业人员来往，关系密切，令人反感。希望贵公司能够对此人进行教育。如果他继续这样下去，我们将与派出所联系解决。

24栋楼部分居民

2006年8月30日

请你提出处理意见。

文件六：

王副总：

在前些天的台风中，第一车间和第四车间反映他们那里屋面发生大面积漏水，经过我们勘查是因为房顶年久失修，屋顶建材已经锈蚀，需要总体更换，否则下次大雨情况将更加严重。但是今年的检修预算已经用完，不知能否增加预算，请批示。

资产管理处

2006 年 8 月 30 日

请你提出处理意见。

文件七：

王副总：

根据我们的调查，公司中青年员工离职率高与公司现有住房分配制度有一定关系。目前，公司已停止为员工建设或购买住房，仅为员工提供住房补贴，让他们自行租房居住或由公司提供帮助向银行抵押贷款买房居住。但由于房价太高，中青年员工无力购买，租房又不稳定，员工没有安全感。我们考虑，是否可由公司出资建设或购买一些小型公寓，以适当价格出租给暂时无房的员工，并规定在一定的期限后迁出公寓，给后来的员工暂住。这样可以使中青年员工安居乐业，降低核心员工流动率。此建议是否得当，请指示。如果可行，我们将向总裁办公室提出报告。

福利处

2006 年 8 月 30 日

请你提出处理意见。

文件八：

王副总：

公司业务不断扩大，效益一再创辉煌，根据上月公司董事会的会议精神，我们拟订了一份为公司中层管理人员和核心员工涨 15%工资的薪酬调查方案。

此方案是否得当，请批示。

劳资处

2006 年 8 月 30 日

请你提出处理意见。

文件九：

王副总：

关于开展“我们需要怎样的企业文化”的讨论现已告一段落，我们计划下周三上午 10：00 召开一个中层正职以上管理人员参加的专题讨论会。会议主题是，如何确立公司的企业文化、怎样建设我们公司的企业文化。会上将请您说一说对这个问题的看法。届时我们准备把您的讲话要点打印成文件下发。望您务必参加，并将您的看法写成文字资料交给我们以便打印。（要求：必须在文件处理中由您个人完成此项工作）

人事处

2006 年 8 月 30 日

请你提出处理意见。

文件十：

王总：

据了解，我们的员工福利位于同行业的中上等水平。但考虑到现在行业的激烈竞争和高流动率，为了增强我们的凝聚力和吸引力，我们认为，提高员工的福利待遇是一项有力激励措施。因此，我们提出一项增加员工福利的计划，也就是将现在的人均福利费200元/月提高到人均250元/月的较高水平，另外再增加每半年一次的外出旅游，平均每人每次支出为500元。不知您对这项计划的意见如何？请批示。

福利处

2006年8月30日

请你提出处理意见。

参考答案：

文件一——作出批示，要点有三：(1) 要无偿地捐赠给民工子弟学校。(2) 要大张旗鼓地捐赠，以收到良好的社会效应，塑造企业形象。(3) 把这件事交给资产管理处尽快全权处理。

文件二——作出批示：该事即刻找劳资处去第五车间进行调查，就该车间工资不能按时发放、随意被克扣的原因，以及车间主任的考核不公正事件给出一个书面的回报，这件事要立刻去做，争取今天之前把详细的调查报告书交过来。

文件三——考虑公司的替换成本等原因，只需要招聘10名专业秘书，由这10名专业秘书对其他员工进行培训，提高整体秘书的专业素质。关于面试现场，不参加，由招聘主管去参加即可。

文件四——写一个便条，给出最迟报名时间以及相关的主要内容，再作决定。

文件五——作出批示：(1) 首先去了解实际情况，看群众反映的情况是否属实。(2) 如情况属实，立刻写一份公开道歉信，并由人事处主管亲自道歉。(3) 对陈伟进行批评教育，责令其改正。

文件六——这件事情比较严重，可能预算会比较大，考虑到这个季节不是雨季，可以暂且对车间进行修整。等明年预算批复之后再做根本的治理。

文件七——可以向总裁处提出建议，但是语气要斟酌好，不要强迫、强制要求。

文件八——如果是确实符合董事会精神，就同意。

文件九——下周三的事情现在不必要马上去做，可以设一个备忘录，让秘书再提醒。

文件十——福利可以增加，但是每半年的旅游费要砍掉。

考察的能力：

这十个文件交叉重合地考察了以下五种能力：书面表达能力、分析判断能力、统筹规划能力、预测能力和决策能力。

5分或者7分的评分标准：

施测者可以根据应试者的表现并询问应试者作出决策的原因给出应试者一个5分或者7分的评分标准。

【基本概念】

公文筐测验

【本章要点】

要点一：公文筐测验的适用范围。

公文筐测验的对象是组织中的中、高级管理人员，考察的能力包括业务角度（对组织多方面业务的运作能力，对人、才、物、信息的把握和掌控）和技能角度（计划、组织、领导、决策、授权等）。

要点二：公文筐测验题目的设计原则。

公文筐测验的题目设计原则要注意公文的典型性、难度适中和主题突出。

要点三：公文筐测验题目的编制程序。

公文筐测验题目的编制程序包括五步：一是确定测评要素；二是编制文件；三是初次试测；四是制定评分标准；五是再次试测。

【复习思考题】

1. 如何评价公文筐测验的优缺点?
2. 公文筐测验的评分方法有哪些?

【推荐阅读书目】

田效勋，连旭，胡炜．发现领导潜能．北京：人民邮电出版社，2011.

第八章 其他测评方法与手段

【学习目标】

通过本章的学习，希望达到以下 3 个目标：

1. 使学生理解评价中心技术的基本含义；
2. 使学生熟悉角色扮演、案例分析与管理游戏等方法的操作与实施步骤；
3. 使学生能够熟练地应用履历分析、工作抽样和背景调查等方法。

| 章节导引 |

某能源企业集团总部计划招聘一批优秀的高潜质人才进入管理培训生队伍，未来期望这批管理培训生经过几年针对性培养，能成长为集团职能岗位初级管理者。

前期做项目评估时，该企业人力资源部提出了几点要求：

(1) 不同于普通的校园招聘，管理培训生的选拔需要识别高潜质人才，测评流程和方法要更加科学、有效；

(2) 在过往做校园招聘时，候选人对常用的心理测验、无领导小组讨论、面试等都非常熟知，常常提前准备，此次希望使用更新颖的测评工具。

外部测评咨询机构根据该企业的需求，提出了针对性的解决方案：

(1) 利用“搜寻事实”代替智力测验，考察候选人获取信息、分析判断和决策等能力，选拔高智力人才；

(2) 根据各职能部门的实际情况，设计有针对的“角色扮演”情景模拟测验，重点考察候选人的表达能力、判断能力、应变能力、沟通协调能力等，选拔高情商人才；

(3) 为更好地了解候选人过往的学习、实践经历，设计了内容更加丰富的“履历分析”问卷，通过施测，该问卷有较高的预测效度，在本次大规模管理培训生招聘选拔测评中有效地代替了面试的某些环节。

人才素质测评包含着许多具体的测评手段和方法，前几章详细介绍的心理测验、能力测验、人格测验、职业兴趣测验、面试、无领导小组讨论、公文筐测验只是庞大的人才素质测评体系中的几种常用的测评手段。在实践应用中，还有其他一些测评方法，由于篇幅所限，本书不可能将所有的测评方法都作详细的介绍。本章将介绍几种其他比较常用的测评方法，包括评价中心技术、角色扮演、案例分析、管理游戏、履历分析、工作取样、背景调查七种方法，主要介绍它们的含义、特点和在实践中使用时需要注意的问题，以便于读者了解更多的测评方法，并根据实际需要选择合适的测评手段。

第一节 评价中心技术

一、评价中心技术简介

根据1989年召开的第17届评价中心技术全球会议通过的《评价中心操作指南和伦理问题》报告中的阐述，评价中心（assessment center）技术被定义为“是从多角度出发对行为进行的标准化评估。它使用多种测评技术，通过特定的测评情境对行为作出判断，由多名经过培训的测评师进行测评，所有测评师的意见将通过开会讨论或者采用统计的方法进行汇总。讨论过程中，对每个行为的不同看法以及评价都被整合起来，测评师由此确定测评对象在每个指标上的行为表现的评价或者其他的评价中心可以考虑的变量，若使用统计分析则需要用到一些公认的专业技术方法”。

本书将评价中心技术定义为：评价中心技术是通过创建逼真的模拟工作场景，采用多种测评技术和方法，同时测量多个应试者的多种管理技能和其他素质，并由多位评价者对应试者的表现作出评判的一套综合性的、标准化的测评程序。

评价中心技术最初起源于德国心理学家在 1929 年建立的一套用于选拔军官的多项评价程序。在这套评价程序中，心理学家首先界定了军官所需要的特质的概念，并设计了多种独特的评价方法，包括五官功能和运动协调性测验、书面测验、面谈、任务练习、指挥训练练习等，评价过程持续 2～3 天，由两名军官、一名内科医生和三名心理学家主持整个测评过程。整个测评以整体性和自然性为指导原则，强调评价未来军官的整体素质和评价工作在自然、日常的环境中展开。这两条指导原则为之后评价中心的发展奠定了基础，也是现代评价中心技术的主要特点，德国心理学家所创立的情景模拟测评更是成为了现代评价中心的核心思想。

二、评价中心技术的内容

评价中心技术是多种测评技术的组合，广义的评价中心技术包含了传统的心理测验（能力测验、人格测验、职业兴趣测验等）、结构化面试、投射测验、情景模拟等。狭义的评价中心技术主要指以情景模拟为核心的一系列测评技术，包含公文筐测验、无领导小组讨论、管理游戏、角色扮演、搜寻事实、案例分析、演讲等。

由于无领导小组讨论、公文筐测验、角色扮演、案例分析、管理游戏在本书其他章节中已有涉及，下面简单介绍一下其他一些常用的评价中心技术，比较详细的介绍见后面的章节。

（一）搜寻事实

搜寻事实指的是让应试者去挖掘一些与某个问题相关的信息。在这个测验中，首先会给应试者关于某个问题的一些比较模糊的陈述，应试者可以向一个能够提供信息的人提问以获得更多的信息。他得到的答案和信息取决于他提问的质量，如果他能提出切中要害的问题，他就能获得更有价值的信息。在提问和回答结束之后，应试者需要给出问题的解决方案。为了使测试能够更加有效，考官事先要做好充足的准备以应对应试者可能提出的各种问题。搜寻事实考察的是应试者获取信息的能力、分析判断能力、决策能力和抗压能力等方面的素质。

(二) 演讲

演讲，也称为自我陈述，包括即兴演讲和事先有准备的演讲两种形式。应试者通常会被提供一个具有一定情境性的演讲主题，针对这个主题，应试者以某种身份发表演讲，以达到陈述、劝说、激励、总结等目的。在演讲结束之后，考官还可以对应试者进行提问以获得更详细的信息。演讲考察的是应试者的逻辑思维能力、条理性、口头表达能力、抗压能力、说服力、自信心等方面的素质。

(三) 角色扮演

角色扮演也是一种情景模拟方法，该情景通常是模拟应试者以后可能面临的工作环境，让应试者在该情景中扮演一个特定的角色来处理日常事务，从应试者的实际反应来判断应试者完成工作的能力及其心理素质。角色扮演不仅用于测评，还可以用于培训，给员工以实践的机会，在真实情景中，体验某种行为的结果，让员工更好地学习和改进。

(四) 案例分析

给应试者提供一些材料，介绍组织中遇到的某些问题，材料中的组织可以是虚拟的也可以是真实的，应试者阅读材料后需要为组织存在的问题提出解决方案，案例分析不仅能考查应试者了解知识的程度，也能考查到应试者综合运用知识的能力、综合分析能力以及判断决策能力。一般案例分析还要求应试者提交书面报告，评价者还可以对报告的内容进行评价。

(五) 管理游戏

通过引入游戏的方式来模拟管理场景，观察应试者在玩游戏的过程中表现出来的沟通协调、组织、决策、合作、创造性思维、压力管理能力等素质，管理者收集信息并进行分析，然后作出决策，参与者在游戏中的决策包括各个方面的管理活动，通过管理游戏可以判断参与者的分析信息能力以及综合判断能力，游戏可以刺激学习，在培训中采用管理游戏的方法，可以很好地开发参与者的管理技能。

三、评价中心技术的特点

评价中心有以下几个突出的优点：

(1) 综合性。管理评价中心技术是多种测评技术的组合，这使得各种测评技术能够发挥各自的优势，并相互补充，从而能够对应试者的特点作出更全面的评估。

(2) 效度高。由于评价中心的评分是由多位考官打分得到的，因此考官的评分者信度也就成为最常用的评价中心的信度指标。国外研究表明，评价中心的评分者信度为0.50～0.99，且评分者信度可以通过对考官的培训、互相讨论、合理设定评价维度等方式得到提高。但是在效度方面，研究表明，评价中心具有较高的效标关联效度，因此可以作为预测应试者未来工作表现的测评工具之一。

（3）互动性强。在评价中心的整个测评过程中，应试者与应试者之间、应试者与考官之间有着充分的互动，从而能够最大限度地发挥应试者的能动性，甚至激发应试者尽可能多地展现自己的多方面特征，对于考官来说，可以同时观察多个应试者的表现，通过同时对不同应试者的对比，考官能够更加准确地作出判断。

然而，作为一种测评手段，评价中心也存在着一些问题与不足：

（1）应用成本高。评价中心综合了多种测评技术，这些测评技术从最初题目的编制、过程的实施控制到最后的评估阶段都需要精心的设计和把控，需要投入大量的人力、物力和财力。此外，评价中心的实施耗时较长，通常需要2～3天才能完成。评价中心的高成本特点也使得它难以在企业中得到大规模的推广。

（2）评分难度大。评价中心技术的复杂性对评分者也提出了很高的要求，评分者不仅需要在考核过程中仔细观察、认真记录，还要能够很好地把握考核的要素内涵和打分标准，从而对应试者的表现作出公平、公正的评判。

第二节 角色扮演

一、角色扮演简介

角色扮演（role playing）是评价中心的重要组成部分之一，是一种情景模拟活动，它要求应试者在某个情景下扮演一个特定的角色，通过观察应试者在这个扮演过程中的行为表现，来评判应试者的素质和能力。

按照不同的标准，角色扮演法可以分为不同的类型，较为常见的一种方法是按测评任务的不同分为问题解决类、沟通类、应变类三种不同的类型。问题解决类的角色扮演主要是要让应试者独自或者与他人一起去完成一个任务，解决某一个问题。沟通类的角色扮演通常要求应试者扮演一个管理者的角色，与客户、下属或者同事就某一个问题进行面对面的沟通。应变类的角色扮演会让应试者置身于一种模拟的突发事件情景中，以此来考察应试者的危机处理能力。

案例

一个 10 分钟的角色扮演实例

指导语：你将与其他两个人共同合作，而且你们三个角色的行为是相互影响的。请快速阅读关于你所学角色的描述，然后认真考虑你怎样扮演那个角色。进入角色前，请不要和其他两个应试者讨论即席表演的事情。请运用想象使表演持续 10 分钟。

图书直销员（角色一）：

你是个大三的学生，你想多赚点钱自己养活自己，一直不让家里寄钱，这个月内你要尽可能多地卖出手头的图书，否则你将发生经济危机。你刚在党委办公室推销。办公室主任任凭你怎样介绍书的内容，他都不肯买。现在你恰好走进了人事科。

人事科主管（角色二）：

你是人事科的主管，刚才你已注意到一位年轻人似乎正在隔壁的党委办公室推销书，你现在正急于拟订一个人事考核计划，需要参考有关资料。你想买一些参考资料，但又怕上当受骗。同时，你也一直非常忌讳别人觉得你没有主见。

党办主任（角色三）：

你认为推销书的大学生不安心读书，想利用推销书的办法多赚到一点钱，以使自己的生活过得好一点。推销书的人总是想说服别人买他的书，而根本不考虑买书人的意愿与实际用途。因此你对大学生的推销行为感到恼火。你现在注意到这位大学生马上会利用你的同事想买书的心理。你决定去人事科阻挠那个推销员，但你又意识到你的行为过于明显会使人事科长不高兴，认为你的好意是多余的，并产生他无能的感觉。

角色扮演要点参考（仅供评分人参考）：

角色一应该：

（1）避免党委办公室情形的再度发生，注意强求意识不要太浓；

（2）对人事科主管尽量诚恳有礼貌；

（3）防止党办主任的不良干扰。

角色二应该：

（1）尽量检查鉴别书的内容与适合性；

（2）尽量在党办主任说话劝阻前作出决定；

（3）党办主任一旦开口，你又想买则应表明你的观点，说该书不适合党办是正确的，但对你还是有用的。

角色三应该：

（1）装着不是故意来搞乱为难大学生的；

（2）委婉表明你的意见；

（3）注意不要惹怒大学生与人事科主管。

二、角色扮演的特点

角色扮演法有以下几个主要特点：

（1）仿真性。角色扮演法所设定的角色和情景都来源于日常工作，并融合了多种日常工作情景，这使得被评价者能够对情景产生信任感，并尽快融入自己的角色。

（2）灵活性。角色扮演的形式和内容是多样的，可以根据具体的测评要求来设计相应的情景和角色。对于应试者来说，他的表现形式也是灵活多样、不受限制的，这样就可以使应试者充分发挥，尽可能多地展现自己的素质和能力。

（3）综合性。在角色扮演的过程中，可以反映应试者的多方面能力，如表达能力、判断能力、应变能力等，多人参与的角色扮演还可以培养参与者的团队合作能力。

但是，角色扮演法也存在着一些不足之处：

（1）个别应试者可能在角色扮演中表现出刻意准备的一些行为和模式化行为，而掩盖了他们真实的特征；有些应试者由于自身的原因并不乐意接受这种测评方式，却又没有明确拒绝，导致他们并没有真正进入角色，从而使测评失去了意义。

（2）角色扮演法对于试题设计的要求较高，如果没有很好的设计水平，会导致情景和角色的虚假化和表面化、流于形式，使得受测者没法进入角色或者表现得不真实，从而对测评结果造成不良影响。

（3）在角色扮演中，通常需要一位合作者来扮演对手的角色，这名合作者在与不同的应试者进行互动的时候可能会有不同的表现，使得角色扮演很难做到标准化。

小贴士

为了准确地把握应试者的表现，角色扮演中的评价者可以从以下几个观察点对应试者进行观察和评价：

- 进入角色的快慢；
- 对角色的适应程度；
- 解决问题方法的创造性；
- 对变化的应变；
- 角色扮演者的认可。

三、角色扮演的实施

（一）角色扮演实施前的准备工作

1. 明确角色扮演的目的

角色扮演虽然是一种很有效的测评方法，但仍有一定的适用范围和侧重点，当我

们需要对参与者的协调能力、与他人的沟通能力、在高压环境下的工作表现、决策、计划与组织能力、冲突管理能力进行评价时，使用角色扮演是很有效的。

2. 确定角色扮演的测评维度

根据目标岗位的不同，角色扮演的测评维度也是不一样的。如果参与者是销售人员，角色扮演的重要关注点就是说服力和觉察情绪的能力；如果参与者是管理者，角色扮演的重要关注点是控制协调能力、决策能力以及与下属的沟通能力。所以角色扮演实施前应该根据目标岗位的不同确定角色扮演的测评维度。

3. 培训应试者的合作者

在角色扮演中一般会有一个经过培训的角色扮演者，评价者从角色扮演者与应试者的互动中来观察应试者的表现，角色扮演者需要熟悉应试者的工作环境，对角色扮演者应该说什么话、作出什么反应都要规范化。

4. 设计角色扮演模拟场景

模拟场景要和应试者以后面临的工作环境高度相关，需要突出目标岗位最重要的能力要求，模拟情景需要明确告诉应试者他的任务是什么。

（二）角色扮演的实施过程

1. 位置的安排

角色扮演中各位参加者之间必须是平等的，这样会更加有利于沟通的进行，另外被评价者要面对考官而坐，这样会便于考官对应试者进行观察和评价。

2. 角色扮演的过程

在角色扮演过程中，应试者往往充当的是积极主动的角色，角色扮演的话题、气氛都是由应试者来控制的，在角色扮演过程中考官不能给扮演者和应试者任何指导和干涉。

3. 考官对应试者进行观察和记录

在整个角色扮演过程中，考官要持续观察应试者的行为表现，并记录应试者的言语，最好采用应试者的原话。记录内容要详细、客观、准确，在记录过程中不要对应试者进行评价。

（三）实施角色扮演评估

角色扮演结束后，主考官和评价者需要重新阅读角色扮演的记录文献，对应试者的行为和话语进行分析，结合测评维度分析应试者在角色扮演中表现出了哪些能力特征，对照测评维度的定义和表现出来的行为，对应试者每一维度进行评分。

第三节 案例分析

一、案例分析简介

案例分析法（case analysis method），由哈佛商学院于1880年创立，最初是作为一种培养高级管理人员的教育实践，后来逐渐发展成为人员选拔的一种方法。案例分析作为人才测评的方法，其含义是用书面的形式阐述某一个特定的情境性事件，要求应试者以某一种模拟的身份对事件作出分析或决策的测评方法。考官通过对应试者的分析报告的评估，来判断应试者的某些素质和能力，如综合分析能力和判断决策能力等。

一个好的案例需要满足以下几个条件：

第一，案例的选材要具备典型性和真实性，涉及的测评要素数量要适当。

第二，案例中的事件描述要尽量具体化，给出回答问题所需要的全部信息。

第三，案例的篇幅要适度，一般在500～1 000字较为合适。

第四，问题的设定和拟定的参考答案要有启发性和开放性，使得应试者和评分者都有较大的发挥空间。

案例

一个案例分析的示例

某局机关因工作需要，新成立了一个行政处，由局原办公室副主任李佳任处长，原办公室的8位后勤服务人员全部转到行政处。李佳上任后便到处物色人才，又从别的单位调进5位工作人员。这样，一个14人的行政处便开始了正常运转。

李佳38岁，年富力强，精力旺盛，在没有配备副手的情况下，开始倒没有什么，可是时间长了，问题也就多了。因为在行政处，不管是工作分配、组织协调，还是指导监督、对外联络，都是李佳拍板定案。尽管他工作认真负责，每日起早贪黑，也适应不了如此繁杂的事务，哪个地方照顾不到都会出乱子。行政处内部开始闹矛盾，与其他部门也发生了不少冲突。

在这种情况下，局领导决定调出李佳，派局办公室另一位副主任王强接任行政处处长。王强上任后，首先，着手组建行政处内部组织机构，行政处下设四个二级机构：办公室、行政一科、行政二科、行政三科。其次，选调得力干将，再从原来的局办公室选调两位主任科员任行政处副处长，从业务处选调3位副主任科员分别任三个科的科长，其余科长、副科长在原来的13名工作人员中产生。王强采取这些做法，目的就是改变行政处的沉闷气氛，调动大家的工作积极性，提高行政处的工作效率。

这样，一个 19 人的行政处在 3 位正副处长、8 位正副科长的领导下，再次以新的面貌投入到工作之中。但是过了不久，行政处的工作效率不仅没有提高，反而更加糟糕了。有些下属认为王强经常越权乱指挥，他们的工作没法开展；有的下属则认为王强到处包办代替，没事找事干，和科长争权；有的人认为行政处“官多兵少”，没有正经干活的。不到半年，行政处又陷入重重矛盾之中，不但人际关系紧张复杂，而且大家都没有干劲。王强带来的几个人也要求调回原部门。在这种情况下王强只好辞职。但他很困惑：自己工作热情很高，为什么还领导不好行政处的工作？

问题：

(1) 李佳和王强失败的主要原因是什么？

(2) 应如何改进？

答案要点：

(1) 李佳和王强两次管理上的失败，主要是因为在进行组织设计时，违背了组织设计的基本要求和原则，也就是说，设计管理层次和控制幅度不合理。

(2) 李佳失败的原因：其一是管理层次太少，没有体现出分权管理原则；其二是管理幅度过宽，1∶13 的幅度严重失衡。

(3) 王强的问题是：第一，横向部门设置过多；第二，“官多兵少”，机构头重脚轻；第三，领导方法不当，过于揽权，管得太宽太细，影响中层干部积极性。

(4) 正确的做法应当是：第一，设计组织管理层次和控制幅度一定要适度；第二，确定控制幅度应以管理事务的难易程度为前提；第三，设计控制幅度还要考虑管理者的水平和管理手段以及管理对象的素质等因素。

资料来源：胡月星等：《评价中心与结构化面试》，143～144 页，银川，宁夏人民出版社，2007。

二、案例分析的特点

案例分析有以下两个突出特点：

第一，应用的广泛性。案例分析可以根据试测对象，编制不同背景和不同难度的具体案例，从而既可以对一般管理人员进行测评，也可以适用于中高层管理人员的选拔。

第二，实施便利。由于案例分析的呈现形式和答题形式都是书面化的，因此相比于无领导小组讨论、角色扮演等测评手段而言，案例分析既可以单独对个体试测，也可以大规模地对群体试测，从而大大提高了测评的实施效率。

案例

“智能分析题”：大学生诚信问题

“诚信”即“诚实、守信”，是个人与社会、个人与个人之间相互关系的基础性道德规范。但随着社会的发展和社会主义市场经济体制的建立，利益主体多样化、就业岗位和就业形式多样化日趋明显，导致社会诚信出现危机。加之多年来的应试教育和道德灌输使高校在培养学生过程中不同程度地存在着重智育轻德育的状况，导致了部分学生面对纷繁复杂的社会现象，不能很好地把握自己，造成观念和行为上的偏差。目前，大学生诚信缺失的主要表现有：考试作弊、抄袭作业、剽窃文章；找工作时伪造证件、制作虚假材料、篡改学习成绩；利用国家政策恶意贷款、贷款不还；生活中追求高消费，不愿意过艰苦奋斗、自力更生、勤工助学的生活，向父母提出超越实际可能的生活要求……

问题 1：你是怎么看待大学生诚信问题的？

问题 2：你认为导致大学生出现诚信问题的最核心原因是什么？

问题 3：为解决大学生诚信问题，你认为应该采取的措施有哪些？

三、案例分析的实施

（一）实施前的准备

（1）准备好案例分析的指导语。指导语必须清楚详细地说明应试者在案例分析中的任务，指导语应该简单易懂，保证应试者可以准确无误地理解要求。

（2）提前准备好测验材料。

（3）测评场地必须舒适安静。

（4）选择并确定评价者。案例分析的评分有一定的难度，需要事先对有一定测评经验的评价者进行培训。

（二）案例分析的实施过程

案例分析开始前，评价者要把指导语朗读一遍，确保应试者清楚地理解了案例分析的要求。在案例分析过程中应试者不能与评价者交流，不能向评价者提问，必须独立作答。案例分析的结果可以是口头的解决方案，也可以是书面的解决方案。

（三）案例分析的评分过程

案例分析的设定基本是围绕着测评维度进行设置的，在评分前要确定每个案例主要考察应试者哪些主要维度和次要维度，然后根据应试者的解决方案和行为表现，在每一维度上对应试者进行打分，全面反映应试者的优势和不足。

第四节
管理游戏

一、管理游戏简介

管理游戏（management game）是评价中心技术的测评手段之一，它通过引入游戏的方式来模拟管理场景，观察应试者在玩游戏的过程中表现出来的沟通协调、组织、决策、合作、创造性思维、压力管理能力等素质。

根据所要解决的问题的方向，管理游戏通常可以分为销售游戏、破冰游戏、创造力游戏、会议游戏、团队建设游戏、压力释放游戏、激励游戏、客户服务游戏等。

一个完整的管理游戏应该包括以下几个要素：游戏目的、游戏规则、游戏程序、游戏道具、游戏时间安排、注意事项、讨论题等。

案例

管理游戏：瞎子穿拖鞋

目的：意识到自己力量的局限性，向学员展示团队协作中的相互支持和相互合作，提高团队凝聚力。

所需材料：拖鞋若干、眼罩若干。

步骤：将团队分成几个人数相等的小组，进行小组之间的竞争游戏。首先，将拖鞋放在距离起点前方 5 步的地方，之后每小组轮流派出 1 人参与游戏。将参与游戏的学员的眼睛罩住，带到起点处旋转三圈以后出发，能够准确前进大小适中的 5 步，成功在第 6 步穿到拖鞋的小组得分，最后核算总分，分数高的小组取胜。

在游戏进行中己方可以大声提示参赛成员，其他小组的竞争对手也可以用错误的指示扰乱学员。

讨论题：

(1) 当你被蒙住双眼的时候感觉怎么样？（心里不踏实、害怕、说不出话等）

(2) 你能否在自己行动的基础上，充分信任别人的指导？为什么？

(3) 你如何分清己方的声音和对方的干扰？

(4) 当你被蒙住双眼的时候，你需要什么？（支持、别人的保证、建议等）

(5) 你所在的团队是否获胜？有什么地方做得很好或者需要改进？

(6) 你觉得你团队中的新伙伴怎么样？这个游戏对改善团队伙伴之间的关系有什么帮助？

小提示：

（1）请确保游戏场所的开阔性和安全性，清除掉隐藏的障碍物。

（2）蒙上眼睛以后注意保持平衡，避免摔倒受伤。

资料来源：经理人培训项目编写组编：《管理游戏培训大全（上）》，3～4页，北京，机械工业出版社，2008。

二、管理游戏的特点

与其他测评方法相比，管理游戏有其独特之处：

首先，管理游戏的针对性较强，每个管理游戏都是针对一个具体的管理问题而设计的。

其次，管理游戏通常以团队的形式呈现，使得参与者的团队合作能力得到了锻炼。管理游戏也是观察应试者领导能力、沟通能力和合作能力的极好方式。

最后，管理游戏的参与性强。游戏的形式能够消除应试者的紧张情绪，使他们更快地进入到测验的状态中来，从而在轻松愉快的氛围中展现自己的能力和素质。

案例

玻璃制造公司

“玻璃制造公司”要求应试者扮演一个模拟的玻璃制造企业的管理者。这个游戏可以有20人参加，20名应试者分别被指定扮演20个高层管理者的职位，这些管理职位涉及从董事长到生产经理等一系列职位等级和管理职责。应试者的任务是以任何他们认为合适的方式合作进行公司经营，模拟时间是1天。

这个玻璃制造企业存在很多管理问题和需处理的事务，需要应试者去应对（如果应试者认为合适，也可以对某些问题不予关注）。这些问题涉及的领域和方面很广，包括：

- 当前有一个组建新产品线的机会。他们需要考虑是否要抓住这个机会。
- 有一项与重要客户相关的法律事务需要去处理。
- 企业面临技术革新和淘汰落后产能。

把应试者分成3个小组，3个小组在同一个玻璃制造公司，但面临不同的外部商业环境和生产任务：

- 第1小组：生产前沿产品——为电子通信企业生产产品，处于一个高度不确定和快速发展的商业环境中。
- 第2小组：生产商业玻璃——制造灯管和平板玻璃，面对一个相对稳定的市场。
- 第3小组：生产工业玻璃——生产的产品种类多样，从安全玻璃（市场稳定）到航天器窗户（市场不稳定），因此面临一个复杂的市场。

游戏开始的前一天下午，进行准备工作，包括用幻灯片向应试者介绍公司的组织结构，给每个应试者分配角色，让应试者熟悉模拟的工作环境，发放工作说明书和公司年报等模拟情景的相关资料。第二天早上，游戏正式开始。应试者首先用45分钟时间在办公桌前查看今天的邮件，45分钟以后开通网络和电话线路，这时“管理者们”就可以开始正式“工作”了，比如自由组织会议、发邮件、打电话等，应试者可用电话和邮件与公司内部和外部的任何人联系。

三、管理游戏的组织与实施

（一）前期准备

在管理游戏的前期应该做好以下工作：

（1）通知应试者，告诉应试者参加管理游戏的注意事项，让应试者提前为管理游戏做好准备。

（2）安排好实施管理游戏的场地，场地要便于管理游戏的开展，要确保在游戏过程中将外界干扰降到最低。

（3）事先准备好备用方案，当原管理游戏由于某些原因不能正常进行时可以采用备选方案。

（二）管理游戏的开展

在管理游戏开展前，主考官要简要介绍本次游戏的背景、目的，并对游戏规则和任务作出详细介绍，确保每个应试者都理解了该游戏的规则和内容。然后给每位应试者发放管理游戏的相关材料，管理游戏开始。在游戏开展过程中主考官不能打扰游戏的正常进行。为了事后更好地评价应试者，在游戏开展过程中，最好用摄像机将游戏的整个过程拍摄下来。

（三）管理游戏的评分

实施管理游戏通常是以人事决策为目的或管理能力提升为目的。

以人事决策为目的的管理游戏主要是给出每个应试者的评价报告，用来判断应试者的能力是否与目标岗位能力要求相符。以人事决策为目的的管理游戏应该事先确认出游戏所测评的维度，最后根据应试者的表现给出每个维度的相应得分，依次来判断应试者与目标岗位的适应程度。游戏测评的维度也应该围绕目标岗位展开。

以管理能力提升为目的的管理游戏目的是向员工进行反馈，让员工了解自己的优点和缺点，对员工的反馈可以在游戏中进行，也可以在游戏结束后进行，并鼓励员工积极进行总结和反思。

第五节 履历分析

一、履历分析简介

履历分析，又叫做资历分析技术，是指通过对一个人的履历资料（包括个人基本信息、受教育和培训的情况、工作经历、个人特征、个人爱好、家庭情况等信息）的分析，来判断个体能否胜任岗位工作的要求。

目前较为常用的履历分析工具有权重申请表（weighed application blank）、传记式申请表（biographical information blank）、个人成就信息表（individual achievement test）等，这些工具的不同之处在于它们收集的信息的数量和内容有所差异，但是它们的基本原理和计算方法是一致的。

履历分析的理论基础源于欧文斯（Owens）和舍恩菲尔德（Schoenfeldt）在1979年提出的"个体过去的行为是预测其将来行为的重要指标"。它的基本分析步骤是：

第一，通过工作分析和胜任特征模型的建立，提取出与职位相关的最重要的特征要素；

第二，确定每个特征要素的具体测评指标；

第三，为每个具体测评指标设计选项，并确定每个选项的权重；

第四，根据事先设定的评分标准对应试者填写的内容进行评分和统计，得出应试者的履历测评的初步总分。

二、履历分析的特点

履历分析技术的特点主要体现在以下几个方面：

第一，履历分析收集的信息量大、实用性高。常用的履历分析表收集的信息条目有几十个到几百个不等，涵盖了应聘者的大量个人信息，这些个人信息都有可能成为预测员工未来工作表现的要素，从而为甄选工作提供了更大的信息选择余地。

第二，履历分析的客观性强。一方面，履历数据的内容都是过去发生的历史性信息，是无法改变的客观事实，此外，履历数据的真实性可以通过进一步的调查来核实，从而不易造假。另一方面，标准化的评分方式也降低了评分者的主观性，使得评分标准更加公正、准确。

第三，履历分析的实施成本较低。相比于评价中心技术、工作取样技术等测评手段，履历分析技术一旦设计好了填写表格和评分标准，实施和后续的评估工作将会变得非常容易，只需要让应试者填写相应表格即可，而且履历分析能够同时对大量的应试者试测，大大降低了施测的成本。

第四，履历分析的预测效度高。赖利（Reilly）等的研究表明履历数据分析对绩效的预测效度为 0.35。

表 8—1 是履历分析表计分方法的一个示例。

表 8—1　　履历分析表计分方法示例

专业能力	专业职称（6 分）	2 个职称及以上追加 2 分 A：正高级 B：副高级 C：中级 D：助理级或技术员	A：4 分 B：3 分 C：2 分 D：1 分
	技能等级（4 分）	A：高级技师 B：技师 C：高级工 D：中级工 E：初级工	A：4 分 B：3 分 C：2 分 D：1 分 E：0 分
专业能力	职业认证情况（0.5 分）	国家和企业认可的认证 A：有 B：无	A：0.5 分 B：0 分
	专利类型（3 分每项专利）	A：发明专利 B：实用新型专利 C：外观设计专利	A：3 分 B：2 分 C：1 分
	专利申请地区（0.2 分每项专利）	A：英、日、韩、美 B：其他地区	A：0.2 分 B：0 分
	专业文章（核心期刊）/著作（1.5 分）	A：有 B：无	A：1.5 分 B：0 分
	社会兼职情况（1 分）	A：省部级以上机构、权威社会机构或行业权威机构 B：其他机构	A：1 分 B：0 分

三、履历分析的实施步骤

（1）根据目标职位的特点，设计出关于个人基本情况的问卷。该问卷要能够全面反映出应聘者的基本情况，这些基本情况一般可以通过量化加以明确确定，然后确定评分标准。

（2）确定测评要素。主要由与职位相关的测评要素组成，测评要素的数量应该适宜，一般有 20～50 个测评要素，数量太多将加大测评的工作量，数量太少则无法准确进行测评。

（3）将测评要素等级定义及赋分。某一要素的等级划分数目取决于组织中职位的数量以及职位在该项指标上的差异性，等级划分力求涵盖该指标的所有方面，测评要素的赋分应该根据该要素对目标职位的重要程度来进行。

（4）确定每一个选项对应的加权系数。权重是测评要素重要性的体现，国外有的采用大样本调查统计的方法来确定选项的加权系数，并用百分数来表示。最后结果采用总分制，达不到预定总分的应聘者即被淘汰。

（5）将要素加权值和应聘者所选择选项的加权系数相乘，所得的值即为该要素的最后得分。然后将所有的要素得分相加，即为该应聘者测评的初步得分。

第六节 工作取样

一、工作取样简介

工作取样（work sampling），又叫做工作样本技术，是指应试者在一个高度仿真的工作环境中，完成一套基于工作分析而挑选出来的各种工作任务，考官通过对应试者的行为表现进行评估来判断应试者是否具备胜任某岗位工作的能力。

使用工作取样这一技术，通常需要遵循以下几个步骤：

第一，通过工作分析确定工作的职责和内容，进而得出完成这一工作所需要的基本能力和要求，列出包含这些能力要求的所有工作任务。

第二，从所有工作任务中选出几个有代表性的任务，并将每个任务分解成具体的关键操作环节。

第三，按照一定的顺序将这些任务编排入一个工作取样测验中。

第四，制定评分标准。

二、工作取样的特点

工作取样相比于其他形式的测评方法，有以下几个优点：

第一，具有较高的效度。工作取样具有良好的效度，菲利普（Philip）等人对工作取样技术效度的元分析结果显示，工作取样技术与工作绩效的调整后的相关系数为0.33。虽然从绝对值来看效度并不是很高，但是施密特（Schmidt）在1998年对19种人员甄选技术的效度研究的结果显示，工作取样技术的效度是最高的（其余18种

甄选技术分别为智力测验、诚实测验、责任心测验、结构化面试、非结构化面试、工作知识测验、工作实践、同伴评定、锚定测验、背景调查、工作年限、传记资料问卷、评价中心、培训经验点评定法、受教育年限、兴趣、笔迹分析、年龄）。

第二，表面效度高。由于工作取样技术的测验题目都来源于工作分析所得的工作任务，应试者能够很容易地察觉到测验所考察的内容，因而能够更加投入到测验中去，展现自己的能力和素质。

第三，通过工作取样技术录取的新员工的离职率更低。工作取样技术让应聘者有机会直接接触到未来岗位的工作，从而能够对自己能否胜任这一岗位作出更准确的判断，通过这一技术甄选出来的应聘者，通常都是对这个职位更加感兴趣的并且有能力胜任工作的，他们的离职率也就相对较低。

工作取样技术的局限性主要在于它的高成本。为了使得测验更加逼近真实工作场景，需要有精密的测验设计、采用真实的工作场所，还需要对考官进行严格的培训，同时，测验的性质决定了一次只能对一个应聘者进行施测，这些都增加了工作取样技术实施的成本。

案例

目标岗位：打字员。

测评内容：文字、数字、表格等文本内容的录入。

指导语：“请在 15 分钟内将以下 4 段文本内容录入到你面前电脑上的 Word 文档里；请尽量又快又准地完成每段文本的输入。”

文字内容：略。

测评形式：现场操作。

计分标准：速度、准确率、错误率等。

三、工作取样在实际操作中的注意事项

第一，工作取样要尽可能反映真实的工作环境，工作取样之前应该对目标职位进行详细的工作分析，找出该职位关键的场景和典型的工作，工作取样来源于实际工作，是实际工作的典型代表，与实际工作的相关性是评价工作样本技术优劣的重要指标之一，只有这样，才能保证工作取样技术的预测有效性以及效标关联效度。

第二，工作样本技术有一定的适用范围，它适合于选拔有工作经验的求职者，并且在测评时需要结合智力测验、职业测验等评价法，需要对应试者进行全面的考察。

第三，工作样本评分时不仅要对测评的效度和信度进行检验，还需要分析情境的合理性，确保评分的科学性和全面性。

第七节
背景调查

一、背景调查简介

背景调查（reference check）是指从应聘者提供的外部证明人或者之前工作的单位那里获取资料，来核实应聘者个人情况的一种方法。通过背景调查能够核实应聘者教育背景、工作经历、工作能力、个人品质等方面的信息，为组织的人事决策提供更丰富的依据。

关于何时进行背景调查，目前在实际操作中有两种常用的方法。第一种是入职前背景调查（pre-employment reference check），此时用人单位有录用意向，但候选人尚未正式确定入职。在这个时间段进行背景调查，可以减少招聘成本，因为用人单位只需要对某几个在考虑范围内的候选人进行背景调查，而且一旦在背景调查中发现候选人有造假的情况，也可以比较容易地结束招聘进程，承担的法律风险较小；但是通常这段时间非常短，不一定能够及时完成背景调查，候选人也有可能在这段时间内转向别的企业，造成人才的流失。第二种是在入职之后的试用期之内开展背景调查，称之为入职后背景调查（post-employment reference check）。在这段时间内，公司有充足的时间开展背景调查，并且就调查成本而言非常低（只需要调查某一个员工）。但是也会面临更大的风险：比如员工确实有重大的道德问题，就可能会给公司带来重大的损失；另外由于已经与员工签订了正式的劳动合同，一旦通过背景调查发现员工有造假行为，辞退员工会让公司承担比较大的法律风险。

背景调查的实施者通常可以是企业的人力资源部门、专业的第三方调查公司或者猎头公司。具体选择哪一种方法，需要综合考虑招聘的职位级别、公司规模、招聘成本等因素。

关于背景调查的内容，并没有统一的标准，往往根据企业自身的需求展开。表8—2给出了背景调查常常涉及的几个项目，以供参考。

表8—2　　背景调查的内容

项目	具体内容
个人基本信息	姓名、出生日期、籍贯等。
教育和培训经历	正规教育的水平、培训的经历以及其他资格证书和奖励情况。
个人工作经历	证明人与应聘者的关系、应聘者的工作起始时间、工作职责、薪酬水平、离职原因等。
个人特征	应聘者的工作技能、性格、爱好、特长、能力水平等。
个人品德	个人的忠诚度、信用、责任心、人际关系等。
其他信息	其他与工作岗位相关的信息。

二、背景调查的具体方式

进行背景调查，可以通过电话调查、档案查询、专人查询等多种方式进行。

背景调查的信息量较少时，可以由企业的人力资源部进行，派人力资源部的员工去应聘者原来的工作单位、曾经就读过的学校进行调查，由人力资源员工进行背景调查，获得的信息可信度较高，但是比较耗时费力。

当调查信息量较大时，可以将背景调查委托给有背景调查业务的中介机构，让其去应聘者就读过的学校进行调查，这样可以立刻分辨出学历和学校活动的真伪。去应聘者原来的工作单位进行调查原则上可以了解应聘者以往的工作绩效和个人能力，但应聘者原来雇主的评价是否客观需要我们加以辨认。为了防止自己的优秀人才被挖走，原雇主可能会降低对自己员工的评价。也可以去档案管理部门进行背景调查，目前档案由国有单位的人事部门和人才交流中心保管，他们对档案的传递有着严格的保密规定，因此利用档案进行背景调查的可信度也比较高。委托调查的优点是快速、专业，缺点是费用较高。

三、背景调查在实施中应注意的问题

背景调查作为规避用人风险的有效手段之一，已经被越来越多的组织采用，但在实际使用过程中，需要注意以下几点：

第一，背景调查需要征得被调查者也就是应聘者的同意。背景调查开始之前需要应聘者以书面形式签署同意组织进行背景调查的知情书，并且提供 2～3 位证明人的姓名和联系方式。

第二，背景调查的内容要与工作岗位相关。背景调查所涉及的项目应该是与应聘者未来所要从事的岗位工作相关的内容，调查者不得获取与工作无关的应聘者的其他隐私性信息。

第三，背景调查的结果要注意保密。背景调查的结果一般情况下不宜向其他人尤其是应聘者本人透露，除非背景调查结果显示应聘者有严重的造假问题。

第四，要慎重使用背景调查的结果。背景调查作为一种测评手段，其结果只能作为人事决策的一个参考，最终的人事决策还需要参考其他测评工具的测评结果。

四、背景调查中如何识别虚假信息

通过背景调查，可以证实应聘者的教育背景、工作经历以及人际交往能力。良好的背景调查可以为企业节省未来各种不必要的花销。规避用人风险，核实背景资料有以下技巧：

第一，让应聘者提供教育背景和工作经历的证明人选，调查者可以通过证明人选来核实背景资料。

第二，采用“步步紧逼”法来核实背景材料。

在核实教育背景时，根据应聘者的专业，面试人员可以提出一些专业问题，通过应聘者的反应就可以初步判断出文凭的真假。

对于应聘者的社会活动和工作经历，面试人员可以对其中的某些细节问题连续进行提问，例如：“你过去工作的主要内容是什么？你的直接上司是谁？在原来工作中，最让你有成就感的是什么事?”在背景材料核实中，面试者不一定需要了解相关的技术知识，只需要根据应聘者的反应就可以判断出应聘者是否在撒谎。

第三，当我们对应聘者的背景信息存在疑惑时，可以让应聘者签署承诺函，在承诺函里应聘者需要申明，公司一旦发现自己的背景资料中存在虚假信息，公司可以无理由地辞退员工。采用此种震慑方法也可以有效减少虚假信息的存在。

附录：评价中心示例

某集团人力资源部计划从内部选聘2名分公司总经理。为了作出更加准确的人事决策，人力资源部引入现代人才测评技术，突破传统的选拔标准，对候选人的综合能力进行评价，特委托专业人才测评机构对竞聘分公司总经理的候选人进行综合素质的测评。

专业人才测评机构根据此次竞聘的实际需求，专门定制了一套以情景模拟测验为主的测评方案，包括案例分析、角色扮演、公文筐、搜寻事实、管理游戏和结构化面试六种测评技术，分别从问题分析、决策力、领导力等多个维度评价应试者。整个测评实施过程需要3天，六种测评项目结束之后，专业人才测评机构会根据应试者在情景模拟测验和面试中展现的能力与特点逐一进行研究、讨论，在对各个应试者每一项测评内容的评价形成一致意见后，会撰写出书面报告，对应试者各方面素质和发展潜力进行综合评价。表8—3是测评工具和测评维度细目表。

表8—3　　测评工具和测评维度细目表

测评工具 测评维度	案例分析	角色扮演	公文筐	搜寻事实	管理游戏	结构化面试
问题分析	√	√	√	√	√	√
决策力	√	√	√	√	√	√
领导力	√	√	√		√	√
换位思考		√				√
行政管理			√		√	√
授权			√			√
计划与组织			√		√	
压力承受		√		√		
团队合作					√	
口头表达		√		√	√	√
书面沟通	√		√			

最后，集团人力资源部参照综合评价报告，结合应试者日常表现和集团整体战略考虑，最终选定2位分公司总经理。一年之后这两个分公司业务快速增长，实现利润

超出原计划30%。

为了对应试者进行一个全面的评价，该样例中的测评方案是多位测评专家采用多种测评工具，在多个测评维度上对应试者进行全方位的标准化评估，通过多名经过专业培训的评价者对应试者在特定的测评情景中表现出的行为作出判断，然后将所有评价者的意见通过讨论和科学统计进行整合，从而得出针对个体的综合评估。在综合讨论中，要全面量化行为反应，并且常常要汇总一个评定等级，根据评估应试者在测评维度上的表现，讨论出测评结果。

【基本概念】

评价中心技术　履历分析　工作取样　背景调查

【本章要点】

要点一：评价中心技术的内容。

广义的评价中心技术包含了传统的心理测验（能力测验、人格测验、职业兴趣测验等）、结构化面试、投射测验、情景模拟等。狭义的评价中心技术主要指以情景模拟为核心的一系列测评技术，包含公文筐测验、无领导小组讨论、管理游戏、角色扮演、搜寻事实、案例分析、演讲等。

要点二：案例分析法的案例需要满足的条件。

1. 案例的选材要具备典型性和真实性，涉及的测评要素数量要适当。

2. 案例中的事件描述要尽量具体化，给出回答问题所需要的全部信息。

3. 案例的篇幅要适度，一般在500～1 000字较为合适。

4. 问题的设定和拟定的参考答案要有启发性和开放性，使得应试者和评分者都有较大的发挥空间。

要点三：履历分析的特点。

1. 收集的信息量大、实用性高；

2. 客观性强；

3. 实施成本较低；

4. 预测效度高。

要点四：常用的背景调查内容。

常用的背景调查内容包括个人基本信息、教育和培训经历、个人工作经历、个人特征、个人品德以及其他信息等。

【复习思考题】

1. 评价中心技术的优缺点有哪些？

2. 履历分析的理论基础和基本操作步骤是什么？

3. 工作取样技术的优缺点有哪些？

4. 背景调查在实施中要注意哪些问题？

【推荐阅读书目】

胡月星，等．评价中心与结构化面试．银川：宁夏人民出版社，2007.

孙健敏．人员测评理论与技术．长沙：湖南师范大学出版社，2007.

第九章 人才素质测评报告

【学习目标】

通过本章学习，希望学生达到以下3个目标：

1. 使学生了解测评结果的分析方法；
2. 使学生掌握测评报告的撰写方法；
3. 让学生熟悉测评结果的基本应用。

第一节
人才素质测评的结果分析

人才素质测评所收集到的资料有量化的数据，也有定性的描述，不同的资料有不同的表示方法。

一、人才素质测评结果的表示方法

人才素质测评结果最终需要转化为报告的形式呈现给使用方，并且人才素质测评的结果最终需要作为组织选拔、配置、培训、考核、晋升等人才素质活动的重要依据。因此，人才素质测评结果的呈现和表达就显得尤为重要。人才素质测评结果的表示方式主要有文字、数据和表格、图形三种。

（一）文字

这种方法就是用文字陈述的方式来呈现人才素质测评的结果，这种方法的应用广泛，适用的场合也最多，比如面试评估、资料分析等。使用文字来表示人才素质测评的结果有自身无法取代的优点，文字便于理解、生动形象、语义丰富，可以帮助使用者迅速作出判断和评估。但是文字表述也有自身的缺点，比如容易带有主观倾向，评价者的个人素质对报告质量有很大影响，不同人对于词汇的不同理解容易引起误会等。总体来讲，文字表述还是人才素质测评结果最常见的表示方法。

案例

应试者在影响力方面的表现

影响力界定：能积极地影响他人来获得对自己的认同，并把他人的需求考虑在内。

应试者的表现：张莉在两项测验中都没能展现自己的影响力。在无领导小组讨论中她所有的意见只有一个被小组其他成员采纳了；在角色扮演中，角色扮演者没有被她的方法说服，并且没同意她的工作建议。

评价：很不符合标准。

（二）数据和表格

这种方法是使用数据和表格的方式来表达人才素质测评的结果，这种方法是定量的描述，使结果的描述更加精准和客观，不容易受到评估者情绪和水平的影响，并且精美简洁的表格可以帮助使用者更加直观地了解候选人的实际情况和相对水平。但是这种数据和表格的表达方式对阅读者的素质提出了一定的要求。

案例

候选人在胜任特征维度上的得分简要举例

表 9—1 是一个简要的候选人在胜任特征各维度上得分的例子。

表 9—1 候选人在胜任特征维度上得分示例

候选人编号	战略思考	决策能力	学习创新	追求成功	承受压力	影响沟通	队伍建设
10001	9.5	9.5	9.5	10	10	9.5	9
10002	8.5	8.5	8	9.5	9.5	9.5	8
10003	8	8.5	8.5	9	8	7	7
10004	8	7.5	7.5	9	8	7.5	8
10005	8	8	7	9	7.5	7.5	7.5
10006	8	7.5	7	8	7.5	7	7.5
10007	7.5	7.5	7.5	8.5	8	7	6.5
10008	7.5	7	7	9	8	6.5	6.5
10009	7	7.5	7	8.5	7	6.5	6.5
10010	7	7	7	8.5	7.5	7	6.5
10011	6.5	6.5	6	6.5	6	6.5	6

(三) 图形

这种方法是使用图形来描述人才素质测评的结果，它也是一种定量的表述方法。用图形来表达会使结果更加简洁明了、直观形象。我们常用的一些图形，比如柱状图(如图 9—1)、饼形图、折线图等，都可以很好地反映个体测评结果的绝对数量和相对水平以及走向趋势等信息。

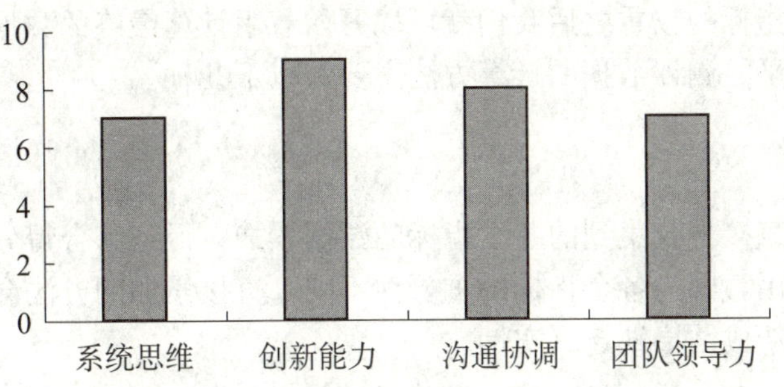

图 9—1 用柱状图描述人才素质测评的结果

二、测评数据的处理

以下将介绍一些常见的数据处理方法，这些方法对于准确描述结果至关重要。

(一) 测评指标的量化

我们在获得了一些代表人员素质的数据之后，如何将这些数据进行统计、排序就成了我们目前的着眼点。在测评指标量化的过程中，最重要的步骤就是将各个指标赋予合适的权重。加权分配就是依据测评指标体系中各个部分相对于总体的重要性不同，赋予相应的百分数，以区分测评指标在测评体系中的重要性的一种方法。确定一个指标的加权系数的依据主要有三个：依据指标在体系中的重要程度；依据测评目的；依据测评对象的职责。确定加权系数的方法主要有：

(1) 经验加权法：根据测评者之前在人事工作中的相关经验进行权衡，对各个指标的重要性进行排序，赋予加权系数。

(2) 专家估计法：聘请一些测评方面的专家来进行加权分配，让聘请的每一位专家都独立对指标进行一个加权分配，然后剔除极端值，将各位专家的权重系数进行平均作为最终的权重系数使用。

(3) 统计分析法：通过数理统计的方法，考察各测评角度测评的标准差，将标准差大的，也就是结果不稳定的赋予较小的权重；将标准差小的，也就是结果相对可信度较高的赋予较大的权重。

(4) 比较评分法：将所有的测评指标按照重要性进行两两比较，最终得出一个重要性的排序，依据这个排序给出相应的权重系数。

(5) 德尔菲法：这种方法比较复杂，是制定一些专家意见咨询表，聘请一些专家独立对测评指标进行排序加权，然后汇总各位专家的意见以形成总体意见，再将其反馈给各位专家，请各位专家再一次排序，如此反复这个过程，直到得到最后的权重系数。

(二) 测评数据的计算

确定了各个指标的权重之后我们就可以开始着手计算最终的数据，从而确定应试者的总体素质水平。测评数据的计算方法主要有以下几种。

1. 加法汇总

加法汇总即直接将收集到的各个指标的数据累加，得到综合得分使用。这种方法在实际中很少使用，因为各个指标的重要性不同，直接累加的方法会对最终的结果产生很大的影响，造成结果缺乏真实性。

2. 平均数法

平均数法就是对各个测评指标的分数计算平均数。这种方法经常用于处理专家的测评结果，将多位专家的意见进行汇总平均可以消除偶然的误差。

3. 加权求和法

这种方法是将各测评指标的原始分值乘以相应的权重系数，然后进行累加的方法。这种方法在实际操作中比较常用，因为它可以很好地反映每个指标的重要性，并且也可以综合应试者在各个指标上的得分。

4. 加权平均法

加权平均法是求几个权重系数不同的测评指标的平均值的方法，也就是将每个指标分数乘以相应的权重再累加之后，除以测评指标得分总和。

（三）测评内容分析

经过了上面的过程，我们得到了测评的结果。接下来我们需要对这个结果进行分析并且赋予这个结果一些实际的意义，将个体测验的分数与总体或者其他个体进行比较，从而为人事工作提供依据。

测评内容的分析可以考察整体的分布，也可以考察总体的水平。整体分布的分析主要通过频数分布表、累计百分比分布表、累计频数分布表等形式，这样可以了解数据的极值和分布，也可以通过作图来呈现一个更直观的总体情况。总体水平的考察主要是通过平均数、众数、中位数等完成的，也可以通过考察方差、标准差等系数来了解数据之间的差异。

第二节 人才素质测评报告的撰写

人才素质测评报告的撰写是人才素质测评的最终环节，也是最直观的结果呈现部分，人才素质测评报告撰写的质量会直接影响之后对测评结果的使用，因此人才素质测评报告的撰写也是人才素质测评最重要的一环。以下我们主要介绍三种人才素质测评报告的撰写要求。

一、单项测验分析报告

每个测验会针对特定的测评方面。一般来说，可以先整合在该测验上获取的所有数据信息，对应试者在该测验上的表现进行整体的描述，进而撰写测验报告。

案例

文件筐报告样例（应试者 A）

一、总体情况描述

该应试者的系统思维突出，能够从全局角度整体地考虑问题。统筹规划能力较为突出，能够把握工作中各种任务的轻重缓急，合理分配资源。决策风格较为稳健，能够考虑到长远利益。相对而言，授权控制与组织建设能力略显不足，还未能自如地运用授权手段推进任务的执行。在组织建设方面，缺乏可操作性的管理技能和手段，管理经验有待丰富。

二、维度得分剖析

该应试者在所测查的 5 个维度上的成绩如图 9—2 所示。

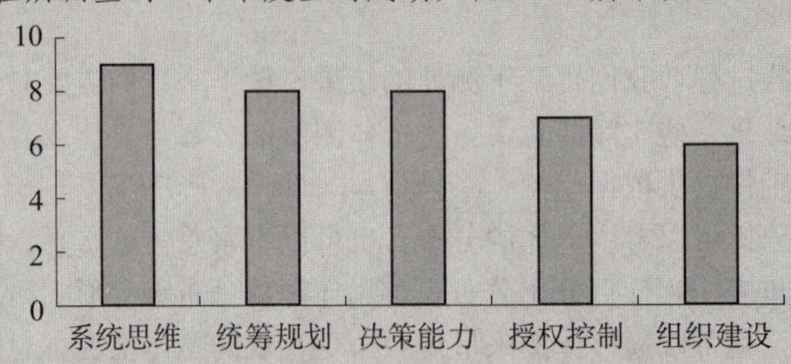

图 9—2　应试者在所测查的 5 个维度上的成绩

注：1～2 表示很差（等级 1），3～4 表示较差（等级 2），5～6 表示尚可（等级 3），7～8 表示良好（等级 4），9～10 表示优秀（等级 5）。

三、维度特征描述

1. 系统思维

（1）能够把各个文件当做整体，站在全局角度把握材料中提及的信息；

（2）统筹协调各部分的资源状况，提出解决问题的方案。

2. 统筹规划

（1）能够基本厘清各个文件的轻重缓急；

（2）考虑到各个文件信息之间的资源冲突、时间冲突以及资源支持，结合工作内容有针对性地提出解决问题的办法。

3. 决策能力

（1）能够综合分散在多个材料中的外部环境、目前人力和物力资源状况以及人际关系等多个分析问题角度，综合衡量利弊，从全局角度作出决策；

（2）在决策过程中，不仅考虑到解决当前的工作问题，考虑决策后果的影响，而且还考虑到如何从长远角度出发建立机制以避免类似问题的出现；

（3）决策风格较为稳健，首先想到要在进一步了解具体情况之后，再作出决策。

4. 授权控制

（1）有一定的授权意识，能够首先想到通过将文件传阅给相关负责人，有意识地将部分权力下放；

(2) 能够结合本部门的实际情况对当前工作向各个相关部门作出一定的安排，但相对来说，安排显得过于细致，导致授权不够充分；

(3) 授权后的监控意识不足，没有有意识地责成相关负责人定期汇报，形成沟通渠道和机制，以更加有效地对工作进度进行监控和指导。

5. 组织建设

(1) 对于涉及团队内部管理、成员分歧处理、人才建设等团队管理内容的文件信息有一定的敏锐性；

(2) 仅对单个团队管理问题反应，看不到各个管理问题之间存在的内在联系，没有考虑到从整个组织建设的角度出发以解决管理问题；

(3) 提出的管理措施过于空泛，缺乏可操作性。

二、应试者个人分析报告

个人报告是指针对某个个体测评结果的报告。一份好的个人报告需要达到结构严谨、信息详尽、客观公正这三个要求。

一份好的报告一定要有严谨的结构，这样才能使阅读者对报告的内容一目了然。一般一份完整的个人报告需要包括 8 项内容。

(1) 测评归类信息：主要包括测评编号、单位、机构名称、日期，这些信息是为了方便之后的整理、归类和存档，以及对测评结果的追责。

(2) 应试者信息：这一部分包括应试者的姓名、性别、年龄、教育情况、职业情况等人口统计学相关信息，这些个人特征的收集既可以印证测评结果的真实性，也可以为测评结果的解释提供一些参考信息。

(3) 测评项目：这一部分包括测评的具体内容，需要列举出测验的题目和顺序、填写的要求等信息。

(4) 测评结果：这一部分主要列出应试者的测验结果，包括应试者的总体结果与各指标的分别结果。测评结果的陈述可以选用文字与图表结合的方式，更直观地向阅读者展示测评的数据资料。

(5) 结果分析：这部分是报告最重要的部分之一，主要陈述针对这个数据结果进行的分析和解释，这里需要根据题目的顺序逐个进行解释。在撰写这一部分时，需要注意的是解释的准确性和合适性，既不能模糊带过也不能牵强附会，这里要求撰写人客观、准确地呈现出结果的实际意义。

(6) 总评：总评是报告最受到关注的部分，也是最考察报告质量的部分，这一部分需要撰写人综合测评的目的和测评的结果，对应试者进行一个总体的评价，并给出一些操作性的意见。比如如果是用在企业的招聘上面，这里则需要撰写人呈现出该候选人的各方面评价：哪里适合这个职位、哪里不适合这个职位、总体来讲是否可以胜任这个职位等信息。

(7) 复核意见：这一部分需要由专家核查整个报告之后填写意见。

(8) 责任人信息：这一部分是填写撰写人和复核专家的信息，包括姓名、工作单

位、日期等，以便后期的沟通和追责。

在撰写一份完整的个人报告时，撰写人还需要注意的是保证信息详尽并且客观公正。人才素质测评报告的结果和结果分析的部分应该尽可能详细地进行分析，采用文字、数字、图形、表格等多种形式进行呈现，既要描述应试者的优点也要指出应试者的不足之处，并辅以应试者的具体表现作为事实依据，供阅读人选择使用。另外，个人报告撰写的另一个要求则是保证报告的客观公正性。通过之前的各个环节，我们可以发现，人才素质测评过程很多时候都会受到一些主观因素的影响，我们在最终撰写测评报告的时候则需要注意主观因素带来的影响，力图使报告的分析和呈现客观、科学。

案例

人才素质测评个人分析报告样例

姓　　名：—

报告时间：2013 年 11 月

个人信息

姓　　名	—	性　　别	—
目前部门	—	目前职位	—

一、胜任特征模型结构

胜任特征模型结构见图 9—3。

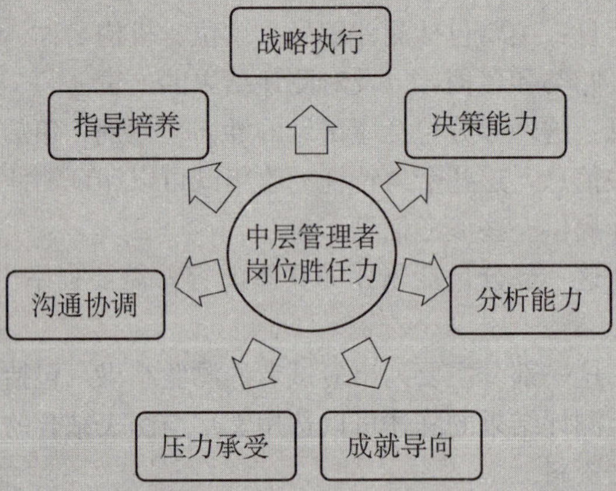

图 9—3　胜任特征模型结构

通常可以从以下三个方面来看待自我的胜任特征。

M（Mental capability）：脑力。

脑力影响一个人在工作中学习业务技能和管理技能的速度和质量。该方面突出的人工作中能够快速上手，容易提出更多有创新性的思路，在工作能力和专业水平上有突出的表现。本次测评脑力包括：战略执行、决策能力、分析能力。

A（Attitude）：态度。

态度影响一个人工作的动力、主动性、责任心。该方面突出的人工作中表现出高涨的工作热情和积极主动的态度。本次测评态度包括：成就导向、压力承受。

P（People skill）：人际技能。

人际技能影响一个人与他人之间工作关系的状态。该方面突出的人工作中能够更融洽、更灵活地与他人进行合作，或者影响他人工作以完成团队目标。本次测评人际技能包括：沟通协调、指导培养。

二、胜任特征综合分析

发现您的优势。

脑力（Mental capability）方面：

对工作的开展有统筹意识，善于提前做计划，为任务有序落实打下基础。

能考虑到尽量平衡多方关系，不盲从于某一方，有自己的理性判断。

……

态度（Attitude）方面：

常对潜在的困难作好相应的准备，推动落实工作时有热情。

为自己定下了更高的标准，并着手实现，有比较强的成就动机。

……

人际（People skill）方面：

善于采取谈话等方式，使员工获得更好的体验，体察下属的意识强。

能积极为下属争取既得利益，为下属的发展尽力作好平台铺垫，关心下属成长。

……

如果这些方面得到提升，你会更好地产出业绩。

应学会坚持原则。需要强化对工作制度、要求的理解和坚持。

应学会果断决策。需要避免犹豫不决。

……

如何“扬长”与“补短”？

“亲和”是您在沟通中展现出的优势。未来在推行某项工作遇阻时，可采用“先礼后兵”的方式，而非一味迁就对方，如此可能会让工作落实得更顺利。

“决断”是您需要再加强的方面。当遇到矛盾冲突时，可积极与他人（尤其是与上级）进行沟通，明确原则，获取支持。行动前列出几种可能性措施，对不同决策后的风险做到心中有数，必要时，坚守既定原则，不妥协。

……

三、参测群体总体分析报告

人才素质测评报告的另一种类型则是总体报告，这种报告主要是运用于一个企业有大量员工参与某一项测评的情况。总体报告一般着眼评价应试者的绩效、知识水平、性格等特征，为企业内部的培训和晋升提供依据。

总体报告也需要有严谨的结构，一般包括 8 个部分。

（1）测评需求分析：这一部分需要对组织进行调查研究，把握组织的整体情况，

针对测评目的进行需求分析。

（2）测评设计：确定了组织的测评需求与测评目的，就可以开始设计测评的方式和结构。

（3）测评手段：测评手段的选取也要依据测评需求和测评对象的具体情况。

（4）总体特点：这一部分主要需要撰写人概括总结测评对象的共同特点，以及整个组织在这一方面的整体情况。

（5）团体测评结果：通过多种方法对团体测评的总体结果进行直观的呈现。

（6）结果分析：分析团体结果所代表的实践意义。

（7）讨论：探讨根据这样的结果，组织应该采取什么样的措施。

（8）专家意见：征求专家的意见，保证测评的科学性。

总体报告一般要从描述统计的角度去考察测评对象全体的分数分布、差异大小等，之后要针对不同部门、不同岗位、不同级别的个体进行素质差异分析，将这些结果进行整合比较，形成能为企业的配置、培训等环节提供依据的有意义的报告。

案例

人才素质测评整体分析报告样例

一、对项目需求的理解

面对获取进一步发展的机遇与挑战，某乡镇在发展集体经济组织的工作中树立起了人才是第一资源的观念。并创新现代人力资源开发与管理体制，逐步探索市场化干部管理，健全以品德、能力、业绩为重点的人才评价、选拔、任用、激励保障机制。该乡镇为配合内部改革的需要，及进一步加强所属企业的干部体系建设，特委托外部咨询机构采用科学的竞聘选拔方法，公平合理地选拔既胜任职务要求，又能服从组织战略发展需要的乡镇所属企业后备管理干部，并对这些干部进行重点培养与发展。最终培养和造就一支政治素质好、理论水平高、工作能力强、具有先进经营管理理念和开拓创新精神的后备人才队伍，为乡镇政府的改革和发展提供坚实的人才保障。

二、项目总体思路

基于测评项目的具体需求，本项目实施的思路如表9—2所示。

表9—2　项目实施思路

后备干部选拔测评技术思路		相关技术保障	
步骤一	建立基于岗位胜任特征要求的评价维度	步骤一	结构化访谈技术 背景资料分析 确认多维度评价
步骤二	选择与设计有针对性的测评工具	步骤二	笔试（管理、专业等方面） 评价中心技术 结构化面试
步骤三	现场测评的组织与实施	步骤三	多专家评估 标准化施测流程
步骤四	数据资料的整理与分析	步骤四、五	翔实的第一手资料 反复讨论与分析 多专家一致性分析
步骤五	提供测评结果		

三、总体情况概览及笔试结果具体分析

本报告将根据测评各个环节中所获得的相关数据，对测评的结果从整体上进行分析，描述了本次后备干部的整体特点，为进一步对本批后备干部的培养、任用等提供参考依据。

1. 参测人员基本情况分析

如：参测人员的年龄结构如图 9—4 所示（其他如学历、性别等略）。

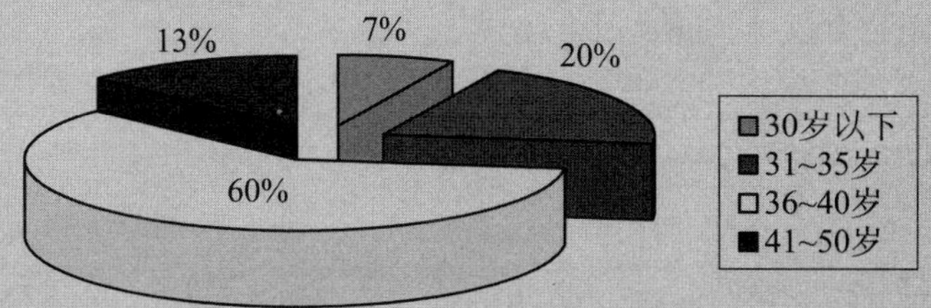

图 9—4　后备候选人的年龄结构

我们分别针对参与测评的人员年龄结构、性别结构以及这些因素在不同测评环节上的分布变化对参测人员进行整体分析，结论如下。

……

2. 笔试相关测验基本情况分析

如：认知能力测验分析如图 9—5 所示（其他略）。

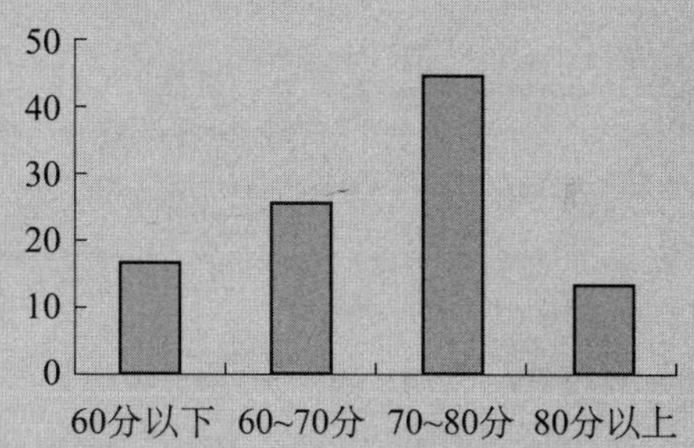

图 9—5　认知能力测验分数分布

从各分数段上的人数分布来看：……

四、从评价中心技术所能看到的

如：无领导小组讨论（其他略）。

根据我们对该乡镇政府具体乡情及战略发展规划的了解，设计了无领导小组讨论试题。一方面，对候选人的团队领导能力、组织协调能力、人际影响力等素质进行评价；另一方面，统计候选人对各选项的选择情况，分析这批候选人是否能够站在一定的高度，并以开拓进取的意识看待当前乡镇政府的发展。

统计结果如下：……

从无领导小组讨论的结果可以看到：……

五、测评整体结果具体分析

基于 MAP 胜任特征模型的素质分析——描述性分析。

通过一系列测评的结果，我们对候选人综合素质有了相对全面的了解。外部咨询公司将不同的胜任特征维度纳入M、A、P三个方面来进行分析，即候选人在脑力（M）、态度（A）以及人际技能（P）方面的特点。“MAP”主要是指：

M（Mental capability）——脑力。

影响一个人在工作中学习业务技能和管理技能的速度和质量。M方面得分高的人在工作中能够快速上手，容易提出更多有创新性的思路和方法，在工作能力和专业水平上有突出的表现。

A（Attitude）——态度。

影响一个人工作的动力（含主动性、责任心等），以及价值取向等方面。A方面得分高的人在工作中表现出高涨的工作热情和积极主动的态度。

P（People skill）——人际技能。

影响一个人与他人之间工作关系的状态。P方面得分高的人在工作中能够更融洽、更灵活地与他人进行合作，或对人进行有效的管理引导，影响他人工作以完成团队目标。

我们对本批后备干部的脑力（M）和态度（A）以及人际技能（P）三个主要方面的得分进行了统计，如图9—6所示。

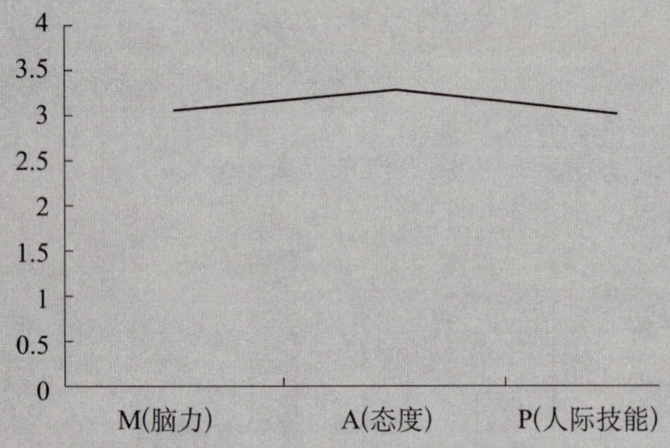

图9—6 后备干部MAP得分统计

注：该图为MAP定性等级描述，其中3=优秀，2=中等，1=待发展。

表9—3是对本批后备干部的脑力（M）和态度（A）以及人际技能（P）三个主要方面进行的具体描述。

表9—3 后备干部“MAP”优缺点具体描述

	突出的优势	不足的地方
M	……	……
A	……	……
P	……	……

六、相关建议

基于本次测评的目的，根据测评结果，在对这批后备干部的综合素质进行整体分析与总结之后，我们对当前这批干部的使用和培养方面提出了以下参考性建议。

1. 该乡镇政府应该做些什么

（1）……

(2) ……

(3) ……

(4) ……

(5) ……

2. 外部咨询机构能为该乡镇政府做些什么

图 9—7 是外部咨询机构基于评价中心的人事决策系统。

人员发展职业生涯规划 为重点人才进行综合素质发展性反馈辅导； 辅助各级“指导员”完成人员培养计划； 管理技能的体验式培训，通过课堂体验、课后辅导提高后备干部的管理技能。	科学的人才评估与盘点 用科学的评价方法提供人—岗匹配的决策依据； 岗位分析与人才测评相结合，确认人力需求； 构建层级性后备干部胜任标准，指导建库。
360度评价 基于个人的组织考察，促进个人改进； 运用360度评价方法评估机构，促进机构改革。	绩效考核设计 从绩效考核上进行设计，完善人才建设体系； 干部管理体系中绩效考核解决方案。

基于评价中心的人事决策系统

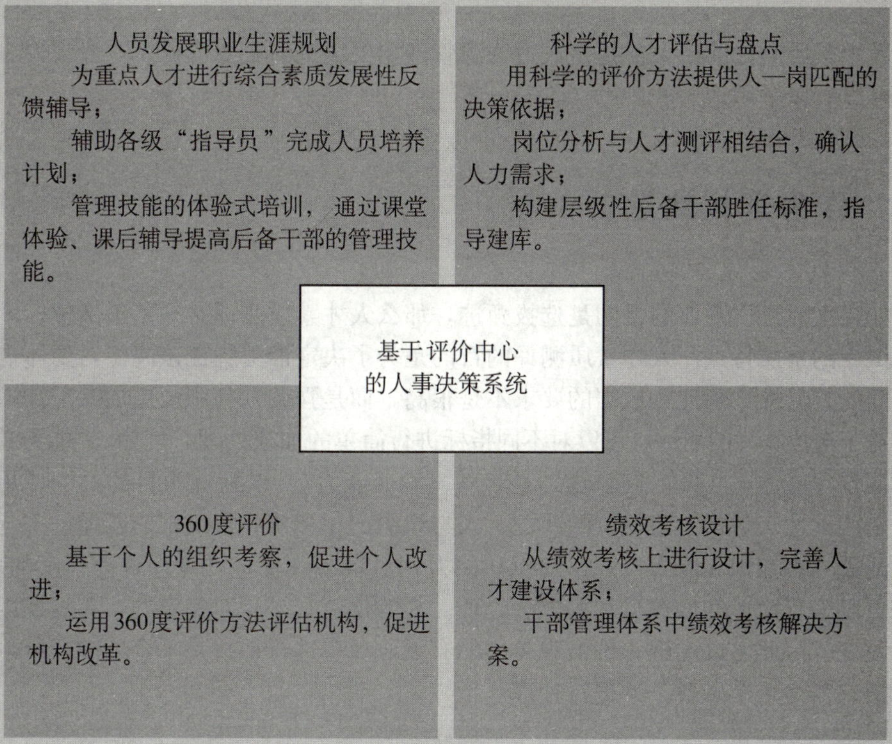

图 9—7 外部咨询机构基于评价中心的人事决策系统

二〇一三年十一月

人才素质测评报告的撰写是人才素质测评的收尾阶段，也是最重要的阶段。总体来讲，人才素质测评报告的撰写需要撰写人充分把握人才素质测评的各个环节和流程，充分了解测评的内容和结果，查阅丰富的资料，提出合理的建议。在报告的撰写中，撰写人要注意尽量采用通俗易懂、简单明了的语言进行呈现，不要一味地罗列术语，导致阅读人难以理解。同时，撰写人也要注意在结果的解释中尽量不要使用绝对的语言，心理测验的误差是难以避免的，个体的差异也是巨大的，一个人的得分往往只是一个概率的问题，在分析的时候要注意这种情况，不要草率地得出绝对的结论。

第三节
人才素质测评结果的应用

人才素质测评的结果往往是人力资源管理相关决策的重要依据。一般来说，测评结果可以有以下用途。

一、作为选拔甄选的依据

如果人才素质测评的目的是选拔甄选，那么人才素质测评必须基于岗位标准并体现应试者的素质特点。人才素质测评的目的是为了决定谁更胜任该岗位，要体现应试者之间的差异性，测评对数据的要求不是很高，而是强调谁与职位更加匹配。

对于选拔类型的测评，可以对不同指标进行简单的加权处理，例如，“能力总分＝30％×学习能力＋40％×创新能力＋30％×沟通能力”。以甄选为目的的测评更加强调的是匹配性，包括人与职位的匹配、人与组织文化和核心价值观的匹配。人与职位的匹配重点在知识和能力方面，知识和能力相对容易改变，可以理解为程度的多少，因此可以采用简单的加权求和的方法处理。人的价值观是相对稳定的，在短期内无法轻易改变，因此可以理解为价值观类型的有无，简单进行加权是不合适的，所以我们常常把它作为一个必备条件进行处理。

二、作为培训和开发的依据

人才素质测评可以作为培训需求分析的手段，培训需求分析根据目的不同可以分为个体需求分析和群体需求分析：以个体培训需求分析为目的的测评需要强调应试者和岗位任职标准之间存在的差距，发现任职者的不足，有针对性地提供培训；以群体培训需求分析为目的的测评需要在个体测评的基础上进行统计分析，发现应试者普遍存在的能力不足，然后根据统计结果确定培训项目实施的先后顺序，使得培训的效果可以最大化。

三、作为绩效考核的参考

如果测评的目的就是为了绩效考核，那么对来源于不同评价对象的绩效考核分数（上级、同级、下级）需要进行一定的加权处理。

如果测评不是以绩效考核为目的的，但又想把素质测评的结果作为绩效考核的参考，就需要对测评结果进行相应的处理。绩效考核是以岗位职责为中心的，所以在处理时需要将测评结果和应试者所承担的工作职责联系起来，对测评结果进行适当的修正。例如在测评时一个人的沟通能力维度得分较低，这并不意味着此人的绩效考核分数会低，需要考虑此人所担任的岗位对沟通能力的具体要求如何，员工的能力现状与岗位能力要求之间的差距才是决定他们最终绩效得分的依据。

四、作为能力诊断和追踪的工具

能力诊断的目的是针对在职员工开展的测评活动，针对员工的能力不足，提出相应的改进意见。基于内部人员调配的能力诊断重点在于全面、客观地发现应试者的素质特点，需要对应试者的优势和不足进行详细阐述。基于主管教练的测评，强调应试者可以改善的素质不足，对教练方式提出建议。测评的结果需要作为档案资料进行保存，可以促使员工对自我发展和提升进行追踪，一方面可以让员工更加了解自己，明确自己的职业发展通道，扬长补短，最大化自己的优势，另一方面可以让组织了解企业内部的能力存量，在此基础上诊断自身的管理问题，从而确定管理改进方案，确定相应的人力资源管理实践。

【本章要点】

要点一：人才素质测评数据的处理方法。

1. 人才素质测评数据的加权方法主要有：经验加权法、专家估计法、统计分析法、比较评分法、德尔菲法；

2. 人才素质测评数据的计算方法主要有：加法汇总、平均数法、加权求和法、加权平均法等。

要点二：人才素质测评报告的撰写结构。

1. 应试者个人分析报告结构包括：测评归类信息、应试者信息、测评项目、测评结果、结果分析、总评、复核意见、责任人信息；

2. 参测群体总体分析报告结构包括：测评需求分析、测评设计、测评手段、总体特点、团体测评结果、结果分析、讨论、专家意见。

要点三：人才素质测评结果在人力资源管理工作上的应用。

1. 作为选拔甄选的依据；

2. 作为培训和开发的依据；

3. 作为绩效考核的参考；

4. 作为能力诊断和追踪的工具。

【复习思考题】

1. 人才素质测评结果有几种表示方法？每种表示方法各自的优缺点是什么？

2. 确定指标加权系数的方法有几种？

3. 简要介绍几种测评数据的处理方法。

4. 常用的人才素质测评报告有几种？每一种报告应该如何撰写？

【推荐阅读书目】

寇家伦．人才测评实战．广州：广东经济出版社，2011.

刘远我．人才测评：方法与应用（第2版）．北京：电子工业出版社，2011.

参考文献

爱德华·霍夫曼．人才心理测评．曾飚，艾晔，译．北京：中国财政经济出版社，2002.

陈民科．人力资源公文筐测验与效度验证：基于内隐评价策略的思路．杭州：浙江大学管理学院，2003.

陈社育，余嘉元．经典真分数理论与概化理论信度观评析．心理学动态，2001（3）.

陈维义，原野．把应聘经理装进“文件筐”．中外管理，2004（9）.

丁桂凤，沈德立．面试过程中主试的心理引导技巧．中国人力资源开发，2005（9）.

侯典牧，傅家荣．人员素质测评．北京：科学出版社，2012.

方振邦，钟含坷．如何开展员工背景调查．人力资源管理，2011（3）.

何守才．数据库百科全书．上海：上海交通大学出版社，2009.

黄勋敬，赵曙明．基于公文筐测验的商业银行高层管理人员选拔研究．管理学报，2011，8（6）.

胡月星，等．评价中心与结构化面试．银川：宁夏人民出版社，2007.

寇家伦．人才测评实战．广州：广东经济出版社，2011.

罗伯特，等．职业生涯发展与规划．侯志瑾，等，译．北京：中国人民大学出版社，2010.

黎恒，丁晓岚．无领导小组讨论的实务操作——中层管理人才选拔案例．中国人力资源开发，2002（9）.

李红英．无领导小组讨论评分环节的设计．中国人力资源开发，2009（7）.

梁开广，邓婷，许玉林，等．评价中心法在评价中心管理潜能中的应用及其结构效度检验．应用心理学，1992，7（4）.

刘远我．招聘面试中的主要问题．中国人力资源开发，2003（12）.

刘远我．人才测评：方法与应用（第2版）．北京：电子工业出版社，2011.

李跃平，黄子杰．典型相关分析在量表效标效度考核中的作用．福建师范大学学报（自然科学版），2007（4）.

李跃平，黄子杰．验证性因子分析在量表结构效度考核中作用．中国公共卫生，2007（10）.

李永鑫，黄英．无限逼近真实——工作样本测验．心理研究，2008（3）.

李祚，李红．人力资源测量与评价工程．大连：大连理工大学出版社，2011.

彭剑锋．人力资源管理概论（第2版）．上海：复旦大学出版社，2011.

彭志忠，王水莲．人才测评学．济南：山东大学出版社，2006.

漆书青，戴海崎，丁树良．现代教育与心理测量学原理．南昌：江西教育出版

社，1998.

覃韦初．面试试题的开发与利用．广西社会科学，2001（2）．

田效勋，连旭，胡炜．发现领导潜能．北京：人民邮电出版社，2011.

乔治·C·桑顿三世．评鉴中心在人力资源管理中的应用．上海：复旦大学出版社，2004.

孙健敏．人员测评理论与技术．长沙：湖南师范大学出版社，2007.

孙健敏，高日光．人力资源测评理论与技术．北京：首都经济贸易大学出版社，2010.

孙健敏，彭文彬．无领导小组讨论题目设计．中国人力资源开发，2004（7）．

孙健敏，彭文彬．无领导小组讨论的设计程序原则．北京行政学院学报，2005（1）．

苏永华．人才测评操作实务．北京：中国人民大学出版社，2011.

苏永华．人才测评案例集．北京：中国人民大学出版社，2011.

唐宁玉．三种心理测量理论的信度观．心理科学，1994（17）．

吴静．CTT、IRT 和 GT 三种测验理论之比较．黑龙江教育学院学报，2008（12）．

王垒，施俊琦，童佳瑾．实用心理与人事测量．北京：北京大学出版社，2008.

王春莉．无领导小组讨论的应用（一）——方法和技巧篇．人力资源，2007（19）．

王春莉．无领导小组讨论的应用（二）——核心技术篇．人力资源，2007（21）.

王丽娟．员工招聘与配置（第 2 版）．上海：复旦大学出版社，2012.

王丽娟．招聘与录用．北京：中国人民大学出版社，2012.

王小华，车宏生．评价中心的评分维度和评分效果．心理科学进展，2004，12（4）．

位尊权．组织好一场有效的面试．中国人力资源开发，2004（3）．

萧鸣政．人才素质测评与选拔．上海：复旦大学出版社，2005.

熊江玲．经典测量理论、概化理论及项目反应理论比较研究．求索，2004（4）．

廖泉文．招聘与录用．北京：中国人民大学出版社，2010.

肖鸣政，张正武，王保亮．工作取样法：人才素质测评的新方法．中国人才，2001（9）．

许铎．履历分析测评技术在选拔招聘人才中的应用．中国人力资源开发，2002（10）．

徐世勇，陈伟娜．人力资源的招聘与甄选．北京：清华大学出版社，2008.

徐晓锋，车宏生．对文件筐测验（IB）在选拔高层经理人员中的实证研究．心理科学，2004，27（5）．

严进，吴英杰，张娓．履历数据测评的效度分析．心理学报，2010（3）．

姚若松，龚雅婧，苗群鹰．评价中心公文筐测验结构效度的实证研究．湖南科技大学学报（社会科学版），2011（3）．

张爱卿．人才测评．北京：中国人民大学出版社，2005.

张清源．现代汉语常用词词典．成都：四川人民出版社，1992.

朱燕，张宏．无领导小组讨论的准备．市场周刊（财经论坛），2003（1）．

郑安云．人才素质测评理论与方法．北京：清华大学出版社，北京交通大学出版社，2005.

郑日昌．心理测量与测验．北京：中国人民大学出版社，2008.

中国企业聘用测评状况调查报告2008，China Select（中国善择）．

Boyatzis A R，The Competent Manager：A Model for Effective Performance，NewYork：J. Wiley，1982.

Barnes-Farrell J L，Weiss H M. Effects of standard extremity on mixed standard scale performance ratings. Personnel Psychology，2006，37（2）：301－316.

Frederiksen N，Saunders D R，Wand B. The in-basket test. Psychological Monographs：General and Applied，1957，71（9）：1－29.

Frederiksen N. Validation of a simulation technique. Organizational Behavior and Human Performance，1966，1（1）：87－109.

Owens W A，Schoenfeldt L F. Toward a classification of persons. Journal of Applied Psychology，1979，64（5）：569－607.

Reilly R R，Chao G T. Validity and fairness of some alternative employee selection procedures. Personnel Psychology，1982，35（1）：1－62.

Roth P L，Bobko P，McFarland L. A meta-analysis of work sample test validity：Updating and integrating some classic literature. Personnel Psychology，2005，58（4）：1009－1037.

Schmidt F L，Hunter J E. The validity and utility of selection methods in personnel psychology：Practical and theoretical implications of 85 years of research findings. Psychological Bulletin，1998，124（2）：262－274.

Tziner A，Dolan S. Validity of an assessment center for identifying future female officers in the military. Journal of Applied Psychology，1982，67（6）：728－736.

图书在版编目（CIP）数据

人才素质测评/徐世勇，刘亚军主编．—北京：中国人民大学出版社，2014.6
21世纪应用心理学系列教材
ISBN 978-7-300-19545-2

Ⅰ.①人… Ⅱ.①徐… ②刘… Ⅲ.①心理素质-人才考核-高等学校-教材 Ⅳ.①C962

中国版本图书馆CIP数据核字（2014）第128641号

21世纪应用心理学系列教材
名誉主编　张厚粲　杨玉芳
主　　编　孙健敏
人才素质测评
徐世勇　刘亚军　主编
Rencai Suzhi Ceping

出版发行	中国人民大学出版社		
社　　址	北京中关村大街31号	**邮政编码**	100080
电　　话	010－62511242（总编室）		010－62511770（质管部）
	010－82501766（邮购部）		010－62514148（门市部）
	010－62515195（发行公司）		010－62515275（盗版举报）
网　　址	http://www.crup.com.cn		
	http://www.ttrnet.com(人大教研网)		
经　　销	新华书店		
印　　刷	北京溢漾印刷有限公司		
规　　格	185 mm×260 mm　16开本	**版　　次**	2014年7月第1版
印　　张	14 插页1	**印　　次**	2018年11月第5次印刷
字　　数	307 000	**定　　价**	35.00元

关联课程教材推荐

书号	书名	作者	定价（元）
978-7-300-24134-0	发展心理学（第3版）	雷雳	45.00
978-7-300-24280-4	社会心理学（第3版）	乐国安	52.00
978-7-300-17187-6	心理测量与测验（第2版）	郑日昌	45.00
978-7-300-25588-0	变态心理学（第3版）	王建平　张宁	59.80
978-7-300-24309-2	实验心理学（第2版）	白学军	45.00
978-7-300-12100-0	心理与教育统计学	辛涛	22.00
978-7-300-22484-8	人才测评概论（第2版）	苏永华	32.00
978-7-300-22480-0	人才测评操作实务（第2版）	苏永华	23.00
978-7-300-22418-3	人才测评案例集（第2版）	苏永华	16.90

配套教学资源支持

尊敬的老师：

衷心感谢您选择使用人大版教材！

相关的配套教学资源，请到人大出版社网站（www.crup.com.cn）下载，或是随时与我们联系，我们将向您免费提供。

欢迎您随时反馈教材使用过程中的疑问、修订建议并提供您个人制作的课件。您的课件一经采用，我们将署名并付费。让我们与教材共成长！

联系人信息：

地址：北京海淀区中关村大街31号206室 龚洪训 收　　邮编：100080

电子邮件：gonghx@crup.com.cn　　电话：010-62515637 QQ：6130616

如有相关教材的选题计划，也欢迎您与我们联系，我们将竭诚为您服务！

选题联系人：张宏学　　电子邮件：zhanghx@crup.com.cn

电话：010-62512127　　QQ：66828707

俯仰天地　心系人文

人大出版社网站：www.crup.com.cn

专业教师QQ群：259226416

欢迎您登录出版社网站浏览，了解图书信息，共享教学资源

期待您加入专业教师QQ群，开展学术讨论，交流教学心得